Carola Kuhlmann (Hrsg.)

Geschichte Sozialer Arbeit II

Eine Einführung für soziale Berufe

Textbuch

**WOCHEN
SCHAU
STUDIUM**

Bibliografische Information der Deutschen Bibliothek

Die Deutsche Nationalbibliothek verzeichnet diese Publikation in der Deutschen Nationalbibliografie; detaillierte bibliografische Daten sind im Internet über http://dnb.d-nb.de abrufbar.

© WOCHENSCHAU Verlag
Dr. Kurt Debus GmbH
Schwalbach/Ts. 2008

www.wochenschau-verlag.de

Titelgestaltung: Ohl Design
Gedruckt auf chlorfreiem Papier
Gesamtherstellung: Wochenschau Verlag
ISBN 978-3-89974392-0

INHALT

Carola Kuhlmann

Vorwort

Der vorliegende Quellenband fasst Schlüsseltexte aus der Geschichte Sozialer Arbeit zusammen. Aus diesen Texten können wichtige Positionen zur Frage nach den Ursachen sozialer Ungleichheiten und nach Methoden sozialer Hilfen herausgearbeitet werden. Die Texte sind kurz gehalten, um den Rahmen nicht zu sprengen und trotzdem die Vielfalt der z.T. kontroversen Analysen und Forderungen darstellen zu können. Der Band stellt Texte zusammen, die als Einstieg und Grundlage für Diskussionen im Rahmen von Seminarveranstaltungen und Fortbildungen dienen können und die z.T. heute in Fachbibliotheken mittlerweile schwer zugänglich sind.

Es bietet sich an, diesen Band als Ergänzung der parallel hierzu erscheinenden „Geschichte Sozialer Arbeit" zu nutzen, da hier die Autoren und ihre Theorien beschrieben und eingeordnet werden. Das vorliegende Buch kann aber auch unabhängig genutzt werden. Es sei hier darauf verwiesen, dass aus Platzgründen jeweils nur ein kurzer Originaltext abgedruckt wurde und dass damit die dargestellten Ideen der Autorinnen und Autoren notwendig oberflächlich bleiben. Es ist für ein genaueres Studium unerlässlich, die vollständigen Aufsätze oder Bücher der Autoren komplett wahrzunehmen. Auf diese Quellen wird im Anschluss an die Texte verwiesen.

Der Band steigt ein mit zwei vormodernen Texten, die deutlich machen können, wie sehr sich die Idee von Armut und Almosen des Mittelalters von der neuzeitlichen Idee einer offentlich organisierten Armenpflege einerseits, wie auch von der Idee einer selbstverantworteten Armut unterscheidet.

Die folgenden vier Texte aus dem 19. Jahrhundert sollen einen Ausschnitt aus den vielen Lösungsvorschlägen bieten, die im Rahmen der Debatte um die „soziale Frage" gemacht wurden. Hier stand die Verelendung der Bevölkerung durch die Industrielle Revolution im Vordergrund. Bei Karl Marx (Kommunistisches Manifest) und Johann Hinrich Wichern (Innere Mission) wird der Unterschied zwischen einer revolutionären und einer konservativen Lösung deutlich, während Malthus bereits Ideen vorwegnimmt, welche z.T. durch die Nationalsozialisten weiter entwickelt wurden. Schrader-Breymann entwirft das Konzept einer „geistigen Mütterlichkeit", die Idee einer besonderen gesellschaftlichen Verantwortung von Frauen für soziale Probleme.

Die zwanziger Jahre des 20. Jahrhunderts sind der Beginn einer professionellen Sozialen Arbeit und bilden den Hintergrund für erste Debatten um Motive und Methoden sozialer Berufsarbeit, wie sie bei Herman Nohl und Alice Salomon behandelt werden. Die nationalsozialistische „Volkspflege" beendete zunächst diese fruchtbare Debatte um Professionalisierung. Der Text von Hermann Althaus stellt das Konzept einer sozialrassistischen „Volkspflege" in Abgrenzung zur liberalen Wohlfahrtspflege, aber auch zur „Inneren Mission" vor.

In der Nachkriegszeit wurde die fachliche Debatte im Rahmen der Sozialen Arbeit von der Aufnahme angloamerikanischer Theorien geprägt, daher wird hier der Text von Gordon Hamilton aus einem Lehrbuch zur Einzelfallhilfe abgedruckt. Die darin formulierten ethischen Ansprüche an die Beziehung zwischen Helfer und Klienten knüpfen einerseits an Traditionen der 20er Jahre an, andererseits kann man hier gut die Unterschiede zu der undemokratischen und menschenverachtenden Idee der nationalsozialistischen „Volkspflege" sehen.

In dem Text von Klaus Mollenhauer geht es um die Frage der unterschiedlichen Traditionen von Sozialpädagogik und Sozialarbeit und um ein Plädoyer für die gemeinsame Reflexion von Hilfebeziehungen als pädagogische Verhältnisse.

Die Protestbewegung der 1970er Jahre nahm auch Einfluss auf Theorie und Praxis Sozialer Arbeit, besonders deutlich werden kritische Positionen zur politischen Funktion Sozialer Arbeit in den Texten von Hollstein und Meinhold, die durch den Rückbezug auf die marxistische Gesellschaftstheorie eine Kritik vor allem an der Einzelfallhilfe äußern. Diese erscheint nun als ein ideologisch verbrämter Versuch, das Funktionieren einer ungerechten Gesellschaft zu gewährleisten.

Ein Anliegen des Quellenbandes ist es, zur Diskussion über die Unterschiede und Gemeinsamkeiten der hier vorgestellten Positionen anzuregen. Zum Vergleich bieten sich besonders Aquin und Vives, Marx und Wichern, Malthus und Althaus, Nohl und Mollenhauer, Schrader-Breymann und Salomon, Hamilton und Meinhold, Hollstein und Thiersch, aber auch jeweils andere Kombinationen an.

Selbstverständlich gibt es mehr und andere Texte, welche die historischen Diskurse der Sozialen Arbeit beleuchten können, insbesondere hätte die Debatte der 80er Jahre aufgenommen werden können. Da aber die neueren Texte in der Regel in Bibliotheken noch gut zugänglich sind, haben wir lediglich den zentralen Text zur Alltagsorientierung von Hans Thiersch abgedruckt.

Thomas von Aquino

Das Almosen

Erster Artikel

Ist das Almosengeben eine Wirkheit der Teuerliebe?

Feststellung. Das Almosengeben ist die Wirke der Teuerliebe, die von einer Gemutung der Barmherzigkeit veranlaßt wird.

Zweiter Artikel

Werden zutreffend Almosengattungen unterschieden?

Feststellung. Es gibt sieben Werke der Barmherzigkeit, d.h. leibliche Almosen (corporales eleemosynae), die den Nächsten bei leiblichen Mängeln zu erweisen sind, und ebensoviele Gattungen des geistigen Almosens, die in geistigen Nöten aufgebracht werden müssen. (Die sieben leiblichen Almosen: den Hungrigen speisen, den Durstigen tränken, den Nackten bekleiden, den Fremden aufnehmen, den Kranken besuchen, den Gefangenen loskaufen, den Toten begraben. Die sieben geistigen: den Unwissenden lehren, den Zweifelnden beraten, den Traurigen trösten, den Sünder bessern, dem Beleidiger nachlassen, die Lästigen und Schwierigen ertragen, und für alle beten.)

Feststellungen

3. Sind die leiblichen Almosen wichtiger als die geistigen?

Wenn auch schlechthin die geistigen Almosen den leiblichen vorzuziehen sind, so ist doch, wenn es darauf ankommt, ein leibliches Almosen von (höherem und) vorzüglicherem Wert.

4. Haben die leiblichen Almosen eine geistige Wirkung?

Obwohl die Wirkung bei der Natur der leiblichen Almosen nicht eine geistige, sondern eine leibliche ist, so ist doch, vom Antrieb her gesehen, den die Teuerliebe gegen Gott und den Nächsten zu den leiblichen Almosen gibt, irgend eine geistige Frucht aus ihnen zu erwarten.

Fünfter Artikel

Steht das Almosengeben unter Gebot?

Aus der Abhandlung. 1. Scheinbar... 2. *Ferner,* es ist jedem gestattet, seine Habe zu gebrauchen und sie zu behalten. Wenn nun aber einer seine Habe behält, so gibt er kein Almosen. Es ist also erlaubt, nicht Almosen zu geben. Das Almosengeben steht also nicht unter Gebot.

3. Ferner, alles, was unter ein Gebot fällt, verpflichtet zu irgend welcher Zeit die Übertreter unter Todsünde: denn die anbefehlenden Gebote verpflichten für einen bestimmten Zeitpunkt. Fiele also das Almosengeben unter ein Gebot, so ließe sich irgend eine Zeit bestimmen, in welcher der Mensch, wenn er nicht Almosen gäbe, sündigen würde. Das scheint nun aber nicht der Fall zu sein: denn es kann immer mit Wahrscheinlichkeit damit gerechnet, werden, daß dem Armen anders geholfen werden könne und daß, was für Almosen aufzubringen ist, denn Menschen in der Gegenwart oder in der Zukunft notwendig sein könnte. Also scheint das Almosengeben nicht unter Gebot zu stehen.

4. Ferner, alle Gebote lassen sich auf die Zehngebote zurückführen. Nun ist aber unter diesen Geboten nichts über die Almosenspendung enthalten. Also steht das Almosengehen nicht unter Gebot.

Aber dagegen spricht: keiner wird mit der ewigen Strafe bestraft für die Unterlassung von etwas, das nicht unter Gebot fällt. Nun werden aber etwelche mit der ewigen Strafe für die Unterlassung von Almosen belegt, wie Mt. 25, 41 ff. klar steht. Also unterliegt das Almosengeben einem Gebot.

Ich antworte: Da die Nächstenliebe unter Gebot steht, so muß notwendig alles unter Gebot fallen, ohne das die Liebe zum Nächsten nicht gewahrt werden kann. Zur Nächstenliebe gehört aber, daß wir dem Nächsten nicht bloß das Gut wollen, sondern es auch werklich tun, 1. Jo. 3, 18 gemäß: „Laßt uns nicht lieben mit Reden oder mit der Zunge, sondern mit Tat und Wahrheit." Dazu aber, daß wir jemandes Gut wollen und wirken, wird erfordert, daß wir seiner Not zu Hilfe kommen, was durch die Spendung von Almosen geschieht. Und deswegen steht das Almosenspenden unter Gebot.

Weil nun aber die Gebote in Bezug auf die Wirken der Tugenden gegeben werden, so muß notwendig die Almosengabe in der Weise unter Gebot fallen, sonach die Wirke tugendnotwendig ist, d.h. sonach die rechte Vernunft es erheischt. Dieser gemäß ist etwas zu beachten auf Seiten des Gebenden und

etwas auf Seiten dessen, dem das Almosen zu leisten ist. Auf Seiten des Gebenden ist nun zu beachten, daß ihm überflüssig ist, was für Almosen verwendet
werden soll, gemäß Luk. 11, 41: „Was erübrigt ist, gebt als Almosen." Ich
spreche von überflüssig nicht bloß in Hinsicht auf einen selbst, was über das
hinausgeht, das dem Einzelnen notwendig ist; sondern auch hinsichtlich der
anderen, deren Sorge ihm obliegt: denn vorab gehört sich, daß jedweder für
sich selbst und für diejenigen vorsieht, deren Sorge ihm obliegt (hinsichtlich
dessen man von notwendig für eine Person demnach spricht, als „Person" die
Würdestellung besagt[1] und alsdann vom Reste den Notwendigkeiten anderer
zu Hilfe kommt. Gerade wie auch die Natur zuerst zum Unterhalt des eigenen
Körpers nimmt, was dem Dienst der nährenden Wirkkraft notwendig ist,
den Überfluß aber aufwendet zur Erzeugung eines Zweiten vermittels der
zeugenden Wirkkraft.

Auf Seiten des Empfängers ist erfordert, daß er Not hat: ansonst wäre
kein Grund da, warum ihm das Almosen gegeben werden sollte. Aber da
nun einmal nicht von Einem allen geholfen werden kann, welche Not haben,
so verpflichtet nicht jede Not unter Gebot, sondern die allein, ohne die der
Notleidende nicht erhalten werden kann. In dem Falle gilt nämlich, was
Ambrosius (Can. Pasce. Dist. 86) sagt: „Nähre den, der vor Hunger stirbt.
Nährest du nicht, so hast du getötet."

Dergestalt steht also das Almosengeben von Überfluß unter Gebot und das
Almosengeben an den, der in äußerster Not ist. Sonst aber ist Almosengeben
geraten, gerade wie man auch für jedes bessere Gut die Räte hat[2].

Zu 2. Die zeitlichen Güter, die dem Menschen göttlicherseits übertragen
werden, gehören ihm, soweit das Eigentum in Betracht kommt, aber was den
Gebrauch betrifft, sollen sie nicht bloß für ihn, sondern auch für die anderen da
sein, die aus dem, was davon Überfluß für ihn ist, unterhalten werden können.
Deswegen sagt Basilius (Homil. Luk. 12, 18 ff.): „Wenn du zugestehst, daß
sie (die zeitlichen Güter) dir von Gott überkommen sind, ist dann wohl Gott
ungerecht, der die Vermögen ungleichmäßig unter uns verteilt hat? Warum
hast du Überfluß und bettelt dagegen ein anderer, wenn es nicht deswegen ist,
damit du die Verdienste einer guten Verwaltung erlangst, jener aber mit dem
Ruhmeskranz der Geduld sich schmückt? Es ist das Brot eines Hungerleiders,
das du zurückhältst, das Hemd eines Nackten, das du in deiner Schlafkammer
verwahrst, der Schuh eines Barfüßigen, der bei dir verschimmelt, das Silber
des Notleidenden, das bei dir vergrabener Besitz bleibt. In all dem begehst du

gerade soviel Unrecht, als du zu geben vermöchtest." Dasselbe sagt Ambrosius Decret. Dist. 47 Can. Sicut ii.

Zu 3. Es gibt irgend einen Zeitpunkt, in welchem man schwer sündigt, wenn man das Almosengeben unterläßt: er tritt auf Seiten des Empfängers ein, wann die offenbare und dringende Not sich zeigt, aber nicht sogleich der sich zeigt, der ihm helfen könnte; auf Seiten des Gebers dagegen dann, wann er Überflüssiges hat, das ihm standesgemäß gegenwärtig nicht notwendig ist, soweit man mit Wahrscheinlichkeit schätzen kann. Es braucht dazu nicht die Bedenkung aller Fälle, die in Zukunft eintreten können: das hieße nämlich „über das Morgen nachdenken", was der Herr Mt. 6, 34 verbietet. Man schuldet vielmehr, Überflüssig und Notwendig nach dem zu beurteilen, was mit Wahrscheinlichkeit und wie in der Mehrheit der Fälle eintritt.

Zu 4. Jede Unterstützung des Nächsten wird auf das Gebot der Elternehrung zurückgeführt. So legt es auch der Apostel aus, wenn er 1. Tim. 4, 8 sagt: „Die Gottseligkeit[3] ist zu allem nütze, da sie die Verheißung des Lebens hat, des jetzigen und des zukünftigen." Er sagt das, weil dem Gebot über die Ehrung der Eltern die Verheißung beigefügt wird: „Damit du lange lebest auf Erden" (Ex. 20, 12; Eph. 6, 2f.). Unter Gottseligkeit wird aber alles Almosenspenden einbegriffen.

SECHSTER ARTIKEL

SCHULDET EINER ALMOSEN VOM NOTWENDIGEN?

Feststellung. Man schuldet nicht, Almosen von dem zu geben, was schlechthin zum Leben rund ständesgemäß (ad vitam vel ad personae statum) notwendig ist, es sei denn im Falle der Hilfe für das Gemeinwohl. Gleichwohl wäre es löblich, auch von dem an Bedürftige zu spenden, was (für Stand und Stellung der Person) als notwendig gilt.

SIEBENTER ARTIKEL

KANN ES VON DEM UNGERECHT ERWORBENEN GUT ALMOSEN GEBEN?

Aus der Abhandlung. Aber dagegen [drei Einwände] spricht, daß Augustinus De Verb. Dom. (Serm. 113 al. De Verb. Dom. 35, 11) sagt: „Gebet Almosen von dem gerechten Erarbeiteten! Ihr werdet ja nicht den Richter Christus bestechen können, daß er euch nicht mit den Armen anhört, mit denen ihr euch brüstet... Wollet euch doch keine Almosen von Wucher und Wucherzins zurechtmachen! Ich spreche zu Gläubigen, denen wir den Leib Christi reichen."

Ich antworte: In dreierlei Weise kann etwas unstatthaft erworben sein. In der einen wird in unerlaubter Weise von jemand erworben, was dem gehört, von dem man es erworben hat, und es kann nicht vom Erwerber behalten werden, wie es bei Raub und Diebstahl und Zinswucher der Fall ist. Aus solchem kann unmöglich ein Almosen werden, da der Mensch zur Rückerstattung gehalten ist.

In anderer Weise kann es dagegen etwas unerlaubt Erworbenes geben, weil es zwar vom Erwerber nicht behalten werden kann, aber auch nicht dem geschuldet wird, von dem er es erworben hat, weil er es nämlich entgegen der Gerechtigkeit empfangen und der andere es gegen die Gerechtigkeit gegeben hat, wie es beim Kauf von Geistlichem (simonia) der Fall ist, worin Geber und Nehmer gegen die Gerechtigkeit des göttlichen Gesetzes handeln. Deswegen darf die Rückerstattung nicht an den Geber geschehen, sondern soll es zu Almosen aufgewandt werden. Dieselbe Bewandtnis hat es bei Ähnlichem, d.h. worin Gabe und Nahme gegen das Gesetz stehen.

In einer dritten Weise gibt es etwas unstatthaft Erworbenes, nicht weil die Erwerbung selber unerlaubt ist, sondern weil das, woraus es erworben wird, unerlaubt ist, wie offenbar, was ein Weib durch Hurerei erwirbt. Es heißt im eigentlichen Sinne Sündenlohn (turpe lucrum). Das Weib handelt nämlich schändlich, wenn es die Hurerei ausübt, und gegen das Gesetz Gottes; aber in dem, was es nimmt, handelt es nicht ungerecht und auch nicht gegen das Gesetz. Deswegen kann das solcherweise unerlaubt Erworbene behalten werden und von ihm Almosen geschehen. [Aber nicht als Opfer am Altar.]

Feststellungen

8. Kann einer, der in Gewalt anderer steht, Almosen leisten?

Unter eines anderen Gewalt kann einer erlaubterweise Almosen nur von dem leisten, worüber er selber Herr ist, nicht aber von dem, was seinem Herrn gehört, außer etwa im Falle äußerster Not.

9. Ist mehr den Näherstehenden Almosen zu geben?

Einem viel Heiligeren und einem größere Not Leidenden und einem für das Gemeinwohl mehr Nützlichen ist eher Almosen zu geben als einer nahstehenden Person, außer es wäre das Band der Verwandtschaft sehr eng.

10. Ist im Überfluss Almosen zu leisten?

Im Überfluß Almosen zu leisten, um die Bedürftigkeit des Empfängers zu beheben, und wenn es einem Gleichmaßverhältnis der eigenen Vermöglichkeit nach geschieht, ist löblich. Es ist aber ein Fehler, es so reichlich zu geben, daß der Empfänger Überfluß bekommt.

Anmerkungen

1   Wie das auf Grund des szenischen Sprachgebrauchs der Römer noch im Mittelalter üblich war.

2   Die im Evangelium begründeten „Räte", nämlich Armut, Jungfräulichkeit und Gehorsam als frei erwählte Mittel der Vollkommenheit, setzen diese sittlichen Güter als bonum melius voraus, d.h. als die höheren gegenüber dem je entsprechenden einfachen bonum (persönlicher Besitz, Ehe, Freiheitsgebrauch), das aber durch die Räte in keiner Hinsicht entwertet wird.

3   Unter der „pietas" der Vulgata (= Hingabe an Gott) ist hier mitverstanden der bei Thomas vorherrschende engere Sinn von Hingabepflicht gegenüber Eltern und natürlichen Gemeinschaften.

Quelle: Thomas von Aquino (1266): Summe der Theologie, Band. 3, Der Mensch und das Heil, zusammengefasst, eingeleitet und erläutert von Joseph Bernhart. Kröners Taschenausgabe, Band 109, S. 161 ff., Alfred Kröner Verlag, Stuttgart 1985.

Juan Luis Vives

Über die Unterstützung der Armen

Wie weit ist die Armenfürsorge Sache der Staatsführung?

Bis jetzt (ging es darum), was jeder Einzelne tun muss; nun folgt, was der Staat öffentlich tun muss und sein Lenker, der in ihm das ist, was die Seele im Körper. Sie bewegt oder belebt nicht nur den einen oder andern Körperteil, sondern den ganzen Körper; so darf die Verwaltung in ihrem Gemeinwesen nichts unversorgt lassen. Denn wer sich nur um die Reichen kümmert und die Armen übergeht, handelt so, wie wenn ein Arzt nicht viel Wert darauf legte, den Händen oder Füßen zu helfen, weil sie weit vom Herzen weg sind. Wie dies nicht ohne schweren Schaden für den ganzen Menschen geschähe, so können auch im Staat die Schwächeren nicht vernachlässigt werden ohne Schaden für die Mächtigen. Denn unter dem Druck der Not müssen sie zum Teil stehlen, was zu wissen der Richter nicht hoch achtet, aber dies ist noch gering. Sie beneiden die Reichen. Sie murren und entrüsten sich, dass die übrig haben, wovon sie Narren, Hunde, Dirnen, Maulesel, Pferde und Elefanten füttern, sie aber nicht haben, was sie ihren hungernden kleinen Kindern geben könnten; dass die hochmütig und achtlos mit dem Reichtum umgehen, den sie ihnen und ihresgleichen weggenommen haben.

Es ist kaum zu glauben, wie viele Bürgerkriege solche Worte erregt haben, und zwar quer durch alle Völker, bei denen die erregte und vor Hass lodernde Menge allem voran ihre Wut an den Reichen ausließ. Keinen anderen Grund führten Gracchen, keinen anderen Lucius Catilina für den Bürgerzwist an, den sie erregt hatten, um unsere Zeit und Gegend gar nicht zu erwähnen.

Aber ich habe Lust, eine Stelle aus der so genannten Areopagrede des Isokrates über die Sitten des Athenischen Staates zu zitieren. Mit ihren Worten, sagt er, ist im Einklang, wie sie miteinander umgingen. Denn nicht nur über die öffentlichen Angelegenheiten herrschte Übereinstimmung, sondern auch im Privatleben. Sie zeigten so viel Umsicht füreinander, wie es Leuten ansteht mit rechter Gesinnung und einem gemeinsamen Vaterland. Es lag so fern, dass die (sozial) Schwächeren die Reichen beneideten, dass diesen die großen Häuser ebenso wichtig waren wie ihre eigenen, weil sie rechneten, dass deren Glück ihnen zum Nutzen gereiche. Die Reichen verachteten die Armen nicht, sondern, weil sie die Armut ihrer Mitbürger als ihre eigene Schande betrachteten, kamen sie ihrer Not zu Hilfe, indem sie den einen Acker zum Bebauen billig verpachteten, andere als ihre Stellvertreter zu Geschäften entsandten, anderen andere Gelegenheiten zum Geldverdienen gaben. Aber sie fürchteten nicht, auf eine der zwei Arten Verlust zu machen: entweder ihr ganzes Vermögen zu verlieren oder doch einen Teil; vielmehr vertrauten sie im Gegenteil nicht weniger auf das, was sie weggegeben hatten, als auf das, was sie zu Hause behielten. Soweit Isokrates.

Dazu kommt die gemeinsame Gefahr aus der Ansteckung mit Krankheiten. Wie oft haben wir gesehen, dass ein Mensch eine große und schlimme Krankheit in den Staat eingeschleppt hat, an der viele andere gestorben sind, wie Pest, Syphilis und dergleichen. Das passiert z.B. wenn in einer Kirche ein hoher Festtag begangen wird und besonders viele Leute kommen, dass man gerade dann sich zum Gebäude durchkämpfen muss durch zwei dichte Reihen von Krankheiten, Geschwüren, Wunden und anderem, was schon zu sagen Ekel erregend ist, dass dies der einzige Weg ist für Knaben, Mädchen, alte Leute und Schwangere. Glaubt ihr, alle sind so eisern, dass es sie bei diesem Anblick auf nüchternen Magen recht schüttelt, zumal solche Wunden mit ihrer Jauche nicht nur in die Augen dringen, sondern auch in die Nase, und den Vorübergehenden beinahe ins Gesicht, an Hände und Körper kommen, so schamlos wird gebettelt. Ich übergehe, dass manche sich unter die Menge mischen und dann einfach auf der Seite sterben, von der Pest dahingerafft.

Darum muss sich die Verwaltung des Staates kümmern, zum einen, damit bei Krankheiten geholfen wird, zum andern, dass sie sich nicht ausbreiten. Außerdem spricht es nicht für eine weise und um das Gemeinwohl bemühte Behörde, einen so großen Teil der Bürgerschaft nicht nur ohne Nutzen, sondern auch sich selbst und andern eine Gefahr sein zu lassen. Da die Wohltätigkeit vieler unerschlossen bleibt, während sie nichts zu essen haben, sind die einen gezwungen, in der Stadt und auf Reisewegen Raubüberfalle zu machen; andere stehlen heimlich. Die Frauen im guten Alter pfeifen auf die Scham, können ihre Keuschheit nicht bewahren, bieten sie allerorts billig zum Kauf und können aus dieser üblen Gewohnheit nicht mehr aussteigen. Die alten Frauen reißen sogleich die Kuppelei an sich und im Verein mit der Kuppelei die Giftmischerei.

Die kleinen Kinder der Armen sind denkbar schlecht unterrichtet, sie selbst sind mit ihren Kindern verachtet, weil sie vor den Kirchen oder herumstreunend betteln, besuchen keine Messe, hören keine Predigt. Und man weiß nicht, nach welchem Gesetz, nach welchem Brauch sie leben, was sie über Glauben und Sitten denken. Denn die Moral in der Kirche ist soweit heruntergekommen, dass nichts umsonst getan wird. Das Wort „verkaufen" weisen sie von sich, aber sie lassen sich bezahlen. Der Bischof oder der Pfarrer meint, so geschorene Schafe gehörten nicht zu ihrem Stall und ihrer Weide. So sieht diese Bettler niemand zur Beichte oder gemeinsam mit den andern zum Tisch des Herrn gehen. Und da sie nie einen Lehrer hören, müssen sie ein völlig verbogenes Urteil und völlig verlotterte Sitten haben. Und sollten sie zufällig irgendwie zu Reichtum kommen, so wären sie unerträglich wegen ihrer ehrlosen und unanständigen Erziehung.

Daraus entstehen die Fehler, die ich eben aufgezählt habe; man darf sie aber nicht so sehr ihnen anrechnen wie bisweilen sogar den Behörden, die für den Staat nicht anders sagen, da sie von der Führung des Volkes nicht die richtige Vorstellung haben. Denn sie glauben, sie hätten nur Geldstreitigkeiten zu schlichten und Verbrechen zu ahnden. Dabei würden sie im Gegenteil sinnvoller ihre Aufmerksamkeit darauf richten, wie die Bürger gut machen, als wie sie die schlechten bestrafen oder in Schranken halten können. Denn wie viel weniger müsste man strafen, wenn man zuerst für das andere richtig gesorgt hätte.

Die Römer hatten einst so für ihre Bürger gesorgt, dass niemand es nötig hatte zu betteln, es auch nicht erlaubt war; schon seit dem Zwölftafelgesetz war es verboten. Dieselben Vorsichtsmaßregeln traf das Volk von Athen. Der Herr gab dem jüdischen Volk ein besonderes, hartes, strenges Gesetz, weil es ein Volk von eben dieser Gesinnung war. Und trotzdem befiehlt er im Deuteronomium, sie sollten sich anstrengen, sich Mühe geben (Dtn 15,4), dass unter ihnen kein Bedürftiger und Bettler sei, besonders im Brachjahr (15,1 ff), das dem Herrn angenehm ist, in welchem die immer leben, für die der Herr Jesus begraben wurde mit dem Gesetz, den Bräuchen und dem alten Menschen, und auferstanden ist zur Erneuerung des Lebens und des Geistes.

Es ist in der Tat schimpflich und beschämend für uns Christen, denen nichts mehr aufgetragen ist als die Liebe, ja vielleicht als Einziges überhaupt, dass man in unseren Staaten so viele Arme und Bettler auf Schritt und Tritt antrifft. Wohin man sich wendet, gibt es Not und Bedürftigkeit und Menschen, die die Hand ausstrecken müssen, um etwas zu bekommen. Was meinst du? Wie im Staat alles erneuert wird, was durch die Zeit oder die Ereignisse verändert oder verschlissen wird – Mauern, Gräben, Dämme, Kanäle, Einrichtungen, Bräuche, die Gesetze selbst – so wäre es recht, jene anfängliche Geldverteilung wieder zu beleben, die auf verschiedene Weise zu Schaden gekommen ist. Sehr ernsthafte Männer, denen es um das Wohl des Staates zu tun war, haben sich heilsame Maßnahmen ausgedacht: Steuernachlass; Gemeindeäcker übergab man den Armen zum Bestellen; Verteilung gewisser öffentlicher Einnahmen, was wir auch in unserer Zeit gesehen haben. Aber dazu bedarf es gewisser Umstände, wie sie in dieser Zeit höchst selten eintreten; deshalb muss man zu anderen Heilmitteln greifen, die leichter zu haben und dauerhafter sind.

Sammlung und Registrierung der Armen.

Vielleicht fragt mich jemand: Wie kann man einer so großen Menge helfen? Wenn die Liebe in uns etwas vermöchte, wäre sie uns selbst Gesetz, das ja nicht für den Liebenden eingesetzt ist, sie würde alles gemeinsam machen und jeder würde die Bedürfnisse des anderen nicht anders ansehen als die eigenen. Jetzt gibt es niemand, der seine Sorge über sein eigenes Haus hinaus ausdehnt, biswielen nicht über sein Zimmer hinaus, nicht einmal über die eigene Person hinaus. Denn viele sind weder den Eltern, noch den Kindern, weder den Geschwistern, noch der Gattin treu genug. Deshalb muss man irgendwie mit menschlichen Mitteln helfen, besonders, bei denen das Göttliche wenig Wirkung hat. Meine Vorstellung geht etwa dahin:

Von den Armen leben die einen in Häusern, die man gemeinhin Spitäler nennt – auf Griechisch Armenkrippen, aber wir wollen das gebräuchlichere Wort verwenden –, andere betteln öffentlich; wieder andere ertragen, so gut sie können, jeder zu Hause ihre Not. Spitäler nenne ich, wo die Kranken Essen bekommen und gepflegt werden und wo eine bestimmte Anzahl von Armen unterhalten wird, wo die Knaben und Mädchen unterrichtet und ausgesetzte Kinder aufgezogen werden, wo geistig Behinderte verwahrt werden und wo Blinde leben. Die Staatslenker müssen wissen, dass all dies zu ihrer Sorgepflicht gehört. Niemand soll die Gesetze der Gründer vorschützen, sie werden unverletzt weiter bestehen. In ihnen ist nicht der Wortlaut ausschlaggebend, sondern die Billigkeit, wie in ehrlichen Verträgen, und der Wille, wie bei Testamenten. Er lautet so, darüber besteht kein Zweifel, dass die Hinterlassenschaft zu möglichst gutem Gebrauch verteilt und da aufgewandt wird, wo es am sinnvollsten ist. Durch wen oder auf welche Weise es geschehen sollte, kümmerte sie nicht so sehr, als dass es geschehen sollte.

Weiter ist in der Stadt nichts so frei, als dass es sich der Kenntnis der Behörden des Staates entziehen könnte. Denn es ist keine Freiheit, sich den Gemeinde-Behörden nicht zu unterstellen und zu gehorchen, sondern ein Anreiz zur Verwilderung und eine Gelegenheit, willkürlich zu tun und zu lassen, was einem in den Sinn kommt. Zudem kann niemand seinen Besitz der Fürsorge und Hoheit des Staates entziehen, es sei denn, dass er gleichzeitig auswandert (denn man kann auch sein Leben nicht entziehen, das vorher da und einem jeden noch mehr wert ist), zumal jeder seinen Besitz durch die Wohltat des Staates gewissermaßen wie ein Geschenk erhalten hat und ihn mit dessen Hilfe erhält und bewahrt.

Zur Kontrolle sollen zwei Ratsherren jedes dieser Häuser mit einem Schreiber aufsuchen, die Vorräte verzeichnen und Anzahl und Namen derer, die dort unterhalten werden, außerdem aus welchem Grund ein jeder dorthin gekommen ist. Dies alles sollen sie den Bürgermeistern und dem Rat ins Rathaus bringen.

Die zu Hause ihre Armut ertragen, sollen von zwei Ratsherren nach den einzelnen Bezirken mit ihren Kindern verzeichnet werden. Ihre Bedürfnisse soll man hinzufügen, auf welche Art sie früher gelebt haben, und durch welchen Unglücksfall sie in Armut geraten sind. Von den Nachbarn wird man leicht erfahren, was für eine Sorte Menschen sie sind, was für ein Leben, was für Sitten sie haben. Ob einer arm ist, soll man sich nicht von einem Armen bestätigen lassen, denn er ist nicht frei von Neid. Über all das sollen Bürgermeister und Rat unterrichtet werden. Wenn jemand plötzlich ins Unglück gerät, soll er das durch einen Ratsherrn dem Rat anzeigen und nach seinen persönlichen Voraussetzungen und den äußeren Umständen soll über ihn entschieden werden.

Schließlich sollen von den wohnsitzlosen Bettlern diejenigen, die gesund sind, vor dem ganzen Senat ihren Namen angeben und den Grund ihres Bettelns, und zwar unter freiem Himmel oder auf einem Platz, damit dieses Geschmeiß nicht in den Sitzungssaal hereinkommt, die Kranken vor zwei oder vier Ratsherren und einem Arzt, damit dem Rat dieser Anblick erspart bleibt. Man soll sie nach Zeugen fragen, die über ihren Lebenswandel Auskunft geben können.

Denen, die der Rat mit der Prüfung und Durchführung dieser Dinge beauftragt, soll er Macht verleihen, zu verlangen und zu verbieten bis hin zur Möglichkeit, ins Gefängnis zu werfen, damit der Rat Gericht halten kann über diejenigen, die nicht gehorsam waren.

WIE MAN ALLEN IHREN LEBENSUNTERHALT VERSCHAFFEN SOLL.

Vor allem muss man das zur Leitlinie machen, was der Herr dem Menschengeschlecht gewissermaßen als Strafe für sein Vergehen auferlegt hat, dass ein jeder sein Brot esse, das er sich mit seiner Arbeit verschafft hat. Wenn ich Essen, Sich-Ernähren oder Unterhalten sage, will ich nicht nur Speise darunter verstanden wissen, sondern auch Kleidung, Wohnung, Brennholz, Licht, schließlich all das, was zum Lebensunterhalt des Körpers gehört.

Keiner unter den Armen soll also müßig sein, soweit er aufgrund seines Alters oder seiner Gesundheit arbeiten könnte. Der Apostel Paulus schreibt an die Thessalonicher (2. Thess 3,10-12): Denn als wir bei euch waren, haben wir euch die Regel eingeprägt: Wer nicht arbeiten will, soll auch nicht essen. Wir hören aber, dass einige von euch ein unordentliches Leben führen und alles Mögliche treiben, nur nicht arbeiten. Wir ermahnen sie und gebieten ihnen im Namen Jesu Christi, des Herrn, in Ruhe ihrer Arbeit nachzugehen und ihr selbst verdientes Brot zu essen. Und der Psalmist verspricht beiderlei Glückseligkeit, in diesem Leben und im anderen, dem, der zu essen hat aus seiner Hände Arbeit. Deshalb darf man es nicht dulden, dass einer müßig lebt in einem Gemeinwesen, in dem wie in einem gut organisierten Haushalt jeder seine Pflichten haben muss. Es gibt ein altes Sprichwort: Durch Nichtstun lernen die Menschen Übeltun.

Auf Gesundheit und Alter muss man Rücksicht nehmen, aber so, dass sie nicht durch Simulieren von Krankheit oder Schwäche Eindruck machen. Das passiert nicht selten. Man wird deshalb einen Arzt befragen, und wer täuscht, soll bestraft werden.

Von den gesunden Bettlern soll man die Fremden in ihre Heimatgemeinden zurückschicken, was auch durch kaiserliches Recht gesichert ist. Aber man soll ihnen ein Wegegeld mitgeben; denn es wäre unmenschlich, einen Armen ohne Wegzehrung auf die Reise zu schicken, und wer das täte, was täte er anderes, als den Befehl zum Rauben geben? Vor ihren Verwandten und Freunden werden sie sich einerseits ihrer Faulheit und ihres schimpflichen Lebens wegen mehr schämen, andererseits werden sie dort leichter Hilfe finden als draußen. Wenn sie aber aus Dörfern oder Städtchen sind, wo Krieg ist, dann muss man bedenken, was Paulus lehrt, dass es unter den in Christi Blut Getauften keinen Griechen, Barbaren, Franzosen oder Flamen gibt, sondern eine neue Schöpfung. Man soll sie wie Leute von hier behandeln.

Die Bettler von hier soll man fragen, ob sie irgendetwas können. Die nichts

gelernt haben, soll man, soweit sie im passenden Alter sind, ausbilden, wozu sie
sich am meisten geneigt zeigen, sofern dies möglich ist. Wenn nicht, zu etwas
Ähnlichem, so dass, wer nicht Kleider nähen darf, so genannte Schaftstiefel
näht. Wenn er keine Neigung zeigt oder gar zu unbegabt ist, soll man ihm
etwas Leichteres zuweisen, am Ende das, was jeder in wenigen Tagen erlernen kann: Graben, Wasserschöpfen, Lastentragen, einen Karren ziehen, der
Behörde dienen, Amtsbote sein, Briefe und Erlässe irgendwohin befördern,
Pferdekutschen führen.

Die auf hässliche Art und durch schändliches Fehlverhalten ihr Vermögen
durchgebracht haben, zum Beispiel beim Spiel, mit Dirnen, durch Luxus,
Völlerei, die soll man zwar ernähren, denn durch Hunger darf niemand
getötet werden, im Übrigen soll man ihnen aber lästigere Arbeiten zuweisen
und einen dürftigeren Lebensunterhalt, damit sie den anderen als Beispiel
dienen und selbst Reue über ihr früheres Leben empfinden, dass sie nicht so
leicht in die alten Fehler zurückgleiten, woran sie auch durch die Dürftigkeit
des Lebensunterhalts und die Härte der Arbeit gehindert werden. Man soll
sie nicht gerade hungern lassen, aber doch kurz halten.

Für sie alle wird es nicht an Werkstätten fehlen, in die sie aufgenommen
werden. Schafzüchter, die eine Wollspinnerei betreiben, überhaupt die aller-
meisten Handwerker, klagen über einen großen Mangel an Arbeitskräften. Die
Seidenweber in Brügge würden Kinder einstellen, nur damit sie bestimmte
Räder drehen, und diesen würden sie täglich ein paar Groschen mehr oder
weniger zusätzlich zum Essen geben und können doch keine finden, die das
tun; denn ihre Eltern sagen, sie brachten vom Betteln mehr nach Hause.

Aber durch öffentliche Verfügung soll den einzelnen Handwerkern eine gewisse Anzahl von Leuten zugeordnet werden, die von sich aus zu keiner eigenen
Werkstatt gelangen könnten. Wenn einer in seinem Handwerk Fortschritte
macht, soll er eine Werkstatt aufmachen. Dann soll bei diesem, wie auch bei
jenen, denen die Behörde Lehrlinge zugewiesen hat, das in Auftrag gegeben
werden, was von der Stadt öffentlich genutzt wird. Das ist mancherlei, z.B.
Bilder, Statuen, Gewänder, Abwasserkanäle, Gräben und Gebäude, schließlich
das, was man für die Spitäler braucht, damit das Geld, das am Anfang für
die Armen gegeben wurde, auch von den Armen verbraucht wird. Dasselbe
würde ich den Bischöfen, Stiftern und Äbten raten, aber an sie werde ich ein
andermal schreiben, hoffe auch, dass sie das irgendwann einmal von selbst
tun werden, auch wenn ich sie nicht ermahne.

Diejenigen, denen man bisher weder einen Herrn noch ein Haus verschaffen konnte, sollen eine Weile an einem bestimmten Ort von Almosen ernährt werden. Aber sie sollen in dieser Zeit nicht weggehen, damit sie durch den Müßiggang nicht Faulheit lernen. In demselben Haus soll man auch gesunden Durchreisenden ein Mittag- oder Abendessen geben und ein gewisses Wegegeld, das bis zur nächsten Stadt ausreicht, wohin ihre Reise geht.

Die in den Spitälern gesund sind und dort festsitzen, sich wie Drohnen an fremdem Schweiß gütlich tun, sollen weggehen und zur Arbeit geschickt werden, es sei denn, sie müssten aufgrund irgendeines Rechts, zum Beispiel des Erbrechts, dort bleiben, da ihnen dieses Vorrecht durch eine Stiftung ihrer Vorfahren hinterlassen worden ist, oder sie hätten sich mit ihrem Vermögen in diesem Haus eingekauft.

Dann soll man sie zwingen, dort zu arbeiten, damit alle daran teilhaben. Wenn sonst ein Gesunder und Kräftiger dort aus Anhänglichkeit zu dem Haus und seinen alten Gefährten bittet, man möge ihm dasselbe erlauben, soll man ihm nach demselben Gesetz die Möglichkeit zu bleiben geben. Aus dem Vermögen, das einst zu diesem Zweck gesammelt wurde, soll niemand seinem Vergnügen nach leben dürfen.

Denn manche wurden schon aus Dienern zu Herren. Und verwöhnt und aufwendig lebende Frauen, die ursprünglich zum Dienst des frommen Werkes herangezogen worden waren, sind jetzt stolze Herrinnen, halten sich die Armen vom Leib und behandeln sie schlecht. Diese Möglichkeit soll man ihnen nehmen, damit sie nicht vom Vermögen der kleinen Armen fett werden, sie sollen tun, weshalb sie dorthin gekommen sind. Sie sollen in der Krankenpflege beschäftigt werden, ähnlich jenen Witwen der jungen Kirche, welche die Apostel so sehr loben. Die restliche Zeit sollen sie beten, lesen, nähen, weben, beschäftig sein mit einer guten und ehrenhaften Arbeit, was Hieronymus auch den reichsten und edelsten Matronen vorschreibt.

Auch die Blinden möchte ich nicht untätig herumsitzen oder -laufen lassen, es gibt mancherlei, worin sie sich üben können: Die einen haben Begabung für die Wissenschaft, sie sollten studieren, bei manchen von ihnen sehen wir nicht zu verachtende Fortschritte in der Bildung. Andere sind musikalisch begabt, sie sollen singen, Saiteninstrumente spielen, Flöte blasen. Die einen sollen Handmühlen drehen, andere Keltern bedienen, andere sollen Hämmer in den Schmiedewerkstätten treiben, wir wissen, dass Blinde Kästchen, Kistchen, Körbchen und kleine Käfige zusammensetzen. Blinde Frauen nähen und spinnen. Sie dürfen nur nicht untätig sein und die Arbeit scheuen, dann werden sie leicht finden, womit sie beschäftigt werden können. Faulheit und Gleichgültigkeit sind daran schuld, dass sie behaupten, sie könnten nichts, kein körperliches Gebrechen.

Auch den Schwachen und Alten soll man leichte Arbeit zuweisen, die ihrem Alter und ihren Kräften entspricht. Niemand ist so schwach, dass ihm jegliche Kraft fehlte, irgendetwas zu tun. So wird das Ergebnis sein, dass schlechte Gedanken und Gemütsanwandlungen, wie sie bei Untätigen entstehen, bei den Beschäftigten und auf die Arbeit Konzentrierten gar nicht erst aufkommen.

Wenn derartige Blutsauger aus den Spitälern entfernt sind, die Ausgaben und jährlichen Einnahmen auf dem Tisch liegen und das vorhandene Geld gezählt ist, soll die Kapazität eines jeden Spitals berechnet, Kostbarkeiten und überflüssiger Zierrat, der eher Kindern und Geizhälsen Freude macht als den Frommen nützt, verkauft werden.

Dann soll zu jedem Spital eine Anzahl von kranken Bettlern geschickt werden, gerade so viele, dass ihnen kein allzu karger Lebensunterhalt bleibt, so dass er kaum den halben Hunger stillt. Darauf muss man vor allem bei den körperlich oder geistig Kranken achten; denn sie werden kränker, wenn sie nicht genug zu essen haben. Aber man muss sie nicht verwöhnen, denn daraus könnten leicht schlechte Gewohnheiten entstehen.

Damit sind wir bei den Geisteskranken. Da es in der Welt nichts Hervorragenderes gibt als den Menschen und im Menschen nichts Hervorragenderes als den Geist, muss man vor allem darauf achten, dass er stark ist. Und dies ist als die höchste Wohltat anzusehen, wenn wir den Geist anderer entweder zur Gesundheit zurückführen oder in Gesundheit und Ausgeglichenheit erhalten. Wenn also ein geistig verwirrter Mensch ins Spital gebracht wird, muss man zuerst untersuchen, ob der Wahnsinn angeboren ist oder ob er nur vorübergehend auftritt, ob es Heilungschancen gibt, oder ob er ein hoffnungsloser Fall ist. Ein solcher Defekt des menschlichen Geistes, der hervorragendsten Sache überhaupt, verdient Bedauern und vor allem muss der Mensch so behandelt werden, dass sein Wahnsinn nicht vermehrt oder genährt wird. Das passiert bei Tobsüchtigen, wenn man sie auslacht, reizt, ärgert, bei Schwachsinnigen, wenn man durch Zustimmung billigt, was sie Törichtes sagen oder tun, und wenn man sie anreizt, noch mehr lächerlichen Unsinn von sich zu geben; denn damit leistet man der Torheit und dem Irrsinn Vorschub. Was könnte man unmenschlicher nennen, als einen zum

Narren machen, damit du lachen und dein Spiel treiben kannst mit solchem Unglück eines Menschen?

Es sollen die jeweils geeigneten Heilmittel angewandt werden: Die einen brauchen Wickel und eine geregelte Diät, andere eine sanfte und freundliche Behandlung, damit gewissermaßen die wilden Tiere allmählich gezähmt werden; andere brauchen Unterweisung. Manche werden Zwang und Fesseln brauchen, aber man soll sie so anwenden, dass sie dadurch nicht noch mehr erregt werden. Überhaupt soll man, soweit möglich, Ruhe in ihr Gemüt bringen; dann können leicht die Urteilskraft und die geistige Gesundheit zurückkehren.

Wenn die Spitäler nicht alle kranken Bettler fassen, muss man ein Haus bestimmen oder auch mehrere, groß genug, sie dort einzuschließen, einen Arzt anzustellen und einen Apotheker sowie Diener und Dienerinnen. Dies wird zum Ergebnis haben, was die Natur und die Schiffbauer vorsehen: Wie der Schmutz an einer bestimmten Stelle versammelt wird, damit er nicht dem übrigen Körper schade, so sollen die mit einer ekligen oder ansteckenden Krankheit in Quarantäne schlafen und essen können, damit die anderen nicht Ekel erfasst und Ansteckung sich ausbreitet, und es niemals ein Ende der Krankheiten geben wird.

Wenn jemand gesund wird, soll er so behandelt werden wie die Übrigen Gesunden. Man soll ihn zur Arbeit schicken, wenn er nicht aus Nächstenliebe irgendeine Fähigkeit dort in den Dienst der andern stellen will.

Arme, die sich zu Hause aufhalten, sollen Hilfe aus öffentlichen Mitteln oder aus den Spitälern erhalten. Und weil sie Bürger sind, sollen sie keinen Mangel haben; und wenn sie nachweisen, dass ihre Bedürfnisse größer sind, als das, was sie erarbeiten können, soll man ihnen dazugeben, was als ausreichend gilt.

Die Bedürfnisse der Armen sollen die Schatzmeister freundlich und verständnisvoll prüfen, ohne Vorurteile; sie sollen keine Strenge anwenden, es sei denn, sie hielten sie für nötig gegen solche, die Widerstand gegen die Staatsgewalt leisten und sie verunglimpfen.

Dies soll Gesetz sein. Wenn jemand bittet oder seine Fürsprache oder seinen Einfluss ins Spiel bringt, dass jemand Geld gegeben wird unter dem Vorwand der Bedürftigkeit, soll ihm das nicht gewährt werden; es soll sogar eine Strafe nach Maßgabe des Rates verhängt werden. Es soll lediglich erlaubt sein, darauf hinzuweisen, dass es jemanden gibt, der arm ist. Das Weitere sollen die Fürsorgebeauftragten oder die ihnen vom Rat Zugeordneten überprüfen. Und man soll Almosen geben, je nachdem ob die Bedürftigkeit es dringend erfordert, damit nicht später einmal reiche Leute verlangen, dass ihre Diener, Hausgenossen, Verwandten und Freunde bekommen, was man denen wegnehmen müsste, die seiner am meisten bedürfen, um ihr eigenes Geld zu sparen. Und damit nicht persönliche Gunst anfängt, die Armen zu übervorteilen, wie wir es in den Spitälern beobachten können.

Quellen:

Vives, Juan Luis 2004 (1526): Über die Unterstützung der Armen. In: Strohm, Theodor/Klein, Michael (Hrsg.): Die Entstehung einer sozialen Ordnung Europas, Bd. 1. Heidelberg, S. 317-330.

Vives, Juan Luis 2004 (1526): Wieweit ist die Armenfürsorge Sache der Staatsführung? In: Strohm, Theodor/Klein, Michael (Hrsg.): Die Entstehung einer sozialen Ordnung Europas, Bd. 2. Heidelberg, S. 337-339.

Thomas R. Malthus

Die einzig wirksame Methode,
die Lage der Armen zu verbessern

Wie vollkommen auch derjenige, der ein Moralsystem veröffentlicht, von der Verpflichtung jedes Einzelnen; demselben nachzuleben, überzeugt sein mag, so wird er doch nicht so thöricht sein, sich einzubilden, dass es von Allen oder auch nur den Meisten werde befolgt werden. Allein dies ist kein triftiger Grund gegen die Veröffentlichung des Systems, Wäre er es, so würde er stets erhoben worden sein; wir hätten dann gar keine allgemeinen Regeln, und zu den aus Versuchungen entspringenden Lastern der Menschen würde eine noch viel längere Liste solcher hinzukommen, die durch Unwissenheit veranlasst werden.

Wenn uns schon die Vernunft lehren muss, dass einerseits Uebervölkerung Noth erzeugt, ein geschlechtliches Durcheinander andrerseits Uebel und Unglück namentlich für das weibliche Geschlecht mit sich bringt, so sehe ich nicht, wie irgend Jemand, der das Princip der Nützlichkeit als das Hauptkriterium moralischer Vorschriften anerkennt, sich dem Schluss entziehen kann, dass sittliche Einschränkung, das heisst Enthaltung von der Ehe, bis man im Stande ist, eine Familie zu ernähren, und ein vollkommen sittliches Verhalten während dieser Zeit strenge Pflicht sei; und wenn wir die Offenbarung hinzunehmen, so erhält diese Pflicht unzweifelhaft eine sehr kräftige Bestätigung. Wenige meiner Leser werden indessen in ihren Hoffnungen auf eine plötzliche und grosse Veränderung in dem allgemeinen Verhalten der Menschen minder sanguinisch sein, als ich; und ich habe mir im vorigen Kapitel hauptsächlich nur deswegen gestattet, das allgemeine Walten dieser Tugend vorauszusetzen, weil ich den Vorwurf gegen die Güte Gottes zurückweisen wollte, indem ich zeigte, dass die aus dem Bevölkerungsgesetz entstehenden Uebel genau von derselben Art sind, wie die meisten andren Uebel, über die man weniger klagt; dass sie durch menschliche Unwissenheit und Indolenz gesteigert, durch Wissenschaft und Tugend gemindert werden und, wenn Jeder seine Pflicht thäte, sogar vollständig zu beseitigen wären, und zwar ohne durchgängige Vermehrung derjenigen, aus geregelter Befriedigung der Leidenschaften fliessenden Quellen des Genusses, die mit Recht als die Hauptbestandtheile des menschlichen Glückes betrachtet werden.

Wenn es blos zur Erläuterung geschieht, so seh' ich kein Unrecht darin, das Gemälde eines Volks zu entwerfen, dessen Glieder alle genau ihre Pflichten erfüllen; noch scheint mir der Vorwurf der Schwärmerei einem Schriftsteller gegenüber gerechtfertigt, sobald er nicht eine solche absolute Pflichterfüllung zur Vorbedingung der praktischen Nützlichkeit seines Systems macht, ohne welche auch nicht einmal die mässige und partielle Verbesserung möglich wäre, die Alles ist, was sich billigerweise von der vollkommensten Kenntniss unsrer Pflichten erwarten lässt.

In dieser Beziehung besteht aber ein sehr wesentlicher Unterschied zwischen verbesserten socialen Zuständen, wie ich sie im vorigen Kapitel voraussetzte, und den meisten andern Speculationen über diesen Gegenstand. Wenn wir uns der dort vorausgesetzten socialen Reform je nähern sollten, so muss es in derselben Weise geschehen, in der wir grosse Reformen erreicht zu sehen pflegen, durch Anrufung des Interesses und Glücks jedes Einzelnen. Es wird nicht von uns verlangt, aus ungewohnten Beweggründen zu handeln, einem vielleicht nicht genau erkennbaren, oder verschwindenden allgemeinen Gut nachzustreben. Das Glück des Ganzen soll vielmehr aus dem Glück der Einzelnen hervorgehen und mit demselben beginnen. Es wird kein Zusammenwirken verlangt. Jeder Schritt bringt vorwärts. Wer seine Pflicht getreu erfüllt, wird seinen vollen Lohn pflücken, wie gross auch die Zahl derer sei, die ihn verfehlen. Diese Pflicht ist auch für den beschränktesten Kopf erkennbar. Sie besagt bloss, dass er keine Wesen in die Welt setze, für die er keinen Unterhalt finden kann. Ist dieser Gegenstand einmal von dem Dunkel, in das ihn Gemeindeunterstützung und freiwillige Almosen gehüllt haben, befreit, so muss Jederman seiner Verpflichtung inne werden. Wenn er seine Kinder nicht erhalten kann, so müssen sie Hungers sterben, und wenn er trotz der Wahrscheinlichkeit, sie nicht ernähren zu können; heirathet, so verschuldet er all das Übel, das er auf sich, seine Frau und Kinder herabbeschwört. Es ist offenbar sein eigenes Interesse und muss erheblich zur Förderung seines Glückes beitragen, wenn er das Heirathen verschiebt, bis er durch Fleiss und Sparsamkeit dahin gelangt ist, dass er die Kinder erhalten kann, die er aus seiner Ehe zu erwarten hat; und da er mittlerweile seine Leidenschaften nicht befriedigen kann, ohne einem ausdrücklichen Gebote Gottes zuwider zu handeln und grosse Gefahr zu laufen, sich und manchen seiner Nebenmenschen zu schaden, so muss ihm das eigne Interesse die strenge Verpflichtung zu einem keuschen Lebenswandel, so lange er ledig bleibt, vorschreiben.

Wie heftig auch die Leidenschaften sind, so werden sie doch in der Regel durch die Vernunft einigermaassen gezügelt. Es scheint nicht durchaus schwärmerisch, anzunehmen, dass, wenn einem Jeden die wahre und dauernde Ursache der Armuth deutlich entwickelt und zu Gemüth geführt würde, dies einen vielleicht nicht unbedeutenden Einfluss auf sein Verhalten haben möchte; wenigstens ist der Versuch noch niemals ordentlich gemacht worden. Fast alles, was man bisher für die Armen gethan hat, ist wie mit ängstlicher Sorgfalt darauf berechnet, einen Schleier über diesen Gegenstand zu breiten und sie selbst über die Ursache ihrer Armuth in Ungewissheit zu lassen. Wenn der Arbeitslohn kaum hinreicht, zwei Kinder zu erhalten, so heirathet ein Mann doch und hat fünf oder sechs und sieht sich natürlich dadurch ins tiefste Elend versetzt. Nun klagt er die Unzulänglichkeit des Arbeitslohns, eine Familie zu erhalten, an. Er klagt seine Gemeinde an, dass sie so langsam und karg ihre Schuldigkeit thue, ihn zu unterstützen. Er klagt den Geiz der Reichen an, die ihn entbehren lassen, was sie sich so leicht entziehen könnten. Er klagt die parteiischen und ungerechten Einrichtungen der Gesellschaft an, die ihm einen unbilligen Antheil an den Producten der Erde zukommen lassen. Er klagt vielleicht gar die Ordnung der Vorsehung an, die ihm einen Platz in der Gesellschaft angewiesen habe, der mit unvermeidlicher Noth und Abhängigkeit behaftet ist. Indem er nach Gegenständen seiner Anklagen sucht, blickt er niemals dahin, woher sein Missgeschick fliesst. Niemanden denkt er weniger anzuklagen, als sich selbst, auf den doch thatsächlich der Hauptvorwurf fällt, ausser soweit er von den höhern Klassen der Gesellschaft getäuscht wurde. Er wünscht vielleicht jetzt, nie geheirathet zu haben, weil er nun den Schaden davon hat; aber niemals fällt es ihm ein, dass Er etwas Unrechtes gethan haben könne. Man hat stets gesagt, dass es eine verdienstliche Handlung sei, dem Könige und dem Vaterlande Unterthanen zu erziehen. Er hat dies gethan und leidet doch dafür; und es muss ihm äusserst ungerecht und grausam von seinem König und seinem Vaterlande vorkommen, dass er leiden muss, weil er ihnen das gab, was, wie man beständig versichert, ihr Hauptbedürfniss ist.

Bis diese irrigen Vorstellungen berichtigt sind, und anstatt der Irrthümer und Vorurtheile die Sprache der Natur und der Vernunft über die Bevölkerungsfrage allgemein vernommen wird, kann man nicht sagen, dass der Verstand der gewöhnlichen Leute auf die Probe gestellt worden sei; und wir dürfen sie nicht mit Recht der Unvorsichtigkeit und Trägheit beschuldigen, bis sie handeln, wie sie es jetzt thun, nachdem ihnen begreiflich gemacht worden, dass sie selbst die Ursache ihres Elends sind; dass es in ihrer eigenen Macht steht, und nicht in der Macht irgend welcher andern Leute, ihnen zu helfen; dass die Gesellschaft, in der sie leben, und die Regierung, die ihr vorsteht, keinerlei directe Mittel dazu hat; und dass dieselben trotz ihres besten Willens, ihnen zu helfen, und trotz aller Versuche factisch unfähig sind, das auszuführen, was sie wohlwollend wünschen, aber mit Unrecht versprechen; dass, wenn der Arbeitslohn nicht hinreicht, eine Familie zu unterhalten, dies ein unwidersprechliches Zeugniss ist, dass ihr König und ihr Vaterland keiner weiteren Unthanen bedarf, oder sie wenigstens nicht zu ernähren vermag; dass sie, wenn sie dennoch heirathen, keineswegs eine Pflicht gegen die Gesellschaft erfüllen, sondern vielmehr derselben eine unnütze Last aufbürden und zugleich sich selbst in's Elend stürzen, und dass sie gradezu dem Willen Gottes zuwider handeln und sich mancherlei Krankheiten zuziehen, die alle oder doch grösstentheils zu vermeiden gewesen wären, wenn sie den wiederholten Warnungen Gehör gegeben hätten, die er mittelst der allgemeinen Naturgesetze jedem vernunftbegabtem Wesen gab. Paley bemerkt in seiner Moralphilophie, dass „in Ländern, in denen die Nahrungsmittel knapp geworden sind, der Staat die Aufgabe hat, mit doppelter Sorgfalt über die öffentlichen Sitten zu wachen; denn nur der Instinkt der Natur unter dem Zwange der Keuschheit wird die Menschen zur Arbeit reizen und ihn die Opfer an Freiheit und Genuss ertragen lassen, die der Unterhalt einer Familie unter solchen Umständen erforderlich macht." Dass es immer die Pflicht des Staats ist, jedes Mittel zu ergreifen, welches vom Laster abzuhalten und die Tugend zu befördern verspricht, und dass keine temporären Umstände die Vernachlässigung dieser Mittel gestatten, ist sicher. Die vorgeschlagenen Mittel sind daher stets gut; der hier beabsichtigte Zweck aber scheint durchaus sträflich zu sein. Man will die Leute zum Heirathen zwingen, wenn sie bei anerkanntem Mangel an Lebensmitteln wenig Chancen haben, ihre Kinder ernähren zu können. Ebenso gut könnte man Leute in's Wasser treiben, die nicht schwimmen können. In beiden Fällen versuchen wir vermessen die Vorsehung, und wir haben in dem einen Falle nicht mehr Grund, zu glauben, dass ein Wunder uns die Leiden und den Tod, die ans unserm Verhalten hervorgehen, ersparen werde, als in dem andern.

Die Aufgabe derjenigen, welche die Tage der untern Volksklassen aufrichtig zu verbessern wünschen, besteht darin, das Verhältniss zwischen dem Arbeitslohn und den Preisen der Lebensmittel so zu steigern, dass der Arbeiter im Stande ist, sich einen grösseren Antheil an den Nothwendigkeiten und Annehmlichkeiten des Lebens zu verschaffen. Bisher hat man dies Ziel hauptsächlich durch Unterstützung der verheiratheten Armen zu erreichen gesucht, mithin durch Vermehrung der Arbeiterzahl, durch Ueberfüllung des Markts mit einer Waare, die man gleichwohl, wie man versichert theuer wünscht. Es scheint wenig Prophetengabe dazu zu gehören, um das sichere Misslingen eines solchen Projekts vorherzusagen. Erfahrung bleibt doch immer die beste Lehrmeisterin. Man hat diese Methode in vielen Ländern und viele Jahrhunderte hindurch versucht und der Erfolg hat stets dem Wesen des Projekts entsprochen. Es ist wahrlich Zeit, einen andern Weg einzuschlagen.

Als man fand, dass der Sauerstoff nicht, wie man erwartet hatte, die Lungenschwindsucht heile, sondern eher verschlimmere, machte man ganz entgegengesetzte Versuche. Ich wünschte, wir wären in unsern Bemühungen, die Krankheit der Armuth zu heilen, mit dem gleichen philosophischen Geiste verfahren und hätten, nachdem wir fanden, dass der beständige Zustrom neuer Arbeitskräfte die Symptome nur verschlimmere, probirt, welche Folgen das Zurückhalten derselben haben möchte.

In allen alten und vollbevölkerten Staaten ist nur von dieser Methode eine wesentliche und dauernde Verbesserung der Lage der untern Volksklassen zu erwarten. Bei dem Bestreben, die Menge der Nahrungsmittel in ein günstigeres Verhältniss zur Anzahl der Consumenten zu setzen, würde sich uns zuerst die Nothwendigkeit aufdrängen, die absolute Menge der Lebensmittel zu vermehren; fänden wir aber, dass, so schnell wir dies auch thun, die Zahl der Consumenten der Nahrungsmittelmenge dennoch voraneile, so würden wir uns bald überzeugen, dass unsre nur hierauf gerichteten Bemühungen vergeblich seien. Es ist, als ob der Hase durch die Schildkröte gejagt werden sollte. Wenn wir also fänden, dass wir nach den Naturgesetzen die Nahrungsmittel der Volksvermehrung nicht anzupassen vermögen, sollten wir natürlicherweise demnächst versuchen, die Volksvermehrung den Nahrungsmitteln anzupassen. Wenn wir den Hasen überreden können, zu schlafen, so mag die Schildkröte einige Chance haben, ihn einzuholen.

Wir dürfen jedoch nicht ermüden in unserm Bestreben, die Menge der Lebensmittel zu vermehren, sondern müssen eine andre Bemühung damit verbinden, nämlich die Volksmenge, wenn sie einmal eingeholt ist, so weit zurückzuhalten, dass das wünschenswerthe Verhältniss erreicht wird, und so die zwei grossen Desiderata zugleich erstreben: eine grosse Bevölkerung und einen socialen Zustand, bei dem schmutzige Armuth und Abhängigkeit vergleichsweise wenig bekannt sind, zwei Ziele, die durchaus nicht mit einander unverträglich sind.

Wenn es uns Ernst ist mit dem Ziele solcher Forschungen, der Besserung der Lage der Armen, so müssen wir ihnen die Verhältnisse ihrer Lage erklären und ihnen zeigen, dass die Zurückhaltung des Angebots von Arbeitskräften der einzige Weg ist, den Lohn wirksam zu steigern, und dass nur sie selbst, in deren Händen allein jene Waare sich befindet, die Macht haben, dies zu thun.

Ich muss gestehen, dass ich diese Methode, die Armuth zu vermindern, theoretisch so vollkommen begründet und durch die Analogie jeder andern Waare so unveränderlich bestätigt finde, dass nur der Beweis, sie werde noch grössere Uebel nach sich ziehen, als denen sie abhelfen will, uns rechtfertigen kann, wenn wir den Versuch, sie auszuführen, nicht machen.

Quelle: Malthus. Thomas R. 1879 (1798): Versuch über das Bevölkerungsgesetz oder eine Betrachtung über seine Folgen für das menschliche Glück in der Vergangenheit und Gegenwart. In: Expedition des Merkur. Berlin, S. 643-650.

Karl Marx, Friedrich Engels

Manifest der Kommunistischen Partei

Ein Gespenst geht um in Europa – das Gespenst des Kommunismus. Alle Mächte des alten Europa haben sich zu einer heiligen Hetzjagd gegen dies Gespenst verbündet, der Papst und der Zar, Metternich und Guizot, französische Radikale und deutsche Polizisten.

Wo ist die Oppositionspartei, die nicht von ihren regierenden Gegnern als kommunistisch verschrien worden wäre, wo die Oppositionspartei, die den fortgeschritteneren Oppositionsleuten sowohl wie ihren reaktionären Gegnern den brandmarkenden Vorwurf des Kommunismus nicht zurückgeschleudert hätte?

Zweierlei geht aus dieser Tatsache hervor.

Der Kommunismus wird bereits von allen europäischen Mächten als eine Macht anerkannt.

Es ist hohe Zeit, daß die Kommunisten ihre Anschauungsweise, ihre Zwecke, ihre Tendenzen vor der ganzen Welt offen darlegen und dem Märchen vom Gespenst des Kommunismus ein Manifest der Partei selbst entgegenstellen.

Zu diesem Zweck haben sich Kommunisten der verschiedensten Nationalität in London versammelt und das folgende Manifest entworfen, das in englischer, französischer, deutscher, italienischer, flämischer und dänischer Sprache veröffentlicht wird.

Bourgeois und Proletarier

Die Geschichte aller bisherigen Gesellschaft ist die Geschichte von Klassenkämpfen.

Freier und Sklave, Patrizier und Plebejer, Baron und Leibeigener, Zunftbürger und Gesell, kurz, Unterdrücker und Unterdrückte standen in stetem Gegensatz zueinander, führten einen ununterbrochenen, bald versteckten, bald offenen Kampf, einen Kampf, der jedesmal mit einer revolutionären Umgestaltung der ganzen Gesellschaft endete oder mit dem gemeinsamen Untergang der kämpfenden Klassen.

In den früheren Epochen der Geschichte finden wir fast überall eine vollständige Gliederung der Gesellschaft in verschiedene Stände, eine mannigfaltige Abstufung der gesellschaftlichen Stellungen. Im alten Rom haben wir Patrizier, Ritter, Plebejer, Sklaven; im Mittelalter Feudalherren, Vasallen, Zunftbürger, Gesellen, Leibeigene und noch dazu in jeder dieser Klassen wieder besondere Abstufungen.

Die aus dem Untergang der feudalen Gesellschaft hervorgegangene moderne bürgerliche Gesellschaft hat die Klassengegensätze nicht aufgehoben. Sie hat nur neue Klassen, neue Bedingungen der Unterdrückung, neue Gestaltungen des Kampfes an die Stelle der alten gesetzt.

Unsere Epoche, die Epoche der Bourgeoisie, zeichnet sich jedoch dadurch aus, daß sie die Klassengegensätze vereinfacht hat. Die ganze Gesellschaft spaltet sich mehr und mehr in zwei große feindliche Lager, in zwei große, einander direkt gegenüberstehende Klassen: Bourgeoisie und Proletariat.

Aus den Leibeigenen des Mittelalters gingen die Pfahlbürger der ersten Städte hervor: aus dieser Pfahlbürgerschaft entwickelten sich die ersten Elemente der Bourgeoisie.

Die Entdeckung Amerikas, die Umschiffung Afrikas schufen der aufkommenden Bourgeoisie ein neues Terrain. Der ostindische und chinesische Markt, die Kolonisierung von Amerika, der Austausch mit den Kolonien, die Vermehrung der Tauschmittel und der Waren überhaupt gaben dem Handel, der Schiffahrt, der Industrie einen niegekannten Aufschwung und damit dem revolutionären Element in der zerfallenden feudalen Gesellschaft eine rasche Entwicklung.

Die bisherige feudale oder zünftige Betriebsweise der Industrie reichte nicht mehr aus für den mit neuen Märkten anwachsenden Bedarf. Die Manufaktur trat an ihre Stelle. Die Zunftmeister wurden verdrängt durch den industriellen Mittelstand; die Teilung der Arbeit zwischen den verschiedenen Korporationen verschwand vor der Teilung der Arbeit in der einzelnen Werkstatt selbst.

Aber immer wuchsen die Märkte, immer stieg der Bedarf. Auch die Manufaktur reichte nicht mehr aus. Da revolutionierten der Dampf und die Maschinerie die industrielle Produktion. An die Stelle der Manufaktur trat die moderne große Industrie, an die Stelle des industriellen Mittelstandes traten die industriellen Millionäre, die Chefs ganzer industrieller Armeen, die modernen Bourgeois.

Die große Industrie hat den Weltmarkt hergestellt, den die Entdeckung Amerikas vorbereitete. Der Weltmarkt hat dem Handel, der Schiffahrt, den

Landkommunikationen eine unermeßliche Entwicklung gegeben. Diese hat wieder auf die Ausdehnung der Industrie zurückgewirkt, und in demselben Maße, worin Industrie, Handel, Schiffahrt, Eisenbahnen sich ausdehnten, in demselben Maße entwickelte sich die Bourgeoisie, vermehrte sie ihre Kapitalien, drängte sie alle vom Mittelalter her überlieferten Klassen in den Hintergrund.

Wir sehen also, wie die moderne Bourgeoisie selbst das Produkt eines langen Entwicklungsganges, einer Reihe von Umwälzungen in der Produktions- und Verkehrsweise ist.

Jede dieser Entwicklungsstufen der Bourgeoisie war begleitet von einem entsprechenden politischen Fortschritt. Unterdrückter Stand unter der Herrschaft der Feudalherren, bewaffnete und sich selbst verwaltende Assoziation in der Kommune, hier unabhängige städtische Republik, dort dritter steuerpflichtiger Stand der Monarchie, dann zur Zeit der Manufaktur Gegengewicht gegen den Adel in der ständischen oder in der absoluten Monarchie und Hauptgrundlage der großen Monarchien überhaupt, erkämpfte sie sich endlich seit der Herstellung der großen Industrie und des Weltmarktes im modernen Repräsentativstaat die ausschließliche politische Herrschaft. Die moderne Staatsgewalt ist nur ein Ausschuß, der die gemeinschaftlichen Geschäfte der ganzen Bourgeoisklasse verwaltet.

Die Bourgeoisie hat in der Geschichte eine höchst revolutionäre Rolle gespielt.

Die Bourgeoisie, wo sie zur Herrschaft gekommen, hat alle feudalen, patriarchalischen, idyllischen Verhältnisse zerstört. Sie hat die buntscheckigen Feudalbande, die den Menschen an seinen natürlichen Vorgesetzten knüpften, unbarmherzig zerrissen und kein anderes Band zwischen Mensch und Mensch übriggelassen als das nackte Interesse, als die gefühllose „bare Zahlung". Sie hat die heiligen Schauer der frommen Schwärmerei, der ritterlichen Begeisterung, der spießbürgerlichen Wehmut in dem eiskalten Wasser egoistischer Berechnung ertränkt. Sie hat die persönliche Würde in den Tauschwert aufgelöst und an die Stelle der zahllosen verbrieften und wohlerworbenen Freiheiten die *eine* gewissenlose Handelsfreiheit gesetzt. Sie hat, mit einem Wort, an die Stelle der mit religiösen und politischen Illusionen verhüllten Ausbeutung die offene, unverschämte, direkte, dürre Ausbeutung gesetzt.

Die Bourgeoisie hat alle bisher ehrwürdigen und mit frommer Scheu betrachteten Tätigkeiten ihres Heiligenscheins entkleidet. Sie hat den Arzt, den Juristen, den Pfaffen, den Poeten, den Mann der Wissenschaft in ihre bezahlten Lohnarbeiter verwandelt.

Die Bourgeoisie hat dem Familienverhältnis seinen rührend-sentimentalen Schleier abgerissen und es auf ein reines Geldverhältnis zurückgeführt.

Die Bourgeoisie hat enthüllt, wie die brutale Kraftäußerung, die die Reaktion so sehr am Mittelalter bewundert, in der trägsten Bärenhäuterei ihre passende Ergänzung fand. Erst sie hat bewiesen, was die Tätigkeit der Menschen zustande bringen kann. Sie hat ganz andere Wunderwerke vollbracht als ägyptische Pyramiden, römische Wasserleitungen und gotische Kathedralen, sie hat ganz andere Züge ausgeführt als Völkerwanderungen und Kreuzzüge.

Die Bourgeoisie kann nicht existieren, ohne die Produktionsinstrumente, also die Produktionsverhältnisse, also sämtliche gesellschaftlichen Verhältnisse fortwährend zu revolutionieren. Unveränderte Beibehaltung der alten Produktionsweise war dagegen die erste Existenzbedingung aller früheren industriellen Klassen. Die fortwährende Umwälzung der Produktion, die ununterbrochene Erschütterung aller gesellschaftlichen Zustände, die ewige Unsicherheit und Bewegung zeichnet die Bourgeois-Epoche vor allen früheren aus. Alle festen, eingerosteten Verhältnisse mit ihrem Gefolge von altehrwürdigen Vorstellungen und Anschauungen werden aufgelöst, alle neugebildeten veralten, ehe sie verknöchern können. Alles Ständische und Stehende verdampft, alles Heilige wird entweiht, und die Menschen sind endlich gezwungen, ihre Lebensstellung, ihre gegenseitigen Beziehungen mit nüchternen Augen anzusehen.

Das Bedürfnis nach einem stets ausgedehnteren Absatz für ihre Produkte jagt die Bourgeoisie über die ganze Erdkugel. Überall muß sie sich einnisten, überall anbauen, überall Verbindungen herstellen.

Die Bourgeoisie hat durch die Exploitation des Weltmarkts die Produktion und Konsumtion aller Länder kosmopolitisch gestaltet. Sie hat zum großen Bedauern der Reaktionäre den nationalen Boden der Industrie unter den Füßen weggezogen. Die uralten nationalen Industrien sind vernichtet worden und werden noch täglich vernichtet. Sie werden verdrängt durch neue Industrien, deren Einführung eine Lebensfrage für alle zivilisierten Nationen wird, durch Industrien, die nicht mehr einheimische Rohstoffe, sondern den entlegensten Zonen angehörige Rohstoffe verarbeiten und deren Fabrikate nicht nur im Lande selbst, sondern in allen Weltteilen zugleich verbraucht werden. An die Stelle der, alten, durch Landeserzeugnisse befriedigten Bedürfnisse treten neue, welche die Produkte der entferntesten Länder und Klimate zu ihrer Befriedigung erheischen. An die Stelle der alten lokalen und nationalen Selbstgenügsamkeit und Abgeschlossenheit tritt ein allseitiger Verkehr, eine allseitige Abhängigkeit der Nationen voneinander. Und wie in der materiellen, so auch in der geistigen Produktion. Die geistigen Erzeugnisse der einzelnen Nationen werden Gemeingut. Die nationale Einseitigkeit und Beschränktheit wird mehr und mehr unmöglich, und aus den vielen nationalen und lokalen Literaturen bildet sich eine Weltliteratur.

Die Bourgeoisie reißt durch die rasche Verbesserung aller Produktionsinstrumente, durch die unendlich erleichterten Kommunikationen alle, auch die barbarischsten Nationen in die Zivilisation. Die wohlfeilen Preise ihrer Waren sind die schwere Artillerie, mit der sie alle chinesischen Mauern in den Grund schießt, mit der sie den hartnäckigsten Fremdenhaß der Barbaren zur Kapitulation zwingt. Sie zwingt alle Nationen, die Produktionsweise der Bourgeoisie sich anzueignen, wenn sie nicht zugrunde gehen wollen; sie zwingt sie, die sogenannte Zivilisation bei sich selbst einzuführen, d.h. Bourgeois zu werden. Mit einem Wort, sie schafft sich eine Welt nach ihrem eigenen Bilde.

Die Bourgeoisie hat das Land der Herrschaft der Stadt unterworfen. Sie hat enorme Städte geschaffen, sie hat die Zahl der städtischen Bevölkerung gegenüber der ländlichen in hohem Grade vermehrt und so einen bedeutenden Teil der Bevölkerung dem Idiotismus des Landlebens entrissen. Wie sie das Land von der Stadt, hat sie die barbarischen und halbbarbarischen Länder von den zivilisierten, die Bauernvölker von den Bourgeoisvölkern, den Orient vom Okzident abhängig gemacht.

Die Bourgeoisie hebt mehr und mehr die Zersplitterung der Produktionsmittel, des Besitzes und der Bevölkerung auf. Sie hat die Bevölkerung agglomeriert, die Produktionsmittel zentralisiert und das Eigentum in wenigen Händen konzentriert. Die notwendige Folge hiervon war die politische Zentralisation. Unabhängige, fast nur verbündete Provinzen mit verschiedenen Interessen, Gesetzen, Regierungen und Zöllen wurden zusammengedrängt in *eine* Nation, *eine* Regierung, *ein* Gesetz, *ein* nationales Klasseninteresse, *eine* Douanenlinie.

Die Bourgeoisie hat in ihrer kaum hundertjährigen Klassenherrschaft massenhaftere und kolossalere Produktionskräfte geschaffen als alle vergangnen Generationen zusammen. Unterjochung der Naturkräfte, Maschinerie, Anwendung der Chemie auf Industrie und Ackerbau, Dampfschiffahrt, Eisenbahnen, elektrische Telegraphen, Urbarmachung ganzer Weltteile, Schiffbarmachung der Flüsse, ganze aus dem Boden hervorgestampfte Bevölkerungen – welch früheres Jahrhundert ahnte, daß solche Produktionskräfte im Schoße der gesellschaftlichen Arbeit schlummerten.

Wir haben also gesehn: Die Produktions- und Verkehrsmittel, auf deren Grundlage sich die Bourgeoisie heranbildete, wurden in der feudalen Gesellschaft erzeugt. Auf einer gewissen Stufe der Entwicklung dieser Produktions- und Verkehrsmittel entsprachen die Verhältnisse, worin die feudale Gesellschaft produzierte und austauschte, die feudale Organisation der Agrikultur und Manufaktur, mit einem Wort die feudalen Eigentumsverhältnisse den schon entwickelten Produktivkräften nicht mehr. Sie hemmten die Produktion, statt sie zu fördern. Sie verwandelten sich in ebenso viele Fesseln. Sie mußten gesprengt werden, sie wurden gesprengt.

An ihre Stelle trat die freie Konkurrenz mit der ihr angemessenen gesellschaftlichen und politischen Konstitution, mit der ökonomischen und politischen Herrschaft der Bourgeois-Klasse.

Unter unsern Augen geht eine ähnliche Bewegung vor. Die bürgerlichen Produktions- und Verkehrsverhältnisse, die bürgerlichen Eigentumsverhältnisse, die moderne bürgerliche Gesellschaft, die so gewaltige Produktions- und Verkehrsmittel hervorgezaubert hat, gleicht dem Hexenmeister, der die unterirdischen Gewalten nicht mehr zu beherrschen vermag, die er heraufbeschwor. Seit Dezennien ist die Geschichte der Industrie und des Handels nur noch die Geschichte der Empörung der modernen Produktivkräfte gegen die modernen Produktionsverhältnisse, gegen die Eigentumsverhältnisse, welche die Lebensbedingungen der Bourgeoisie und ihrer Herrschaft sind. Es genügt, die Handelskrisen zu nennen, welche in ihrer periodischen Wiederkehr immer drohender die Existenz der ganzen bürgerlichen Gesellschaft in Frage stellen. In den Handelskrisen wird ein großer Teil nicht nur der erzeugten Produkte, sondern sogar der bereits geschaffenen Produktivkräfte regelmäßig vernichtet. In den Krisen bricht eine gesellschaftliche Epidemie aus, welche allen früheren Epochen als ein Widersinn erschienen wäre – die Epidemie der Überproduktion. Die Gesellschaft findet sich plötzlich in einen Zustand momentaner Barbarei zurückversetzt; eine Hungersnot, ein allgemeiner Verwüstungskrieg scheinen ihr alle Lebensmittel abgeschnitten zu haben; die Industrie, der Handel scheinen vernichtet, und warum? Weil sie zuviel Zivilisation, zuviel Lebensmittel, zuviel Industrie, zuviel Handel besitzt. Die Produktivkräfte, die ihr zur Verfügung stehn, dienen nicht mehr zur Beförderung der bürgerlichen

Zivilisation und der bürgerlichen Eigentumsverhältnisse; im Gegenteil, sie sind
zu gewaltig für diese Verhältnisse geworden, sie werden von ihnen gehemmt,
und sobald sie dies Hemmnis überwinden, bringen sie die ganze bürgerliche
Gesellschaft in Unordnung, gefährden sie die Existenz des bürgerlichen Eigentums. Die bürgerlichen Verhältnisse sind zu eng geworden, um den von
ihnen erzeugten Reichtum zu fassen. – Wodurch überwindet die Bourgeoisie
die Krisen? Einerseits durch die erzwungene Vernichtung einer Masse von
Produktivkräften; andererseits durch die Eroberung neuer Märkte und die
gründlichere Ausbeutung der alten Märkte. Wodurch also? Dadurch, daß
sie allseitigere und gewaltigere Krisen vorbereitet und die Mittel, den Krisen
vorzubeugen, vermindert.

Die Waffen, womit die Bourgeoisie den Feudalismus zu Boden geschlagen
hat, richten sich jetzt gegen die Bourgeoisie selbst.

Aber die Bourgeoisie hat nicht nur die Waffen geschmiedet, die ihr den
Tod bringen; sie hat auch die Männer gezeugt, die diese Waffen führen werden
– die modernen Arbeiter, die *Proletarier.*

In demselben Maße, worin sich die Bourgeoisie, d.h. das Kapital, entwickelt,
in demselben Maße entwickelt sich das Proletariat, die Klasse der modernen
Arbeiter, die nur so lange leben, als sie Arbeit finden, und die nur so lange
Arbeit finden, als ihre Arbeit das Kapital vermehrt. Diese Arbeiter, die sich
stückweis verkaufen müssen, sind eine Ware wie jeder andre Handelsartikel
und daher gleichmäßig allen Wechselfällen der Konkurrenz, allen Schwankungen des Marktes ausgesetzt.

Die Arbeit der Proletarier hat durch die Ausdehnung der Maschinerie und
die Teilung der Arbeit allen selbständigen Charakter und damit allen Reiz für
den Arbeiter verloren. Er wird ein bloßes Zubehör der Maschine, von dem
nur der einfachste, eintönigste, am leichtesten erlernbare Handgriff verlangt
wird. Die Kosten, die der Arbeiter verursacht, beschränken sich daher fast
nur auf die Lebensmittel, die er zu seinem Unterhalt und zur Fortpflanzung
seiner Rasse bedarf. Der Preis einer Ware, also auch der Arbeit, ist aber gleich
ihren Produktionskosten. In demselben Maße, in dem die Widerwärtigkeit der
Arbeit wächst, nimmt daher der Lohn ab. Noch mehr, in demselben Maße, wie
Maschinerie und Teilung der Arbeit zunehmen, in demselben Maße nimmt
auch die Masse der Arbeit zu, sei es durch Vermehrung der Arbeitsstunden,
sei es durch Vermehrung der in einer gegebenen Zeit geförderten Arbeit,
beschleunigten Lauf der Maschinen usw.

Die moderne Industrie hat die kleine Werkstube des patriarchalischen Meisters in die große Fabrik des industriellen Kapitalisten verwandelt. Arbeitermassen, in der Fabrik zusammengedrängt, werden soldatisch organisiert. Sie werden als gemeine Industriesoldaten unter die Aufsicht einer vollständigen Hierarchie von Unteroffizieren und Offizieren gestellt. Sie sind nicht nur Knechte der Bourgeois-Klasse, des Bourgeois-Staates, sie sind täglich und stündlich geknechtet von der Maschine, von dem Aufseher, und vor allem von den einzelnen fabrizierenden Bourgeois selbst. Diese Despotie ist um so kleinlicher, gehässiger, erbitternder, je offener sie den Erwerb als ihren Zweck proklamiert.

Je weniger die Handarbeit Geschicklichkeit und Kraftäußerung erheischt, d.h. je mehr die moderne Industrie sich entwickelt, desto mehr wird, die Arbeit der Männer durch die der Weiber verdrängt. Geschlechts- und Altersunterschiede haben keine gesellschaftliche Geltung mehr für die Arbeiterklasse. Es gibt nur noch Arbeitsinstrumente, die je nach Alter und Geschlecht verschiedene Kosten machen.

Ist die Ausbeutung des Arbeiters durch den Fabrikanten so weit beendigt, daß er seinen Arbeitslohn bar ausgezahlt erhält, so fallen die andern Teile der Bourgeoisie über ihn her, der Hausbesitzer, der Krämer, der Pfandleiher usw.

Die bisherigen kleinen Mittelstände, die kleinen Industriellen, Kaufleute und Rentiers, die Handwerker und Bauern, alle diese Klassen fallen ins Proletariat hinab, teils dadurch, daß ihr kleines Kapital für den Betrieb der großen Industrie nicht ausreicht und der Konkurrenz mit den größeren Kapitalisten erliegt, teils dadurch, daß ihre Geschicklichkeit von neuen Produktionsweisen entwertet wird. So rekrutiert sich das Proletariat aus allen Klassen der Bevölkerung.

Das Proletariat macht verschiedene Entwicklungsstufen durch. Sein Kampf gegen die Bourgeoisie beginnt mit seiner Existenz.

Im Anfang kämpfen die einzelnen Arbeiter, dann die Arbeiter einer Fabrik, dann die Arbeiter eines Arbeitszweiges an einem Ort gegen den einzelnen Bourgeois, der sie direkt ausbeutet. Sie richten ihre Angriffe nicht nur gegen die bürgerlichen Produktionsverhältnisse, sie richten sie gegen die Produktionsinstrumente selbst; sie vernichten die fremden konkurrierenden Waren, sie zerschlagen die Maschinen, sie stecken die Fabriken in Brand, sie suchen sich die untergegangene Stellung des mittelalterlichen Arbeiters wieder zu erringen.

Auf dieser Stufe bilden die Arbeiter eine über das ganze Land zerstreute und durch die Konkurrenz zersplitterte Masse. Massenhaftes Zusammenhalten der Arbeiter ist noch nicht die Folge ihrer eigenen Vereinigung, sondern die Folge der Vereinigung der Bourgeoisie, die zur Erreichung ihrer eigenen politischen Zwecke das ganze Proletariat in Bewegung setzen muß und es einstweilen noch kann. Auf dieser Stufe bekämpfen die Proletarier also nicht ihre Feinde, sondern die Feinde ihrer Feinde, die Reste der absoluten Monarchie, die Grundeigentümer, die nicht-industriellen Bourgeois, die Kleinbürger. Die ganze geschichtliche Bewegung ist so in den Händen der Bourgeoisie konzentriert; jeder Sieg, der so errungen wird, ist ein Sieg der Bourgeoisie.

Aber mit der Entwicklung der Industrie vermehrt sich nicht nur das Proletariat; es wird in größeren Massen zusammengedrängt, seine Kraft wächst, und es fühlt sie mehr. Die Interessen, die Lebenslagen innerhalb des Proletariats gleichen sich immer mehr aus, indem die Maschinerie mehr und mehr die Unterschiede der Arbeit verwischt und den Lohn fast überall auf ein gleich niedriges Niveau herabdrückt. Die wachsende Konkurrenz der Bourgeois unter sich und die daraus hervorgehenden Handelskrisen machen den Lohn der Arbeiter immer schwankender; die immer rascher sich entwickelnde, unaufhörliche Verbesserung der Maschinerie macht ihre ganze Lebensstellung immer unsicherer; immer mehr nehmen die Kollisionen zwischen dem einzelnen Arbeiter und dem einzelnen Bourgeois den Charakter von Kollisionen zweier Klassen an. Die Arbeiter beginnen damit, Koalitionen gegen die Bourgeois zu bilden; sie treten zusammen zur Behauptung ihres Arbeitslohns. Sie stiften selbst dauernde Assoziationen, um sich für die gelegentlichen Empörungen zu verproviantieren. Stellenweis bricht der Kampf in Emeuten aus.

Von Zeit zu Zeit siegen die Arbeiter, aber nur vorübergehend. Das eigentliche Resultat ihrer Kämpfe ist nicht der unmittelbare Erfolg, sondern die immer weiter um sich greifende Vereinigung der Arbeiter. Sie wird befördert durch die wachsenden Kommunikationsmittel, die von der großen Industrie erzeugt werden und die Arbeiter der verschiedenen Lokalitäten miteinander in Verbindung setzen. Es bedarf aber bloß der Verbindung, um die vielen Lokalkämpfe von überall gleichem Charakter zu einem nationalen, zu einem Klassenkampf zu zentralisieren. Jeder Klassenkampf aber ist ein politischer Kampf. Und die Vereinigung, zu der die Bürger des Mittelalters mit ihren Vizinalwegen Jahrhunderte bedurften, bringen die modernen Proletarier mit den Eisenbahnen in wenigen Jahren zustande.

Diese Organisation der Proletarier zur Klasse, und damit zur politischen

Partei, wird jeden Augenblick wieder gesprengt durch die Konkurrenz unter den Arbeitern selbst. Aber sie entsteht immer wieder, stärker, fester, mächtiger. Sie erzwingt die Anerkennung einzelner Interessen der Arbeiter in Gesetzesform, indem sie die Spaltungen der Bourgeoisie unter sich benutzt. So die Zehnstundenbill in England.

Die Kollisionen der alten Gesellschaft überhaupt fördern mannigfach den Entwicklungsgang des Proletariats. Die Bourgeoisie befindet sich in fortwährendem Kampf; anfangs gegen die Aristokratie; später gegen die Teile der Bourgeoisie selbst, deren Interessen seit dem Fortschritt der Industrie in Widerspruch geraten; stets gegen die Bourgeoisie aller auswärtigen Länder. In allen diesen Kämpfen sieht sie sich genötigt, an das Proletariat zu appellieren, seine Hilfe in Anspruch zu nehmen und es so in die politische Bewegung hineinzureißen. Sie selbst führt also dem Proletariat ihre eigenen Bildungselemente, d.h. Waffen gegen sich selbst, zu.

Es werden ferner, wie wir sahen, durch den Fortschritt der Industrie ganze Bestandteile der herrschenden Klasse ins Proletariat hinabgeworfen oder wenigstens in ihren Lebensbedingungen bedroht. Auch sie führen dem Proletariat eine Masse Bildungselemente zu.

In Zeiten endlich, wo der Klassenkampf sich der Entscheidung nähert, nimmt der Auflösungsprozeß innerhalb der herrschenden Klasse, innerhalb der ganzen alten Gesellschaft, einen so heftigen, so grellen Charakter an, daß ein kleiner Teil der herrschenden Klasse sich von ihr lossagt und sich der revolutionären Klasse anschließt, der Klasse, welche die Zukunft in ihren Händen trägt. Wie daher früher ein Teil des Adels zur Bourgeoisie überging, so geht jetzt ein Teil der Bourgeoisie zum Proletariat über, und namentlich ein Teil der Bourgeois-Ideologen, welche zum theoretischen Verständnis der ganzen geschichtlichen Bewegung sich hinaufgearbeitet haben.

Von allen Klassen, welche heutzutage der Bourgeoisie gegenüberstehen, ist nur das Proletariat eine wirklich revolutionäre Klasse. Die übrigen Klassen verkommen und gehen unter mit der großen Industrie, das Proletariat ist ihr eigenstes Produkt.

Die Mittelstände, der kleine Industrielle, der kleine Kaufmann, der Handwerker, der Bauer, sie alle bekämpfen die Bourgeoisie, um ihre Existenz als Mittelstände vor dem Untergang zu sichern. Sie sind also nicht revolutionär, sondern konservativ. Noch mehr, sie sind reaktionär, denn sie suchen das Rad der Geschichte zurückzudrehen. Sind sie revolutionär, so sind sie es im Hinblick auf den ihnen bevorstehenden Übergang ins Proletariat, so verteidigen sie nicht ihre gegenwärtigen, sondern ihre zukünftigen Interessen, so verlassen sie ihren eigenen Standpunkt, um sich auf den des Proletariats zu stellen.

Das Lumpenproletariat, diese passive Verfaulung der untersten Schichten der alten Gesellschaft, wird durch eine proletarische Revolution stellenweise in die Bewegung hineingeschleudert, seiner ganzen Lebenslage nach wird es bereitwilliger sein, sich zu reaktionären Umtrieben erkaufen zu lassen.

Die Lebensbedingungen der alten Gesellschaft sind schon vernichtet in den Lebensbedingungen des Proletariats. Der Proletarier ist eigentumslos; sein Verhältnis zu Weib und Kindern hat nichts mehr gemein mit dem bürgerlichen Familienverhältnis; die moderne industrielle Arbeit, die moderne Unterjochung unter das Kapital, dieselbe in England wie in Frankreich, in Amerika wie in Deutschland, hat ihm allen nationalen Charakter abgestreift. Die Gesetze, die Moral, die Religion sind für ihn ebenso viele bürgerliche Vorurteile, hinter denen sich ebenso viele bürgerliche Interessen verstecken.

Alle früheren Klassen, die sich die Herrschaft eroberten, suchten ihre schon erworbene Lebensstellung zu sichern, indem sie die ganze Gesellschaft den Bedingungen ihres Erwerbs unterwarfen. Die Proletarier können sich die gesellschaftlichen Produktivkräfte nur erobern, indem sie ihre eigene bisherige Aneignungsweise und damit die ganze bisherige Aneignungsweise abschaffen. Die Proletarier haben nichts von dem Ihrigen zu sichern, sie haben alle bisherige Privatsicherheit und Privatversicherungen zu zerstören.

Alle bisherigen Bewegungen waren Bewegungen von Minoritäten oder im Interesse von Minoritäten. Die proletarische Bewegung ist die selbständige Bewegung der ungeheuren Mehrzahl im Interesse der ungeheuren Mehrzahl. Das Proletariat, die unterste Schicht der jetzigen Gesellschaft, kann sich nicht erheben, nicht aufrichten, ohne daß der ganze Oberbau der Schichten, die die offizielle Gesellschaft bilden, in die Luft gesprengt wird.

Obgleich nicht dem Inhalt, ist der Form nach der Kampf des Proletariats gegen die Bourgeoisie zunächst ein nationaler. Das Proletariat eines jeden Landes muß natürlich zuerst mit seiner eigenen Bourgeoisie fertig werden.

Indem wir die allgemeinsten Phasen der Entwicklung des Proletariats zeichneten, verfolgten wir den mehr oder minder versteckten Bürgerkrieg innerhalb der bestehenden Gesellschaft bis zu dem Punkt, wo er in eine offene Revolution ausbricht und durch den gewaltsamen Sturz der Bourgeoisie das Proletariat seine Herrschaft begründet.

Alle bisherige Gesellschaft beruhte, wie wir gesehn haben, auf dem Gegensatz unterdrückender und unterdrückter Klassen. Um aber eine Klasse unterdrücken zu können, müssen ihr Bedingungen gesichert sein, innerhalb derer sie wenigstens ihre knechtische Existenz fristen kann. Der Leibeigene hat sich zum Mitglied der Kommune in der Leibeigenschaft herangearbeitet, wie der Kleinbürger zum Bourgeois unter dem Joch des feudalistischen Absolutismus. Der moderne Arbeiter dagegen, statt sich mit dem Fortschritt der Industrie zu heben, sinkt immer tiefer unter die Bedingungen seiner eigenen Klasse herab. Der Arbeiter wird zum Pauper, und der Pauperismus entwickelt sich noch rascher als Bevölkerung und Reichtum. Es tritt hiermit offen hervor, daß die Bourgeoisie unfähig ist, noch länger die herrschende Klasse der Gesellschaft zu bleiben und die Lebensbedingungen ihrer Klasse der Gesellschaft als regelndes Gesetz aufzuzwingen. Sie ist unfähig zu herrschen, weil sie unfähig ist, ihrem Sklaven die Existenz selbst innerhalb seiner Sklaverei zu sichern, weil sie gezwungen ist, ihn in eine Lage herabsinken zu lassen, wo sie ihn ernähren muß, statt von ihm ernährt zu werden. Die Gesellschaft kann nicht mehr unter ihr leben, d.h. ihr Leben ist nicht mehr verträglich mit der Gesellschaft.

Die wesentlichste Bedingung für die Existenz und für die Herrschaft der Bourgeois-Klasse ist die Anhäufung des Reichtums in den Händen von Privaten, die Bildung und Vermehrung des Kapitals. Die Bedingung des Kapitals ist die Lohnarbeit. Die Lohnarbeit beruht ausschließlich auf der Konkurrenz der Arbeiter unter sich. Der Fortschritt der Industrie, dessen willenloser und widerstandsloser Träger die Bourgeoisie ist, setzt an die Stelle der Isolierung der Arbeiter durch die Konkurrenz ihre revolutionäre Vereinigung durch die Assoziation. Mit der Entwicklung der großen Industrie wird also unter den Füßen der Bourgeoisie die Grundlage selbst weggezogen, worauf sie produziert und die Produkte sich aneignet. Sie produziert vor allem ihren eignen Totengräber. Ihr Untergang und der Sieg des Proletariats sind gleich unvermeidlich.

Quelle: Marx, Karl/Engels, Friedrich 2005: Manifest der Kommunistischen Partei – Grundsätze des Kommunismus. Stuttgart: Reclam, S. 19-33.

Johann Hinrich Wichern

Allgemeines über die innere Mission

Es ist ein in der Tatsache der Erscheinung Christi begründetes und in der neuen christlichen Weltordnung durchgehend sich wiederholendes Gesetz, daß für die, welche im Leben des Erlösers sich gründen und in seinem Lichte dem Gange der Weltbegebenheiten folgen, – das Leben aus dem Tode, die Auferstehung aus dem Untergange hervorgeht. Das Ende des Alten ist der herrlichere Anfang des Neuen, wie sich der Frühling, der Herold des fruchtbaren Sommers, aus dem harten Winter und dessen wilden Stürmen erhebt. Dieses Keimen und diese leise Ankündigung des neuen Lebens mitten im sterbenden Alten entgeht den Augen der meisten; die einen werden durch die Geschäfte und Verwickelungen der treibenden Arbeit gehindert, auf das so unscheinbare Verborgene zu achten, bei den andern ist der Sinn, der allein die keimende Zukunft in der alternden Gegenwart erkennen kann, zu wenig geübt. An vielen Stellen der evangelischen Christenheit sind mit diesem Gedanken und den aus ihnen sich erzeugenden Hoffnungen und Gebeten die tiefen Schmerzen und brennenden Wunden, welche das verflossene Jahr dem Vaterlande und seiner Kirche geschlagen hat, getragen worden. Als der wilde Orkan und das vulkanische Beben Europa zu erschüttern begann und auch Deutschland in das Meer der Revolution hinabstürzte und Seuchen, Aufruhr und Krieg die Gerichte Gottes verkündeten, sahen in denselben jene Wartenden die Geburtswehen eines neuen, bessern Zeitalters im Reiche Gottes. Als der tiefe sittliche Verfall, die bodenlose Entfremdung und der weitverbreitete Abfall vom Evangelio in zahlreichen Gestalten des Schreckens offenbar wurde und dennoch nur wenige den eigentlichen Feind, der doch schon seit Jahrzehnden und länger den festen Boden unterwühlt hatte, erkannten, – war schon seit längst im Schoß eines tiefbegründetsten Teils der Christenheit eine Macht erwachsen, die das nun hervorbrechende Unheil in seiner Quelle erkannt und in ihm bereits die Axt an die Wurzel gelegt hatte. Diese Wurzeln hatten sich durch alle Gebiete des öffentlichen und privaten, des kirchlichen und staatlichen, des gesellschaftlichen und geselligen Lebens, durch alle Stände und Geschlechter verzweigt. Aber den Windungen dieser Wurzeln war die Heilung bietende Hand auch schon fast nach allen Seiten auf der Spur gefolgt, wenngleich ihr jene verderblichen Mächte mit Riesenschritten vorausgeeilt waren. Die lebendige Verkündigung Christi und seines alleinigen Heiles hatte seit vielen Jahrzehnden trotz oder gerade wegen der ihr gewordenen Schmach und immer übermütigeren Verachtung den Weg zu den Herzen vieler gefunden. Ohne daß die Verkünder es jedesmal wußten oder erfuhren, ja, auch wo sie dergleichen nie gradezu beabsichtigt hatten, war unter dem Odem dieses wunderreichen Wortes aus der Tiefe des ihm entstammenden Glaubens die Quelle einer mit hellem Blicke erwachenden Liebe entsprungen, die anfing, auszugehen von sich selbst, um zu suchen, was dieses Leben, das die einzelnen sowohl wie ganze Staaten allein bewahren und retten kann, entbehren mußte. Es wird hier nicht verkannt, was im übrigen christliche Wissenschaft und christliche Kunst geleistet, wie sie hie und da christliche Sitte erneuert und was für Güter in eigentlich kirchlichen Bildungen dem Volke wieder nahegebracht sind; aber das Eigentümliche, Neue, bis dahin so nicht zur Erscheinung Gekommene lag in jenen Regungen und Gestaltungen der *Liebe*, – die, jener Gefühligkeit, Schwächlichkeit überdrüssig oder sich nach und nach von ihr befreiend, im Glauben mächtig, für *Christum* wirksam, *ihn* verklären und zu ihm retten wollte. Nicht zufällig, sondern nach einer innern Notwendigkeit ging sie ein in diejenige *gesellschaftliche* Lebensform, die sich zur Erfüllung der meisten andern Volksbedürfnisse immer mehr geltend machte und bildete, – nach und nach, je wie die Not der Elenden ihr das Gebot stellte, gegenüber dem mannigfachen Verderben eine große Zahl freier christlicher Verbrüderungen, alle eins im Grunde und im Ziele, im Grunde nämlich des Glaubens, daß Christus der Retter des Verlornen sei, im Ziele: die aus der Sünde und ihren Folgen hervorgehenden einzelnen Notstände des Volkes durch das Wort Christi und die Handreichung brüderlicher Liebe zu heben. Die Gesamtheit dieser verborgenen, allmählich heraufgewachsenen, christlich rettenden Bestrebungen ist uns die *innere Mission.* Als im denkwürdigen Frühjahre 1848 der Wendepunkt der Weltgeschichte eintrat, dessen Folgen noch lange für menschlichen Verstand unberechenbar bleiben werden, schien es einen Augenblick, als ob die schon vorhandenen stillen Friedensarbeiten der Art mit unter der großen Ruine begraben werden sollten; nur wenige gedachten ihrer in Liebe, und manche wandten sich von dem „unbedeutend Gewordenen", von diesen „kleinlichen Dingen" ab; „Größerem", meinte man, müßten sie weichen und untergehen. Man dachte wenig daran, daß das unmittelbare Gegründetsein dieser neuen Bildungen auf den Erlöser, daß deren innerlich und äußerlich freie Stellung und ihre relative Unabhängigkeit von allen andern Institutionen sie mitten in den eingetretenen Schwankungen sicherer gestellt hatte, als es sonst irgendwie hätte geschehen können.

Gott hat dieser Arbeit der innern Mission, wie es vielen bedünkt, einen größern Beruf für die Zukunft vorbehalten. Bis wohin er sie heute geführt, was für Aufgaben er ihr zunächst gestellt, in welche Beziehungen sie bereits zu den übrigen heiligsten Lebensverhältnissen des Volks eingegangen, welche Hoffnungen mit ihr seit dem Umsturze der alten Verhältnisse bis heute erwachsen – über dieses wird sich diese *Denkschrift* verbreiten, dabei aber speziell den Standpunkt des Central-Ausschusses im Auge behalten. Sie macht am wenigsten Anspruch auf Vollständigkeit, redet aber von vielen Dingen zum erstenmal und darf deswegen um so viel mehr auf Nachsicht hoffen. Sie will vor allem nicht streiten mit Brüdern, sondern zu deren lebendiger Vereinigung mitwirken gegen den gemeinsamen Feind, der sich gegen uns alle gewendet, der die Gunst der bis dahin sich selbst überlassen gebliebenen Massen des Volks buhlerisch zu gewinnen bemüht gewesen; sie sucht Eingang für ein Wort christlicher Erbarmung gegen die Elenden und Zerschlagenen unseres Volks, und zwar bei denen zuerst und zumeist, welche die innere Mission mit als eine siegreiche, von Gott gesegnete Waffe zur Rettung dieses Volks begrüßen, hofft aber auch, andern, welchen von diesen Bemühungen christlicher Liebe bis dahin wenig bekannt geworden, den Dienst eines freiwilligen, aber zuverlässigen Wegweisers und Freundes, der nicht das Seine sucht, leisten zu dürfen.

Als innere Mission gilt uns nicht diese oder jene *einzelne*, sondern die *gesamte* Arbeit der aus dem Glauben an Christum geborenen Liebe, welche diejenigen *Massen in der Christenheit* innerlich und äußerlich erneuern will, die der Macht und Herrschaft des aus der Sünde direkt oder indirekt entspringenden mannigfachen äußern und innern Verderbens anheimgefallen sind, ohne daß sie, so wie es zu ihrer christlichen Erneuerung nötig wäre, von den jedesmaligen geordneten christlichen Ämtern erreicht werden.

Kein innerer oder äußerer Notstand, dessen Hebung Aufgabe christlich rettender Liebe sein kann, ist der innern Mission fremd, und die reichste Fülle der Hilfe steht ihr zu Gebot. Denn die Wurzel ihres Werkes ist Christus, dem alle Not zu Herzen geht und in dessen Herzen die Hilfe gegen alles Elend zu finden ist. Die christliche Atmosphäre, in welche seit Stiftung seines Reiches nach und nach alle Gebiete des Lebens der Völker und der einzelnen, bewußt oder unbewußt, dies anerkennend oder annoch widerstrebend, aufgenommen sind, ist die Region, in welcher die innere Mission in vielfacher Gestaltung frei und schöpferisch geboren wird, um, die Sünde strafend, zum Leben dienend, verklärend, heilend, *neues* Leben zu spenden. Sie erfaßt die in Christo gewonnene und unzerstörbare Einheit des Lebens in Staat und Kirche, in Volk und Familie, in allen Gliederungen der christlichen Gesellschaft, um ihre rettenden, jedem Bedürfnis entsprechenden Lebenskräfte, wo oder ehe die Not nach Hilfe ruft, wirksam werden zu lassen. In dieser Freiheit mächtig, ist sie bereits zu einer großen *internationalen* und *interkonfessionellen* Institution geworden; die christlichen Nationen, im übrigen oft sich abstoßend oder gar bekämpfend, die kirchlichen Konfessionen und Parteien, im übrigen oft sich widersprechend und gegeneinander abschließend, mitten im Widerspiel ihrer anderweitigen geistigen und materiellen Interessen, – haben in dem Werke der innern Mission, das ihnen gemeinsam angehört, einander dienen und helfen gelernt. England hat Frankreich und Deutschland und der mit ihm in dieser Beziehung unzertrennlich verbundenen Schweiz und überhaupt allen andern christlichen Nationen, Deutschland hat Frankreich, Dänemark, Schweden und Rußland, Frankreich und die Schweiz haben nicht minder an andere Völker das beste gewonnene Gut der praktischen Liebe bereits mitgeteilt. Ebenso haben die verschiedenen abendländischen Konfessionen auf diesem Gebiete begonnen, untereinander ihre besten Gaben der helfenden Liebe auszutauschen. Und irren wir nicht sehr, so muß nach innerer Notwendigkeit dieser Austausch sich fortsetzen und mehren; auch inmitten der Spannung, in welche gegenwärtig die Nationen und Konfessionen zu treten scheinen, wird diese Handreichung im großen und allgemeinen nicht aufhören, vielmehr sich erweitern; denn sie ist unbekümmert um alle andern Begrenzungen und Konflikte, in ihrem innersten Wesen unbekannt mit denselben und unempfänglich für sie; sie erzeugt in ihrem Bereiche die Macht des heiligsten Wetteifers, dessen Ziel die Eine Rettung des christlichen Volkes aus der Hand des allen gemeinsamen Feindes wird, dessen ausgebildete Gestalt in dem atheistischen und antichristlichen Wesen mit all seinen praktischen heillosen Folgen hervorgetreten ist. Selbst in den eigentümlichen Mißgeburten und karrikierten Zuständen des gegenwärtigen Zeitalters, denen gegenüber die Völker erschrecken, die Obrigkeiten machtlos geworden, die Kirchen verstummen, erkennt die innere Mission das Fragen der Völker nach ihrer rettenden Arbeit und hofft ihresteils, auf göttliche Verheißung und Gnade trauend, eine solche Rettung der Gesellschaft, aus der auch Staat und Kirche wieder zu neuem Leben auferstehen und sich neu in Christo gestalten werden, – ein Ziel, mit dessen Erreichung auch das Ende der innern Missionsarbeit immer näher rückt, da sie sich nur als Dienerin weiß, die nach geleistetem Dienste vom Schauplatze ihrer Arbeit zurücktreten will.

Für die gedeihliche Entfaltung der Wirksamkeit der innern Mission ist es unerläßlich, ihr die richtigen Stellen, an welchen sie inmitten der bestehenden Ordnungen des christlichen Volkslebens zu Dienste verpflichtet ist, anzuweisen. Ihre etwaigen Widersacher im Kreise derer, welchen trotz derer Widerspruch sie sich ihrerseits von vornherein und für immer befreundet weiß, deren Zweifel und Bedenken, welche sich an dem verhältnismäßig Neuen an der Sache erzeugen, müssen durch die Stellung, welche die innere Mission einnimmt, unzweifelhaft überwunden werden können; wenigstens wird sich durch solche Erörterung die Grundlage einer Verständigung mit Widersachern, welche das Evangelium nicht bestreiten, ergeben. Andrerseits ist es ebenso notwendig, daß die Freunde und Förderer der innern Mission sich über gewisse Grundsätze in ihrer Praxis einigen, um sichern Schrittes vorwärtsgehen und sicher sein zu können, daß sie des rechten Weges nicht verfehlen. Vor allen Dingen ist in dieser Beziehung als praktisch wichtig, daß die innere Mission sich klar ihres Verhältnisses zu Familie, Staat und Kirche bewußt sei und darüber ausspreche. Die *Familie,* der *Staat* und die *Kirche* mit den ihr wesentlich eingebornen Ämtern sind die drei Zentren, um die sich alle derartige Tätigkeit sammelt. Alle drei gelten der innern Mission unbedingt als göttliche, lebendig ineinander wirkende Stiftungen, welche von ihr heilig gehalten werden und denen sie sich einordnet, um denselben zur Erreichung der höchsten Zwecke zu dienen; denn an dem Umsturz dieser drei müht sich der Geist, der freilich in *sehr verschiedenem* Grade bewußt über sein Ziel, seit langer Zeit Eingang bei den Massen gesucht und gefunden hat, um, wenn es möglich wäre, den Glauben, daß diese Stiftungen aus Gottes Hand sind, auszurotten und damit den Umsturz alles dessen, was teuer und heilig ist, zu vollenden. Diese Heiligtümer, die in ihr dienenden Ämter und die ihnen angehörenden Güter auch ihresteils in der Kraft und durch Taten des christlichen Geistes zu wahren, in ihnen wieder die Quellen der Wahrheit und des Heils zu öffnen, Christum unter den Massen des von ihm entfremdeten Volkes wieder als den gemeinsamen Herrn und Grund, als das gemeinsame Band und Zentrum dieser dreifachen Ordnung – in ihrer Art zur Anerkennung zu bringen, ist der bewußte Beruf der innern Mission.

Die *Familie* ist hier genannt als der eigentliche Ausgangspunkt, um den es sich bei den s. g. *sozialen* Fragen handelt. Durch die Kraft und Konsequenz der Überzeugung von der göttlichen Stiftung der Familie wird aber die innere Mission nicht bloß bei Bekämpfung der sozialistischen Bestrebungen, sondern auch in ihrer positiven Wirksamkeit vielfach sonst geleitet und bestimmt werden, Abirrungen zu vermeiden und die richtigen Wege ihrer positiven Wirksamkeit zu entdecken. Die christliche Wiederherstellung der Familien und Hausstände in jeder Beziehung und die Erneuerung und Wiedergeburt aller damit unmittelbar zu verknüpfenden Verhältnisse der Erziehung, des Eigentums, der Arbeit und der durch sie bedingten Stände wird eine der Hauptaufgaben der innern Mission sein, auf die der Inhalt dieser Denkschrift noch öfter und ausführlich zurückkommen muß

In Beziehung auf den *Staat* weiß die innere Mission ihre Aufgabe von der besondern Aufgabe der Politik und Staatsökonomie zu unterscheiden. Sie ist nicht von vornherein die Vertreterin irgendeiner ausschließlichen politischen Ansicht über Verfassung und deren Gestaltung; nur insofern und so weit nimmt die innere Mission teil an der Politik, als dieselbe zusammenfällt mit *dem* Worte Gottes, zu dem die innere Mission feste steht: „Jedermann sei untertan der Obrigkeit, die Gewalt über ihn hat, denn es ist keine Obrigkeit ohne von Gott, wo aber Obrigkeit ist, die ist von Gott verordnet. Wer sich wider die Obrigkeit setzt, der widerstrebt Gottes Ordnung." Der allgemeine oder individuelle Abfall von dieser Wahrheit in der Masse ruft sie zur Betätigung ihrer heilsamen Kräfte auf, um die göttliche Stiftung der Obrigkeit und ihr Recht und die Freiheit des Volkes als in ihr wurzelnd wieder zur Anerkennung zu bringen, und zwar durch die Waffen des Geistes, denn Gewalt und Zwang ist ihr fremd, – ihr Reich ist das der Freiheit und der Liebe. In diesem Sinne, also ohne sich dieser Freiheit zu begeben, wird sie auch in allen andern Fällen dem Staate zu dienen bereit sein, wo und wann er in seinem Gebiete auf diese Erweisungen christlicher Barmherzigkeit, Weisheit und Kraft Ansprüche macht; ja, es wird die Aufgabe der innern Mission sein, durch ihre völlig uneigennützigen Dienste, durch ihre freien Opfer von Gut und Leben in den Verlegenheiten, den Nöten und Gefahren des Staates diesen zu der Anerkennung zu bringen, daß auch seine letzten Lebensquellen in Christo und nirgends anderswo zu suchen sind. Vom Staate erwartet die innere Mission zunächst nichts als die Gewährung des Rechts der freien Assoziation für ihre Zwecke, ohne welche sie nicht zur vollen Wirksamkeit gelangen kann, sowie des Rechts zu jenem freien

Dienste, der freilich auch verschmäht oder vom Staat so wenig erzwungen, als von der innern Mission je aufgenötigt werden kann.

Ausführlicher müssen wir uns über die Stellung der innern Mission als innerhalb der *Kirche* verbreiten. Denn während an allen Stellen der Kirche deren Widersacher oder gleichgültige Mitglieder von dieser Tätigkeit sich abwenden, nehmen die Freunde der Kirche selbst ihr gegenüber eine sehr verschiedene Haltung ein; die einen segnen sie als echte Freundin und Dienerin der Gemeinden, während die andern sie als eine angeblich kirchenzerstörende Macht mißtrauisch betrachten, sie fürchten und gar zu befehden geneigt sein möchten. Die verschiedensten Interessen kreuzen sich auf diesem Punkte und begegnen der Arbeiterin des Friedens, der hier das Wort geredet wird, die aber über sich selbst unzweifelhaft gewiß ist, daß ihr Gunst und Liebe von denen nicht verweigert werden kann, welche den Geist ihrer Arbeit und ihre Hoffnung erkennen.

Die innere Mission ist nicht eine Lebensäußerung außer oder neben der Kirche, will auch weder jetzt noch einst die Kirche selbst sein, wie man von ihr gefürchtet hat, sondern sie will eine Seite des Lebens der Kirche selbst offenbaren, und zwar das Leben des Geistes der gläubigen Liebe, welche die verlorenen, verlassenen, verwahrlosten Massen sucht, bis sie sie findet. Sie anerkennt die ihr von der Heidenmission, den Konfessionen und dem geordneten Amte gestellten Grenzen.

Nicht Mutter oder Tochter der Heidenmission, sondern deren Zwillingsschwester, mit ihr Tochter des Einen Geistes, hofft sie deren Wachstum und freut sich des Gedeihens derselben, ohne ihre eigne Arbeit mit der Arbeit der Schwester zu vermischen. Die innere Mission bekehrt nicht die Ungetauften, weder Juden noch Heiden; ihre Arbeit ist innerhalb der Kirche im Bereiche der *Getauften,* und die Getauften gelten ihr nie als Heiden. Denn der eigentümliche Wert der Taufe als hochheiligen Sakramentes ist ihr unumstößlich; sie vergißt es darum nie, daß sie mit solchen zu handeln hat, welchen der Herr im Sakramente sich bereits persönlich zugewendet.

Eine eigentümliche Seite an der Stellung der innern Mission wird sich in dieser Beziehung dann ergeben, wenn sich der antichristliche Bestand des Geistes der Zeit und der ihm angehörende Satanismus, welcher bereits als Macht vorhanden ist und nicht anders genannt werden kann, erst ein größeres Bereich in den Gemütern gewonnen haben wird. Wird auch diese Bekämpfung und die Zurückführung der Abgefallenen zur Kirche der *innern* Mission zufallen, auch dann, wenn wir, was unzweifelhaft scheint, wieder ein Geschlecht haben werden, das weder Juden noch Heiden noch Christen angehört? Uns scheint, daß nur diejenigen, welche die Tatsachen, die auf diese Entwickelung hinweisen und deren sehr viele und weitverbreitete sind, nicht kennen, die baldige Nähe solcher Zukunft in Abrede stellen können. Die innere Mission steht bereits vielfach an dieser Grenze der verhängnisvollen *neuen* Tage und hat an dieser Grenze bis heute den Kampf als mit Getauften geführt. –

Die *Konfession* ist die andere Grenze der Wirksamkeit der innern Mission. In den Streit der Konfessionen mischt sie sich nicht; die eigentümliche kirchliche Gestaltung der Lehre erkennt sie in Treuen und von Herzen an, wo sie lehrend auftritt und wirkt, da wirkt sie als Tochter der Kirche in deren konfessioneller Sphäre. Ihre Aufgabe ist hinsichtlich der Lehre: im Umkreis ihrer Kirche diese Lehre denjenigen Massen, welche sie nicht kennen, oder denen sie toter Buchstabe geworden oder geblieben, in Geist und Leben, nicht aber den Bestand der Lehre selbst in ein anderes zu verwandeln. Aber mehr noch als die Lehre gehört ihr die helfende, dienende Tat. Sie übt die Tat nur zur Erweisung der Barmherzigkeit und fragt nicht, wem sie dient, sondern hat schon gedient, ehe sie noch fragt – dem gestellten Vorbilde des großen Samariters getreu. Die innere Mission hat bis heute mit ihren Liebesarbeiten kein Hindernis gefunden in dem Unterschiede der Konfessionen, welche innerhalb der protestantischen Kirche bestehen; durch Tatsachen und Bekenntnis haben dieselben ihre Einheit in Beziehung auf diese Betätigung der Barmherzigkeit ausgesprochen; bis heute ist uns kein Konflikt der Art, der in der evangelischen Kirche durch die innere Mission veranlaßt wäre, bekannt. Auch mit der römisch-katholischen Kirche soll solcher Konflikt vermieden werden, und evangelischerseits wird dies um so gewisser geschehen, je bestimmter diesseits jede solche Richtung der evangelischen innern Mission abgewiesen wird, welche Glaubensgenossen von jenseits herüberziehen wollte. Nicht bloß fehlt hierzu die höhere Berechtigung, sondern es würde dann auch jener Konfession das Recht, Gleiches zu üben, nicht bestritten werden dürfen; jedenfalls aber würde dabei vergessen, wieviel Arbeit für uns noch im eigenen Hause vorhanden und welch ein viel höheres Ziel zu erstreben ist in dem gegenseitigen Reizen der Kirchengemeinschaften zur Liebe, in der beide abendländische Kirchen nicht bloß voneinander *zu* lernen, sondern wirklich schon voneinander *ge*lernt haben. Selbstverständlich schließt diese Wahrung der Rechte einer jeden Konfession die einseitigen oder gegenseitigen Handreichungen der Liebe im Dienste der Notleidenden ebensowenig aus, als den nach Heerlagern geordneten, gemeinsamen, gleichen Kampf gegen den gemeinsamen antichristlichen Feind, für den alle christlichen Kirchengemeinschaften, ja, jede Religion und jeder Gottesdienst ohne Unterschied gleich vernichtungswürdig erscheinen.

Wäre diese Denkschrift überhaupt geeignet zur Darlegung mehr individueller Überzeugungen, deren ich mich aber im allgemeinen enthalten will, so würde hier die Stelle sein, die innere Mission, diese aus Gottes Geist stammende Tatsache der in Christo wurzelnden und waltenden Liebe und Barmherzigkeit der Christenheit, diese Selbstverklärung des alles Verlorne rettenden Gottmenschen in seiner Gemeinde – als das große praktisch-katholische Moment, welches die verschiedenen *Kirchen* und *christlichen Nationalitäten* anfängt zu durchdringen und innerlichst zu einigen – aufzuweisen. Inzwischen fordert auch der Gang unserer Erörterungen dazu auf, einen andern schon angemerkten Punkt, soweit dies an dieser Stelle schon erforderlich ist und nicht noch aufgespart werden muß, zu besprechen, nämlich das Verhältnis der innern Mission zum *geordneten* Kirchen- und besonders *Gemeindeamt.*

Unter dem Gemeindeamt verstehen wir nicht bloß das Predigtamt mit seinem Dienst am Worte, am Sakrament sowie an der Seelsorge in den Gemeinden; sondern zugleich alle andern in der Kirche verordneten Ämter, namentlich im Presbyterium und in der festgeordneten Diakonie, welche letztere der innern Mission mannigfach verwandt ist. Die innere Mission stellt an die Spitze ihrer Tätigkeit die volle Anerkennung dieser und aller andern Ämter als von Gott eingesetzter und geheiligter Ordnungen. Jede verschuldete und beabsichtigte Störung oder Hemmung der kirchlichen Ämter von seiten einer angeblichen innern Missionstätigkeit würde diese selbst wieder zu einem Objekt der wahren innern Mission machen. Dagegen darf die innere Mission nicht minder Anerkennung ihres Rechtes von seiten des Amtes erwarten, da die Übung der rettenden Liebe Pflicht der Kirche ist, welche durch das Amt die Übung dieser Pflicht wird wecken wollen, wenn sie nicht durch das entgegengesetzte Verfahren die Hebung ihrer gefährlichsten Notstände hemmen will.

Zur genauen Ermittelung der Grenzen, welche die beiden Arbeitsfelder des kirchlichen Gemeindeamtes und der innern Mission voneinander trennen, sowie der eigentümlichen Aufgabe und Form der Wirksamkeit der innern Mission in der Gemeinde und in der Kirche überhaupt, wird ein Blick in die verderbten Zustände derselben die wesentlichsten Dienste leisten.

Die Gestaltung der Sünde und sittlichen Entartung und des aus ihr hervorgehenden Notstandes ist gegenwärtig in der Kirche und meist auch in den einzelnen Gemeinden für unsern hiesigen Standpunkt eine *zwiefache* geworden. Sie ist einmal mehr eine individuelle, persönliche, vereinzelt zur Erscheinung kommende – sodann eine mehr soziale, allgemeine, das Ganze der Gesellschaft umfassende, volksmäßige, *massenhafte*. – Wiederum gibt es Erscheinungsformen der Sünde und betreffende Notstände, welche sich *lokal* auf die einzelne Gemeinde als solche beschränken, und andere, welche sich der Behandlung von seiten des Gemeindeverbandes als solchen entziehen, welche das Ganze oder einen großen Teil der einzelnen Gemeinden durchlagern, also Notstände, welche der *Kirche*, als dem einigenden Bande und Bunde der Einzelgemeinden, dem großen Ganzen, angehören.

Eine Parallele bieten die krankhaften Erscheinungen im materiellen Leben eines Volkes. Hier ist ebenso zu unterscheiden die Verarmung des einzelnen und die der Masse. Die Verarmung einzelner in einer Kommune aber ist eine ganz anders begründete und ganz anders zu behandelnde Tatsache als die Verarmung einer ganzen Kommune oder eines großen Komplexes von Kommunen. Während in dem ersteren Falle das ordentliche Amt des Armenpflegers hinreicht, die Not zu entfernen oder unschädlich zu machen, muß gegenüber jener epidemischen Ausartung der Not dem Pauperismus als einer national werdenden Verarmung die Hilfe des einzelnen Kommunal-Armenpflegers erfolglos werden; der *Staat* vielmehr hat mit den allgemeinsten, umfassendsten Gegenmitteln die Not zu der seinen zu machen. Ebenso verhalten sich das Gemeindeamt und die innere Mission gegenüber jenem entschieden kirchlichen Notstand und werden beide unter sich die Aufgaben zu sondern und zu bestimmen haben, je wie der Notstand in der Gemeinde ein vereinzelter oder ein sozieller oder gar ein die Gemeinden überschreitender, also ein der *Kirche* zu überweisender ist.

Die vereinzelten Ausgeburten der Sünde innerhalb der Gemeinde, z.B. der einzelne Verächter des göttlichen Worts, der nur einzeln dastehende unchristliche Hausstand, der eine und noch eine Trunkenbold etc. ist das Objekt des kirchlich geordneten geistlichen Amts, verfällt der seelsorgerischen Fürsorge oder dem Diakonat, welche hier für die einzelnen Fälle in das Gebiet der innern Mission übertreten. Das gleiche ist der Fall mit der Gemeinde-Armenpflege, soweit sie kirchlich ist. – Ganz anders aber gestaltet sich die Sache, wo die Sünde und das Verderben epidemisch, massenhaft, etwas Volksmäßiges geworden, wo ein unkirchlicher, antikirchlicher und

antichristlicher Geist, die Gesetzlosigkeit im allgemeinen oder in bestimmten Richtungen und allgemeinen Verhältnissen, oder Kreisen und Ständen die Gemeinde ergriffen oder durchdrungen hat; oder wenn die Sünde, das Laster und das daraus hervorgehende Elend, unbekümmert um den einzelnen Gemeindeverband und unerreichbar von ihm, die örtlichen Grenzen der Gemeinden überschreitend – zu einem überflutenden Strom geworden ist. Namentlich in großen Städten, wo die echt kirchliche Gestaltung und Gliederung oft entweder untergegangen oder noch nie vorhanden gewesen, stehen dann in dem chaotischen Durcheinander die kirchlichen Organe einsam und ohne gliedliche Haltpunkte, weder berechtigt noch äußerlich verpflichtet, jedenfalls nie stark genug, um das sittliche, soziale, kirchliche Verderben zu erfassen, zum Stillstand oder gar zum Abzug zu vermögen. Und wie groß wird vollends die Schwierigkeit und die Unmöglichkeit zu helfen, wo die kollegialischen Schwierigkeiten in einem Kirchspiel hinzukommen! Es bedarf nur der Erinnerung an die kirchliche Indifferenz und Gottesentfremdung, an das Hangen am Mammon und Jagen nach Geld, Ehre und Genuß, an die innere Zerrissenheit der bürgerlichen Stände, an die Laster des Trunkes und der Unzucht, an das weit verzweigte innerlich zerrüttete Familienleben in den obern und untern Schichten der Gesellschaft, an die vielfache Verderbtheit und Verwahrlosung und Verwilderung der Jugend, die mit der Verarmung und durch dieselbe sich steigernde Entartung der Hausstände oder der Erinnerung an die nomadischen Strömungen des reisenden Handwerkerstandes, der Scharen von Erd- und Eisenbahnarbeitern, der Matrosenzustände in den Seestädten, der jährlich zu Tausenden entlassenen Verbrecher etc., um der Zustimmung gewiß zu sein, daß hier eine noch unerfüllte Aufgabe der *Kirche* liegt. Oder wer wollte in Abrede stellen, daß diesen Zuständen gegenüber die *Kirche* einer Entfaltung neuer, aus dem Glauben sich erzeugender Retterkräfte, neuer umfassender Unternehmungen bedarf, durch die dem christlichen Volke wieder in allen seinen Ständen und Gliederungen in Staat und Kirche geholfen werden muß?

Wie der Staat mit dem Aufgebot ganz neuer Kräfte und der Anwendung so tief greifender Mittel, daß *alle* Staatsbürger sie empfinden und direkt oder indirekt dazu werden mitwirken müssen, den materiellen Pauperismus in allen seinen Gründen, Folgen und Wirkungen zu ergründen und zu bekämpfen hat: also auch die Kirche in ihrer Art den ihr angehörenden innern Pauperismus, nämlich jene Erscheinungen der *massenhaften* sittlichen und christlichen Entartung im Volk. Wenn aber der Staat und die für ihn zu sorgen überkommen, freute noch vergeblich nach den Mitteln zur Abhilfe des materiellen Pauperismus suchen und ihm gegenüber ratlos stehen, so ist die Kirche bereits im Besitz der ihr nötigen Hilfe, deren Gesamtheit in der Entfaltung der Kräfte der innern Mission enthalten ist. Dieser mit dem ihr frei verbundenen verordneten Amt fällt die Hebung des *sittlichen Massenverderbens* im Christenvolke als Aufgabe zu. In ihr hat die Kirche neue Mittel und Wege zur Ergründung, Bekämpfung und endlichen Besiegung jenes Übels einzuschlagen und neue Kräfte aufzubieten, Mittel und Wege und Kräfte, welche alle gesunden Glieder der Kirche gleichmäßig empfinden sollen, in denen alle opfernd und wirkend in freier Liebe mitarbeiten müssen, ebenso wie sie dasselbe auf der andern Seite zur Hilfe des Staates nicht unterlassen können. Ja, die wahrhaftigen Glieder der Kirche werden *doppelt* zu wirken und zu opfern haben, da die Not des Staates und der Kirche sie trifft und sie mit zur Hilfe ruft. Ihnen wird es unzweifelhaft gewiß und klar werden, wie der Pauperismus und alle Massennot, die der Staat bekämpfen soll, mit dem innern Notstand, dessen Heilung sich die Kirche zuzuwenden hat, gleich wie die verschiedene Abhilfe des einen und des andern nur ausnahmsweise *nicht* in dem innigsten Zusammenhang stehen und daß es grade auf die Anerkennung dieses *Zusammenhangs* und die *darnach* einzurichtende Hilfsleistung ankommen wird, wenn dem Volksleben wieder von Grund aus aufgeholfen werden soll. Ebenso kann für diesen Standpunkt der Betrachtung von keinem Zwiespalt zwischen dem Kirchenamte und der Tätigkeit der innern Mission die Rede sein. Der rechte Geist der Erbarmung und der innern Befreiung, welcher das letzte Ziel nicht aus den Augen läßt, wird die innere Einheit, aber auch die Notwendigkeit der Teilung der Aufgabe immer deutlicher erkennen; er wird auch willig zugestehen, dass mit der innern Mission ein neues Heilsmoment in der Kirche geboren ist und ferner ausgeboren werden soll. Dies Heilsmoment der Kirche wird in jeder *rechten* Kirch*gemeinde* seine Stätte suchen und finden, und diese selbst um so viel mehr in sich vollenden, als in ihr, der innern Mission, alle Fülle der Liebe, Weisheit und Gaben, die Christus seiner Gemeinde gegeben, zu rettender Arbeit berufen werden, und es in ihr in unwiderleglicher Weise offenbar wird, wie das Christenleben selber ein nur im Sterben erlöschendes *Amt* ist, ein Amt zur Nachfolge. Dessen, der der Gemeinde im Worte gepredigt und im Sakrament gespendet wird als derjenige, welcher sich aller und der „Zöllner und Sünder" am ersten erbarmt und dies Erbarmen in der Gemeinde und Kirche als innere Mission betätigt haben will.

In dem Gesagten liegt schon das Anzeichen, in welcher Form die innere Missionstätigkeit sich zu entwickeln haben wird. Sie spricht nicht etwa zuerst jedem einzelnen, geistlich gesunden Gliede in der Gemeinde das *Recht* zu, sondern wird es jedem solchen vornehmlich als *Pflicht* ins Gewissen reden, in dem Geiste der innern Mission in seinem Kreise zu wirken; der Geistliche soll in seiner Gemeinde bei denjenigen Gliedern derselben und Hausständen, die solche rettende Tätigkeit nötig machen, der Hausvater und die Hausmutter sollen in ihrer Hausgemeinde, unter Kindern und Gesinde, Verwandtschaft und Freundschaft, – der Handwerksmeister in seiner Werkstatt unter Gesellen und Lehrburschen, – der Dienstbote, Geselle, Tagelöhner wiederum in seinem Kreise ein Kind dieses Geistes sein; ebenso der Schullehrer in seiner Schulgemeinde, soweit sie es erfordert; nicht minder der Geschäftsmann in seinem Berufe, der Gutsherr, der Richter, der Staatsmann, der Universitätslehrer, der Kaufmann, der Soldat, der Matrose, der Bürger und der Bauer – und wer sonst, jeder an seiner Stelle, an die ihn Gott gestellt hat. Da in der Kirche, wo ein solches Leben der rettenden, helfenden Liebe in vielen erblühete, würde die rechte Kraft und Herrlichkeit der Gemeinde offenbar. Dieses Tun ist die Verwirklichung des *allgemeinen Priestertums* (das Laienprinzip), in welchem die Kirche sich aus sich selbst, und zwar in Christo, der sich in den einzelnen als rettenden Heiland verklärt, vollendet.

Wie dort bei dem Massenverderben des materiellen Lebens alle Bürger die Not und die Schmerzen mitempfinden, in welchen die Hilfe des Staats, der alle, und wäre es auch zu unfreiwilligem Abgeben und Mitwirken, aufruft, beschafft wird, so soll es auch noch in der Kirche und mit ihrem Notstande werden; dessen Abhilfe will noch viel mehr das freie Opfer und die freie Betätigung der Liebe aller lebendigen Glieder am Leibe des Herrn in Anspruch nehmen und will sie erstehen sehen wie Ein priesterlich Volk, das Segen, Arbeit und Gebet, Hilfe in Wort und Tat, mit Geist und Kraft den Brüdern bietet, damit allen geholfen werde. In diesem Sinne geht die innere Mission von der Idee des allgemeinen Priestertums aus; dasselbe stört oder hemmt nicht das geordnete Amt in der Gemeinde, sondern läßt dasselbe als Spender des göttlichen Worts und Verwalter der Sakramente erst recht als den organischen Mittelpunkt und Führer der Gemeinde erkennen; so mithelfend, auch die Toten und Abgefallenen zum Worte und Sakramente sammelnd, werden sich die lebendigen und lebenwirkenden Glieder der Gemeinde in neuer wahrhaft evangelischer Weise um das Amt vereinen.

Allein es liegt in dem Erörterten zugleich die Anzeige, daß gegenüber der *massenhaften Not und Sünde* sich diese lebendigen Glieder nicht auch in Massen, nicht chaotisch, sondern organisch geordnet zusammenschließen, in rettende Phalange scharen werden. Der Zweck dieser Scharung kann kein anderer sein als der, dem allgemeinen, die Gemeinde überwuchernden oder die ganze Kirche durchziehenden Verderben in einer ebenso allgemeinen kirchlichen, also geordneten Erhebung und Auferstehung als freie *Gottesgemeinde* mit der Botschaft und Gabe des Heils, wie und wo es not tut, gegenüberzutreten.

Ein Eigentümliches bei diesen Gliederungen ist die Freiheit, aus der sie hervorgehen, nicht die Freiheit, welche Willkür ist und nur dem Zwange trotzt, sondern welche auf höherer Ordnung in der Begabung des heiligen Geistes beruht und dem Liebestriebe innerer Notwendigkeit folgt. Wenn in Einem, so kommt darin die Mangelhaftigkeit der kirchlichen Satzungen zutage, daß in ihnen keine Gewähr vorhanden ist, daß Gabe und Amt zusammentreffen, so gewiß der Geist, der die Gemeinden von oben bildet, grade diese Zusammengehörigkeit will. Und kaum scheint ein anderer Ausweg möglich, dieser apostolischen Forderung am Gemeindeleben für jetzt Genüge zu verschaffen, als solche freie, mehr flüssige Bildungen von Gemeinschaften in der Kirche und Gemeinde, wie sie wirklich vorhanden sind auf dem Gebiete der innern Mission, nicht dazu beabsichtigt, nicht für diesen Zweck beschlossen, nicht ruhend auf Gesetzen und kirchenregimentlichen Anordnungen, sondern frei entstanden, lebendig, wirksam, im Schoß vieler Gemeinden, die damit wieder ein wahrhaft apostolisches Moment gewonnen haben. Aus diesen Kreisen ist die Zahl vieler hundert Institute und freier Arbeiter hervorgegangen, wie in der Weise kein Zeitalter der Kirche sie gesehen. Eine neue Zukunft werden alle diese freien christlichen Gliederungen haben, wenn sie erst allgemein und überall aufrichtig als zum Bau der Kirche dienende Kräfte von der Kirche werden anerkannt und gefördert sein. Aus dieser beiderseitigen Einigung des festen amtlichen und des flüssigeren inneren Missionselements wird um so balder die Ordnung ins Leben treten, nach welcher jenes wachsen soll und dieses abnehmen will, wird um so klarer die eigensuchtslose Tendenz der wahren innern Mission sich ergeben, die um so viel mehr, als sie andern dient und Frucht bringt, an ihrer Selbstauflösung arbeitet und arbeiten will, damit die Kirche und in ihr die einzelne Gemeinde um so gewisser der

Zukunft entgegengehe, wo sie reich genug geworden sein wird, der Not in ihren festen Ämtern zu wehren, wo sie aus dem ihr neu zuströmenden Geist einen neuen Reichtum von Ämtern entfaltet haben wird, welchen die innere Mission ihr jetzt vorbildlich entgegenträgt. Diese Zukunft wird zwar noch ferne sein, aber wir sollen keinen Augenblick verweilen, uns aufzumachen, um dieselbe zu erreichen.

Wie sich die Einigung zwischen der innern Missionstätigkeit der verschiedenen Vereine und dem Gemeindeamt, also auch der Gemeinde als solcher näher gestalten kann, davon wird diese Schrift noch an einer andern passendern Stelle zu handeln haben.

Quelle: Wichern, Johann Heinrich 1962 (1849): Allgemeines über die innere Mission. Eine Denkschrift an die deutsche Nation. In: Sämtliche Werke, Bd. I. Berlin. S. 179-189.

HENRIETTE SCHRADER-BREYMANN

GEISTIGE MÜTTERLICHKEIT

Durch die Versammlung des allgemeinen deutschen Frauenvereins ist den Bewohnerinnen der Stadt und Umgegend Braunschweig's viel Anregung geworden, über die Stellung und Berechtigung der Frauen unserer Zeit nachzudenken; und wie viel oder wie wenig man auch den vom Frauentage proclamirten Grundsätzen über weibliche Bildung beistimmen möge – ich glaube, daß Jede, die vorurteilsfrei und eingehend den Verhandlungen folgte, dankbar anerkennen muß, daß uns viel Geist, viel edles Streben und wahre Opferfreudigkeit von den hier versammelten Frauen dargebracht wurde. Aber da bei aller Anerkennung und Zustimmung, welche viele von den proclamirten Grundsätzen erhalten, doch Anderes wieder große Bedenklichkeiten wachgerufen hat, so scheint es wohl an der Zeit, die Frage: Welche Stellung hat die Frau unserer Tage in der menschlichen Gesellschaft einzunehmen, und was haben wir zu tun, um ihr den rechten Platz anzuweisen? noch einmal aufzunehmen und näher zu beleuchten.

Wenn wir die Natur, die Geschichte und uns selbst nach der Aufgabe fragen, welche der Mensch überhaupt auf Erden zu erfüllen habe, so wird sich herausstellen, daß gewisse große Gesetze für alle Menschen zu allen Zeiten gelten, daß aber diese Gesetze verschieden in die Erscheinung treten je nach der Zeit, nach der Nationalität, dem Geschlecht, den Altersstufen, den besondern Anlagen und eigentümlichen Verhältnissen jeder einzelnen Persönlichkeit, und es ist nie zu vergessen, daß das ewig Bleibende sich in immer neuen Formen, die die Entwicklung bedingt, manifestirt; aber eben so wenig darf man außer Acht lassen, daß bei allem Rechte im Wechsel der Erscheinung ein gewisses Gegebenes nicht nach der Willkür des Menschen zu modeln ist; sondern daß wir das jedesmal Individuelle mit dem allgemein Geltenden friedlich zu verschmelzen haben.

Die Geschichte mit dem Gestern und Heute zeigt, wie die Stellung der Frau in unserer Zeit mit Notwendigkeit eine andere geworden ist, als sie war; und man kann schließen, daß sie eine andere sein wird, als sie heute ist – aber vergessen wir bei all den Wandelungen in ihrer Stellung nie das auf Erden stets Bleibende ihrer Bestimmung, vergessen wir nie, daß Gott in der Natur das Weib ewig als Weib schafft – als Weib verschieden von dem Manne;

die Natur aber deutet in Unfreiheit und Unbewußtsein an, was der Geist in Freiheit und Bewußtsein zu erfüllen hat. Dem Manne ward das Leben Erzeugende, der Frau das Gestalten Bildende vertraut, und die Natur in ihrer Unfreiheit überträgt nie, was sie dem einen Geschlechte zu vollbringen gebot, willkürlich auf das Andere.

Es deutet die Ordnung der Natur aber hin auf die Bestimmung des Geistes, und so wird Gott auch denn Manne auf dem Gebiete des letztern das eigentlich Vorgehende, Schöpferische und der Frau das Gestaltende, Pflegende vertraut haben.

Wenn der Mann die Systeme des Gedankens aufstellt, die Wissenschaft gründet, die Kunst schafft, für das Gewerbe erfindet, so muß die Frau ihn in all diesem mit ihrem Verständniß folgen; denn sie hat aus dem Erfassen dieser einzelnen Richtungen die sittlich ästhetische, verstandesklare, gemüts-warme Atmosphäre zu bilden, in welcher der Mensch Alles das vom Geiste als Wahrheit Erkannte, als Schönes Empfundene, als Gutes und Nützliches Aufgestellte in einer geistigen Lebensluft gleichsam einatmen soll, damit es in Jedem individuell und neu menschlich sich verschmelze, daß es zur per-sönlichen Erscheinung werde.

Wie der Mann es vorwiegend mit der Beherrschung der Masse, des öffentli-chen Lebens zu tun hat, so die Frau mit der tiefer eingehenden Beeinflussung des Einzelnen, der Pflege der Familie, der Uebertragung dieser Familienatmosphäre an jede Stelle, wo sie wirkt und schafft. Wie der Mann im Kampfe mit der Außenwelt vorwiegend das Reale in's Auge faßt, so soll die Frau vorwiegend die Trägerin des Idealen sein, und wenn der Mann vorangeht im Kampfe für die Ideen, so die Frau in der Verwirklichung derselben im engeren Kreise, in den der Gatte, der Vater, der Bruder, der Freund aus dem anstrengenden Berufsleben heimkehrt, damit ihm ein Bild dessen entgegenstrahle, was er im Großen zu verwirklichen strebt.

Liegt also der Schwerpunkt in des Mannes Tätigkeit besonders im Ver-folgen einzelner Richtungen, der Ausbildung eines Faches, wird darin der männliche Geist in Summa stets Größeres leisten, als der weibliche – so hat dieser sein Uebergewicht über den männlichen in der größeren Assimila-tionsfähigkeit, Vielseitigkeit, Elasticität, Feinheit und Beweglichkeit, und somit werden die Frauen im Ganzen stets größer sein, als der Mann in der harmonischen Verschmelzung der verschiedensten Richtungen. Hat nicht die Frau den Menschen zu nähren, zu kleiden, seine körperliche Gesundheit

zu überwachen, muß sie nicht mit ihrem Kinde spielen, arbeiten und, sei
es Mädchen oder Knabe, den ganzen Bildungsgang mit verfolgen, muß sie
ihn nicht sittlich hüten, ihn begeistern für das Schöne; bestimmen für das
Rechte, im kleinern oder größern Kreise? – Und in der Vielseitigkeit ihrer
Natur, in der Beweglichkeit ihres Wesens, in der Fähigkeit, schnell von einem
Interesse des Menschen zum andern sich zu wenden, wie der Augenblick es
eben verlangt, in dem feinen Erfassen des Kleinen, in dem Hüten des Idealen,
in dem vorwaltenden Gemütsleben, welches die Dinge rasch, unmittelbar
und im Totaleindruck erfaßt – liegt zum großen Teile das, was der Frau den
Stempel des eigentlich Weiblichen giebt; der aber je nach dem Alter derselben
eine verschiedene Färbung erhält. Wie aber in der Natur Nichts unvermittelt
dasteht, so ist das Geistesleben und Wirken der beiden Geschlechter nicht
durch eine Kluft geschieden; das Feld Beider ist groß und umfassend und
fließt mit seinen Grenzen unvermerkt in einander über; nicht das, was eine
Frau weiß oder nicht weiß, nicht was sie kann oder nicht kann, macht sie
weiblich oder unweiblich, sondern wie sie es übt, in welcher Form sie ihr
Wissen darbietet; das wissenschaftlichste und künstlerischste Weib begiebt
sich nicht der Vorrechte ihres Geschlechtes, wenn sie ihre Wissenschaft und
Kunst im weitern Sinne mit Rücksicht auf den Einzelnen mütterlich pflegend
verwendet, und wenn sie das feine Gefühl und den richtigen Tact des Herzens
nicht verliert, der sie unbeschadet bis an die Grenzen des weiblichen Gebietes
führt, aber nicht über dieselben hinaus, und es werden stets Männer dem
weiblichen Wirken, Frauen dem männlichen sich nähern, ohne daß darum
das Weib unweiblich, der Mann unmännlich zu nennen wäre; Beide stehen
eben an den Grenzen der Wirksamkeit ihres Geschlechtes, um vom Einen
das Verständniß zum Andern zu vermitteln.

So ist bei aller Verschiedenheit in Anlage und Bestimmung der Geschlechter keines dem andern in der Totalsumme der Leistungsfähigkeit
über- oder untergeordnet, sondern das eine Geschlecht hat nach dieser, das
andere nach jener Richtung hin seinen Schwerpunkt in der Arbeit, welcher,
wenn er nicht willkürlich verrückt oder unterdrückt wird, zur schönsten Aus-
gleichung und Harmonie im Wirken für die Menschheit führen würde. Wie
die Natur in ihrem stillen Gange ihre Gesetze ewig unwandelbar erfüllt, so
ist dagegen der Geist, welcher innerhalb gewisser Grenzen zum Bewußtsein
und zur Selbstbestimmung berufen, vielfachen Irrungen im Suchen nach dem
rechten Pfade unterworfen. Das Streben der Jetztzeit, den weiblichen Geist in

seine Rechte einzusetzen, denselben zu größerer Geltung zu bringen, dessen Arbeitskraft mehr hervorzuziehen zur Förderung des Fortschrittes in der menschlichen Gesellschaft, ist ein so tief berechtigtes, daß nur blöde Augen sich der Notwendigkeit desselben verschließen können: Aber eben so wahr ist es, daß in diesem Streben viele Gefahren liegen, den Typus der Weiblichkeit zu schwächen, eine Copie des Mannes aus ihr zu machen, wenn man vergißt, auf Gottes Sprache in der Natur zu lauschen und sich seinen Gesetzen in Demut unterzuordnen.

Die Natur hat das Weib zur Mutter erschaffen, diesen Ausspruch setzen die Gegner der Emancipationsbestrebungen den Frauen entgegen, und sie haben Recht; aber hat man sich auch die ganze Bedeutung, die ganze Tragweite des Mutterberufes klar gemacht? Ist dieses Berufes geistige Bedeutung verstanden, ist innerhalb dieser Sphäre der Geist in seine Rechte eingesetzt, welche die Jetztzeit fordern muß? Hat in Bezug auf den mütterlichen Beruf das Wort Menschheit schon eine Bedeutung für das Weib gewonnen? so, daß die geistige Mütterlichkeit mit ihrer pflegenden Kraft, ihrer wärmenden Liebe sich nicht allein an die eigene Kinderstube, nicht allein an die physische Mütterlichkeit bindet; sondern daß überall, wo Hülfsbedürftige sind an Leib und Seele, die Frau auch außerhalb des Hausee zum mütterlichen Wirken berufen ist, wenn keine eigenen Familienbande sie fesseln oder ihre Zeit genügend ausfüllen können. Und hat man verstanden, daß Instinkt und Liebe, so hoch bedeutungsvoll diese beiden Factoren auch sind zum wahrhaft mütterlichen Wirken, doch nicht mehr allein ausreichen in unserer Zeit, weder bei der Erziehung eigener Kinder, noch bei der Pflege Anderer? Der Erziehende soll ja dem Kinde, dem Menschen hülfreich die Hand bieten, damit er sich möglichst ungestört nach den göttlichen Gesetzen entwickele, und zu dem Zwecke muß die Frau eben diese Gesetze immer mehr studiren, sie muß den *Menschen* immer mehr *kennen* lernen; sowohl, was er an und für sich ist, als auch in seinem Zusammenhange mit der Natur und Geschichte, sie muß von frühester Jugend an mit dem Kinde leben lernen. Beugt sich doch der Botaniker im rastlosen Forschen über sein Mikroskop, um das Leben der Pflanze in seinem geheimsten Weben zu erkennen, studirt doch der Gärtner genau die Entwicklungsgesetze seiner Blume, um ihr den rechten Boden zu bereiten – und ist der Mensch etwa leichter zu erfassen in seinem kunstvollen Baue, in den tausendfachen Verschlingungen der freier entwickelten Geistesfäden, aus denen sich das webt, was wir Character nennen? Im Studium des Menschen und dessen Behandlung lernt die geistreichste Frau nie aus, fehlt es der größten weiblichen Kraft nie an Stoff zur Gestaltung; sehr viel Wissensdurst, sehr viel Tatendrang kann sie befriedigen, wenn sie sich den Menschen und dessen Bildung zum Vorwurf nimmt; in ihm sind ja alle Gesetze der Natur wirksam, sein Wesen ist ja in den verschiedensten Zweigen der Geschichte zu studieren, und legte Gott nicht den Anfang des zu erziehenden Menschen in des Weibes Hand, und bestimmt nicht der Anfang Fortgang und Ende?

Die ersten Lebensjahre sind das Fundament des Lebensgebäudes und mit dem Studium dieser Anfänge des Geisteslebens, mit der Behandlung derselben sollten sich gerade die wahrhaft gebildeten Frauen beschäftigen, während man jetzt so oft den unfähigsten die Wartung und Beaufsichtigung der Kleinen anvertraut. So wie in der Naturwissenschaft ein gewaltiger Umschwung stattgefunden hat, seit der Entdeckung der Zelle, so bereitet sich ein solcher auch vor auf dem Felde der Pädagogik, indem man durch *Friedrich Fröbel* besonders auf die Anfänge des Geisteslebens, auf das Werdende in demselben zurückgeführt wurde und so ganz neue Gesichtspunkte gewonnen hat in Bezug auf die geistige Nahrungsmittellehre des Kindes.

Das ewig Bleibende in dem Berufe der Frau ist also ihre Bestimmung zur directen Erzieherin der Menschheitskinder. Das Neue, welches in unserer Zeit auf diesem Gebiete in die Erscheinung treten muß – ist die speciellere Vorbereitung zum Mutter- resp. Erzieherberufe und die Erweiterung der Kreise, in welchen die Frau erzieherisch zu wirken und überhaupt zu arbeiten hat.

Neben dem Ausspruche, daß die Frau nur in der Mütterlichkeit ihre wahre Bestimmung erreiche, steht ein anderer nicht minder wahrer – daß nur aus der sittlichen Familie die menschliche Gesellschaft sich wieder regeneriren könne; aber daß das Familienleben nur dann neu zu gestalten und zu veredeln ist, wenn man die Berufskreise der Frau über die Familie hinaus erweitert und auch der Unverheirateten, Kinderlosen ein Feld bietet, auf dem sie ihre Kräfte würdig verwenden könne – das wollen Manche noch gar nicht und Andere nur in sehr beschränktem Maße anerkennen; wie auch wieder Andere allerdings über die gottgewollten Grenzen, die dem Weibe gesetzt sind, hinausstreben. Die Verbindung zweier Menschen zur Ehe ist die ernsteste und heiligste, welche je auf Erden geschlossen werden kann, weil es sich in einem solchen Bunde um die Zukunft unseres Geschlechtes handelt. Aber welch traurige Wahrheiten würden sich uns enthüllen, wenn wir immer den Motiven nachspüren könnten, die, bleiben wir einmal bei dem Mädchen stehen – dasselbe zur Ehe bestimmen?

Wie oft mangelt die wirkliche Hochachtung vor dem Andern, wie oft fehlen die so notwendigen, natürlichen Sympathien, aus denen allein eine Liebe sich weben kann, die Alles heiligt, die das Schwerste tragen hilft, die aber auch das süßeste Menschenglück erzeugt, was die Erde hervorzubringen vermag. Und wozu sinkt auf der anderen Seite der Ehebund herab, wenn man in ihm nur die Existenz, die Stellung, die Erlösung aus der Langeweile sucht? Was wird aus den Kindern, denen man physisch das Leben gab, ohne im Stande zu sein, es ihnen auch geistig zu geben? Und woher so viel Familienelend, wo so süßes Familienglück sein könnte? Zum großen Teile daher, weil die Frau nicht *arbeiten* lernte nach den verschiedensten Richtungen.

Die Eine lernte nicht arbeiten an sich selbst zur Opferfreudigkeit und Berufstreue, nicht arbeiten in der im Leben so notwendigen Entsagung und Ertragung; die Andere lernte nicht arbeiten in Bezug auf die richtige Erfassung des Menschen, so daß sie den Gatten zu behandeln, die Kinder zu erziehen verstände.

Sie lernte nicht arbeiten in den verschiedenen Zweigen der Kunst und Wissenschaft, durch welche sie eine geistige Atmosphäre schaffen und das einfachste Leben verschönern könnte. Sie lernte nicht arbeiten in Küche und Keller, in Haus und Garten, damit man, wie viele dienstbare Geister ihr auch zu Gebote stehen, doch immer die zarte Hand der Frau in Allem, was das leibliche Wohl der Familie betrifft, wohltuend empfinde.

Sie lernte nicht arbeiten in irgend einem Berufskreise, außerhalb des Hauses, um somit innerlich und äußerlich selbstständig zu sein und dem Manne als Freie gegenüber zu stehen, die nur der Liebe Gehör zu geben braucht, wenn es sich um die Schließung der Ehe handelt.

Sie lernte nicht arbeiten, um im Fall der *Not* auch erwerben zu können, damit die Frau, die Familie dem Manne nicht Hemmschuh werde bei seinem berechtigten Streben, welches oft genug mit dem Broterwerb in Conflict kommt, sondern ihm eine Stütze sein könnte.

Der Adel der Arbeit ist noch nicht begriffen in der menschlichen Gesellschaft, am wenigsten aber ist er begriffen in Bezug auf das weibliche Geschlecht. Das Mädchen der wohlhabenden Stände vertändelt zum großen Teile seine Zeit, das der arbeitenden Klasse muß rein mechanisch für den Lebensunterhalt sorgen, ohne daß ihm Zeit bliebe, seinen Geist weiter zu entwickeln; die Arbeit als solche ist es nicht, welche den Menschen adelt – es ist das Wie derselben.

Unsere Culturverhältnisse, wie sie nun eben sind, verlangen eine Erweiterung der weiblichen Berufskreise, wenn wir auf die wirklich harmonische Ehe hinwirken wollen.

Der natürlichste Beruf für das Weib ist, wie nachgewiesen wurde, der erzieherische und somit muß vor allen Dingen darauf gesehen werden, für diesen der Frau größern Boden zu ihrer Betätigung zu schaffen, dadurch würden zugleich große Lücken ausgefüllt werden, welche sich in der menschlichen Gesellschaft fühlbar machen, weil die weibliche Kraft noch nicht in ihre Rechte eingesetzt ist. Z.B. bedürfen *alle* Schulen, sowohl Mädchen- als Knabenschulen des weiblichen Einflusses. Es bedürfen die Waisenhäuser, die Hospitäler, die Gefängnisse, die Irrenhäuser der helfenden Hand der Frau, wobei natürlich den verschiedenen Altersstufen Rechnung getragen werden müßte, indem die ältere, erfahrene Frau die leitende, die jüngere die nur helfende Hand verträte. Aber ebensowenig, wie alle Frauen sich verheiraten, ebensowenig fühlt sich auch Jede berufen, außerhalb der eigenen Familie direct erzieherisch zu wirken, und somit geht es aus den gegenwärtigen Culturverhältnissen als Forderung hervor, daß man den Frauen noch andere Fächer zugänglich mache, als die zu den direct erzieherischen gehören oder die Krankenpflege umfassen. Aber hier ist es nun gerade, wo wir höchst behutsam zu Werke gehen müssen, sowohl in der Wahl der Berufsfächer, wie sie gelehrt werden und wie den Frauen der Boden bereitet wird, sie auszuüben.

Man rühmt es als einen Fortschritt, daß Amerika, Frankreich, Belgien und auch die Schweiz viel mehr selbstständig erwerbende Frauen habe als Deutschland; und doch trägt dieser Fortschritt dort sehr zweifelhafte Früchte. Gerade in diesen Ländern kann man die Gefahren kennen lernen, welche daraus erwachsen, wenn eine Frau zu irgend einer Fachbildung zugelassen wird, ehe sie eine Erziehung erhält, welche die geistige Mütterlichkeit zur schönen Blüte reift, sei es beim Volke vorwiegend nach der Seite des Gemüths, oder, wie es von den höhern Ständen gefordert werden muß, gestützt auf Wissen und durchleuchtet vom Bewußtsein. Die Fachbildung ohne diesen so notwendigen Grund schadet leicht der Weiblichkeit und birgt die Klippe, daß sie den Geschmack am Erwerben steigert, so daß die Frau dann einen größern Stolz darin setzen wird, ihren Kindern materiellen Besitz zu hinterlassen, als ihren Fachberuf beim Eintritt in die Ehe niederzulegen, um ihren Kindern ganz liebende Mutter zu sein.

Wenn auch diese Gefahren für die deutschen Frauen nicht so nahe liegen wie in anderen Nationen, so sind sie doch vorhanden, zumal auch bei uns die Aeußerlichkeit und Genußsucht, deren Befriedigung kostbar ist, immer mehr Boden gewinnt. Mit der Fähigkeit zum Erwerbe wächst auch der Hang zum Luxus, wenn nicht durch eine gründliche Bildung anderseits der Sinn zur Einfachheit erzogen wird.

Somit ist der Frau eine gewisse Fachbildung auf dem Grunde der allgemeinen weiblichen Erziehung als Waffe gegen die ihre Würde oft bedrohenden Culturverhältnisse, nicht nur zu gestatten, sondern vielleicht sogar zu fordern, weil Niemand, auch nicht die Reichste und Hochgeborenste weiß, welch ein Schicksal sie einst treffe, sie muß gerüstet sein, den Wechselfällen des Lebens mit Würde zu begegnen.

Und wenn wir dann mit Vorsicht und Kraft zu Werke gehen, daß die Waffe, welche wir den Frauen in die Hand geben, sie zu schützen, sich nicht gegen Gottes Ordnung kehre und den Boden untergrabe, dem das sittliche Familienleben entsprießen kann, so vergessen wir nicht, daß Gott der Natur stets erlaubt, Ausnahmen zu schaffen und es also auch stets Ausnahmen auf dem Gebiet im Geistesleben der Frau geben wird. Für diese sollte der Weg so weit geebnet sein, daß sie ohne zu großen Kampf Alles werden könne, was sie wolle; es ist ja doch am Ende besser, eine Frau steht als eine nützliche Ausnahme da, als sie tut Nichts, oder ihre unbefriedigten Kräfte kehren sich dämonisch und zerstörend gegen sich und gegen Andere.

Was kann es dem Staate und dem Einzelnen schaden, wenn er einige weibliche Aerzte und Beamte etc. hat, vorausgesetzt, sie seien als solche tüchtig? Erlaube man doch jedem Individuum, auf seine Weise glücklich zu sein innerhalb des allgemein menschlichen, sittlich gesetzlichen Schranken, und seien wir überzeugt, die Natur im Weibe, wenn ihrem Geiste nur nicht unberechtigte Grenzen gezogen werden, verleugnet sich nicht, sondern strebt nur nach ihrer Vollendung und Verklärung im Geiste.

Die praktischen Vorschläge, welche zu machen wären, um den hier ausgesprochenen Ideen über Frauenbildung Leben und Gestalt zu geben, würden dahin lauten:

1. Da eine bessere Vorbereitung der Frau auf den Familienberuf nur durch eine innige Verbindung zwischen Schule und Haus hergestellt werden kann, so müßten Eltern und Lehrer resp. Lehrerinnen zu einem Vereine zusammentreten, welcher folgende Forderungen zu realisieren suchte:

   a) Das Mädchen muß länger lernen als bisher, aber nicht so Vielerlei auf einmal. Wissenschaftliche, künstlerische und gewerbliche Studien dürfen das Mädchen nie der Familie entfremden, sondern müssen stets mit der Ausübung der häuslichen Pflichten Hand in Hand gehen.

b) An jede Mädchenschule muß sich ein Kindergarten als Anfang, eine Fortbildungs-Schule für allgemeine weibliche Bildung als Schlußpunkt knüpfen, worin die Mädchen und Frauen vor Allem Gelegenheit finden, sich solche Kenntnisse zu erwerben, welche sich auf das physische und psychische Wesen des Menschen beziehen, ganz abgesehen davon, ob eine Frau Erzieherin von Fach werden will, oder nicht.

2. Da der beste Fachberuf für eine Frau vor ihrer Verheiratung oder in der Ehelosigkeit immer derjenige ist, dessen Tätigkeit die specielle Pflege des Menschen umfaßt, so sind von Vereinen solche Anstalten auf das Kräftigste zu unterstützen oder, wenn sie noch nicht vorhanden, in's Leben zu rufen, in denen Lehrerinnen resp. Kindergärtnerinnen, Krankenpflegerinnen, Gehülfinnen in Waisenhäusern, Hospitälern, Irrenhäusern, Gefängnissen etc. gebildet würden, so wie dahin zu wirken wäre, daß das Gebiet der Frauentätigkeit auf diesem Felde vom Staate erweitert würde.

3. Da man indessen nicht fordern kann, daß *jede* Frau, welche nicht Gründerin einer eigenen Familie wird, sich berufen fühlt, das pädagogische Fach zu ergreifen, oder als Krankenpflegerin tätig zu sein – so bedingen unsere Culturverhältnisse, daß man den Frauen neue Erwerbsquellen eröffne; und es hätten sich demnach Vereine zu constituiren, welche Häuser oder Gewerbeschulen für Frauen gründen, wo dieselben *neben* oder *nach* einer gewissen allgemeinen und pädagogischen Bildung zu Haushälterinnen von Fach Buchhalterinnen, Aufseherinnen in Fabriken, Modellzeichnerinnen etc. gebildet würden, ob auch Unterricht in anderen Handfertigkeiten, wie Buchbinderei, Schneiderei, Putzmachen, Feinwäsche etc. in diesen Anstalten erteilt werden soll, oder ob die jungen Mädchen, welche dies zu erlernen wünschen, besser auf Privatwegen zum Ziele kommen, müßte noch erörtert werden.

4. Da es sich bei der Frauenfrage nicht nur um die Arbeit als solche handelt, sondern vor Allem um das *Wie* der Arbeit, so haben die Frauen der gebildeten Stände eine heilige Verpflichtung, ihren Mitschwestern, welche unter der Last ihrer Arbeit seufzen, zu helfen, daß dieselben auch Zeit und Gelegenheit gewinnen, ihrem Geiste und vor Allem der Gemütsseite in demselben Nahrung zu geben; und hier ist vorzugsweise das Feld der Arbeit für solche Frauen, die mit derselben nicht zugleich den Erwerb suchen;

hier finden sie Gelegenheit, einen Teil der Verpflichtungen abzutragen, welche sich nach sittlichen Gesetzen mit jedem Vorteile, der uns wird, eng verbündet.

Es würde sich ein Verein zu bilden haben, welchem sich freiwillige Arbeitskräfte junger Mädchen oder älterer Frauen zu Gebote stellen, so wie dieser Verein sich wieder mit verschiedenen Wohltätigkeitsanstalten, wie Kleinkinderschulen etc. in Verbindung zu setzen hätte; hier gerade könnten bemittelte junge Mädchen so großen Segen stiften, wenn sie unentgeltlich die verschiedenen für Kinder des Volks so nützlichen Fröbel'schen Beschäftigungen in Bewahranstalten lehrten. Schon der Verkehr einer wahrhaft gebildeten Persönlichkeit mit den Kindern anderer Volksschichten ist ein segensreicher.

Diesem Vereine läge es auch ob, Abendunterhaltungen für Frauen des Volks zu arrangiren, Bibliotheken zu gründen und Sonntagsschulen oder Abendschulen zu halten, für solche junge Mädchen, welche schon in einer gewerblichen Tätigkeit stehen, aber den lebhaften Wunsch empfinden, ihren Geist noch weiter auszubilden.

Der Staat kann bei socialen Veränderungen nicht die Initiative ergreifen; er muß durch eine Reihe von Einzelerfahrungen und Einzelversuchen erst die Notwendigkeit einer veränderten oder neuen Ordnung der Dinge sich beweisen lassen. Der Einzelne mag experimentiren, der Staat darf es nicht. Einzelne müssen deshalb den Versuch machen, neue Arbeit für die Frauen zu finden, oder sie für bekannte Zweige auf neue Weise vorzubereiten; so wie die Arbeit als solche sittlich zu veredeln. Der Staat wird das Brauchbare benutzen und wenn es sich bewährte, in seinem eigenen Interesse für die Heranbildung tüchtiger Kräfte Sorge tragen.

Quelle: Schrader-Breymann, Henriette 1962 (1868): Zur Frauenfrage. In: Kleine pädagogische Texte, 5. Weinheim, S. 8-18.

Herman Nohl

Die geistigen Energien der Jugendwohl-
fahrtsarbeit und die Sozialpädagogik in der
Wohlfahrtspflege

Eine geistige Bewegung wie die Jugenwohlfahrtsarbeit entspringt nicht wie ein Bergquell aus der freien Fülle, einem Überfluß des Herzens, sondern ist das Schicksal einer Not. Diese Not in ihrer ganzen konkreten grausamen Gestalt diktiert auch die Züge der geistigen Gegenwirkung, die sie überwinden soll. Ist diese Not eine wirkliche Lebensnot, die das Ganze angefaßt hat, so wird auch die Gegenwehr aus dem ganzen Leben kommen müssen. So vielseitig die Not ist, so viele Gegenkräfte wird sie aus dem System des Lebens wachrufen. Wenn es die Art des Lebens ist, daß in jeder seiner Seiten immer das Ganze mitenthalten ist, so wird auch jede Seite dieser Not ins Ganze reichen und jede dieser Gegenkräfte wieder die *ganze* Not heilen wollen. Und wenn die Seiten des Lebens dann doch antinomisch zueinander sind, so wird auch das System dieser Gegenwirkungen voll der schwersten Spannungen sein.

Das ist ganz abstrakt ausgedrückt die Formel für die Jugendwohlfahrtsarbeit: sie ist das spannungsreiche System der geistigen Energien, die die Lebensnot der Zeit, insbesondere der Jugend, aufgeweckt hat. Jeder Fürsorger draußen wie irgendein leitender Beamter an seinem grünen Tisch oder ein Gelehrter hinter seinem Tintenfaß spürt die Gegensätzlichkeit dieser ursprungsfremden, Antriebe seiner Arbeit. Je klarer er denkt und je näher er der Not ins Auge sieht, um so deutlicher erkennt er auch, daß jede dieser geistigen Energien ihr Recht hat, auch wenn er selbst vielleicht von einer anderen Seite herkam. Die Jugendwohlfahrtsarbeit kann jetzt keinen dieser Einsätze mehr entbehren. Um so dringender aber wird dann die Frage: welches ist dann die einheitliche Seele dieser Arbeit, die oberste Instanz, von der ich am Ende meine letzte Weisung zu entnehmen habe, die meine Arbeit richtet und meine innerste Haltung bestimmt? Das möchte dieser Vortrag versuchen: in aller Kürze das System der geistigen Energien vor Augen stellen, die in der Jugendwohlfahrtsarbeit zusammenwirken, und die Frage beantworten, wo sozusagen das Herz der Bewegung schlägt.

Die Grundlage aller Gegenbewegungen, die auch unser ganzes *pädagogisches*

Denken bestimmt, ist die neue soziale und sittliche, körperliche und geistige Not, wie sie im Lauf des 19. Jahrhunderts durch die Entwicklung der Industrie, der Großstädte, der Arbeits- und Wohnverhältnisse, aber auch der allgemeinen Aufklärung über die Völker hereingebrochen ist: die *Auflösung aller Bindungen,* die den einzelnen Menschen halten, ohne die er ins Bodenlose fällt, und die sich daraus ergebende völlige *Wertlosigkeit des Menschen.*

Beides wurde natürlich zuerst von der am meisten betroffenen Schicht empfunden, dem Proletariat selbst, und so entstand die erste Gegenbewegung in der Arbeiterschaft. Ich brauche hier den Sinn dieses *Sozialismus* nicht zu entwickeln, seinen Ausgang von den ökonomischen Verhältnissen und dem Klassenkampf: das gesellschaftliche Sein ist die Grundlage des gesellschaftlichen Bewußtseins, das Ziel darum, dieses Sein zu ändern, und zwar durch politische Machtverschiebung, die den klassenlosen Staat herbeiführt, in dem – echt platonisch – der Egoismus keinen Ansatzpunkt mehr hat. Aber hinter dieser sogenannten materialistischen Auffassung stand doch eine ganz neue Anschauung von dem Recht des Menschentums jedes einzelnen und von der Solidarität aller arbeitenden Menschen, die ihre Vereinzelung überwindet. Dieses Gemeinschaftsbewußtsein, das in ganz eigener Weise ein neues Machtgefühl mit einer neuen Verantwortlichkeit verbindet, war die *erste geistige Energie,* die nun ganz von unten herauf der Not entgegentrat. Hatte man ursprünglich gemeint, daß die Pädagogik als Umgestaltung des Bewußtseins illusorisch sei, und sich mit der Änderung der wirtschaftlichen Verhältnisse auch die pädagogische Wirklichkeit wie der ganze ideologische Aufbau von selbst ändere, so kam doch allmählich die Erkenntnis, daß die Arbeiterklasse auch *unmittelbar* an der pädagogischen Aufgabe interessiert sei, die diese neue Gesinnung der Solidarität vorbereitet und das Kind zum Träger der neuen Gesellschaft erzieht durch eine klassenlose Erziehung, deren Hauptmittel die gerechte Institution, die Gemeinschaft und die Arbeit sind. Die Gemeinschaftsschulen wie die Jugendarbeit der Kinderfreunde sind von hier aus bestimmt.

Als diese Bewegung, deren wahre ethische Grenze war, daß sie den ganzen Reichtum der Bindungen des sozialen Lebens durch die eine ungegliederte Solidarität erschöpft glaubte und selbst die Familie als Atavismus eines falschen Eigentumsbegriffs verstand, in den vierziger Jahren groß wurde, erschien sie den andern als Umsturz und letzte Konsequenz einer völlig verdorbenen Zeit, man sah nicht das neue Ideelle und Aufbauende in ihr, sondern nur das

Zerstörende, und so rief sie damals als Gegenbewegung die *innere Mission* hervor. Das gewaltige Dokument dieser Bewegung, das dem kommunistischen Manifest ebenbürtig gegenübersteht, ist die Denkschrift Wicherns von 1849. Mit wirklich großartigem Blick ist hier die Situation erfaßt. Wichern sieht die allgemeine Zerrüttung und Auflösung wie ein Gegenbild zur untergehenden Antike, denen man von neuem die Offenbarung des Glaubens entgegenstellen müsse, und zwar nicht als Bekenntnis bloß des Worts, sondern der Liebe durch die Tat. „Verwahrlosung" ist der allgemeine Zustand der Christenheit. Vor allem gilt das natürlich für die „Masse", die zunächst äußerlich, aber dann auch innerlich verarmt ist, aber diese innerliche Verarmung trifft *alle* Schichten. Ihre Ursache liegt nicht bloß in den wirtschaftlichen und politischen Verhältnissen, – obwohl Wichern deren große Bedeutung sieht! –, sondern in der Gottentfremdung, der Loslösung von allen christlich-sittlichen Grundlagen – im Unglauben der Zeit. Und das Ziel muß sein, dieses neue Heldentum innerhalb der Christenheit durch innere Mission, durch Seelsorge zu überwinden, und „nicht bloß zu überwinden, sondern zu einer Wiedergeburt und Erweckung des Bewußtlosen zu bringen". Die Schilderung der Auflösung alles höheren Lebens in der Denkschrift geht tief: die Zerstörung der Familie, die Not der unehelichen Kinder, die Verwilderung der Jugend, die Gefahren von Alkohol, Spiel und den Vergnügungsstätten wie St. Pauli – kaum ein Moment ist übersehen. Der letzte Grund ist aber „die Zerrissenheit des Gemüts", das „dumpfe Brüten der von allem Trost und allen höheren Ahnungen entleerten Massen". Die Folge ist das Verbrechen. „Der Gefangene muß büßen, was im Grunde die Luft und Finsternis, die ihn umgab, verursacht hat." Diesem Zustand will Wichern die innere Mission gegenüberstellen, „die geordnete Arbeit der gläubigen Gemeinde in freien Vereinen", die das Prinzip des Christentums seit seinem Stifter wieder aufnimmt, die Liebe zu jedem Elenden um Gotteswillen, und durch sie das innerste Leben und alle Zustände regeneriert. Das ist also die *zweite geistige Energie*, die in der Jugendwohlfahrtsarbeit wirksam ist. Der Einsatz liegt hier bei der einzelnen Seele, *sie* soll gerettet werden und ihre Verbindung mit Gott wiedergewinnen, und Wichern baut „Rettungshäuser" und geht als Seelsorger in die Gefängnisse. Die Form der Hilfe ist die freie Liebestätigkeit, die Caritas des Christentums, die Liebe schafft und damit die Grundlage neuer Gemeinschaft. Das klar gesehene Ziel ist die Wiederherstellung der Familie und Hausstände, von der die Erneuerung aller damit verknüpften Verhältnisse abhänge: Erziehung, Eigentum, Arbeit. So gründet er seine Anstalten auf das Familienprinzip, und wenn er das im Gefängnis scheinbar unterläßt, so soll doch die Einzelhaft nur Trennung aus der Verbrechergemeinschaft bedeuten, der die lebendigste positive Gemeinschaft mit den Erziehern gegenübersteht.

Aber nun doch die Grenze dieser inneren Mission! Vor allem ihr konfessionaler Gegensatz gegen die geistige Kultur der Zeit, der sie doch nicht gewachsen war. Auch war da verkannt, daß zu den Massen der Weg von der Konfession und ihren versteinerten Formeln aus nicht mehr zu finden war. Damit hängt aufs engste zusammen der Gegensatz Wicherns gegen den Sozialismus. Er sah in der Revolution von 1948 nur den Umsturz von Staat, Familie und Kirche, die Gesetzlosigkeit des Antichristen, und so bekommt seine Denkschrift wie die ganze innere Mission die Einstellung, als ob sie im wesentlichen ein Mittel *gegen* den Sozialismus sei, eine Versicherung der Regierenden, oder reichen Leute gegen die Revolution. Schließlich lag doch auch eine Einseitigkeit in der ausschließlichen Betonung der religiösen Verbundenheit, die Wichern dem Leben zu unmittelbar gegenüberstellte, das nähere menschliche Kräfte nicht entbehren kann, wie das schon eine so religiöse Natur wie Pestalozzi mit aller Deutlichkeit gesehen hatte. Wichern und sein Kreis haben ihn deswegen abgelehnt, selber aber damit den Anschluß an die neue humanistische Pädagogik verloren.

Eine solche immanente Kraft erschien in der *Frauenbewegung*. Sie kann geistig aus dem Liberalismus. Auch sie hatte ja eine wirtschaftliche Grundlage in der Verdrängung der Frau aus dem Haus in den Beruf, auch sie schließt sich ursprünglich an die politische Bewegung an und nimmt für die Frau die allgemeinen Menschenrechte der Revolution in Anspruch: Gerechtigkeit für alle unterdrückten Volksschichten, also auch für die Frau. Allmählich aber entsteht das Bewußtsein, daß die Lage durch diese wirtschaftlich-politischen Verhältnis nicht ausreichend bezeichnet sei, daß es sich um eine tiefere Kulturnot handle und daß die Frau im Kulturganzen eine eigene Leistung habe, die darin bestehe, ihr innerstes Wesen, die Mütterlichkeit in dieser Not zur Auswirkung kommen zu lassen. Helene Lange hat es später so ausgedrückt: „es komme darauf an, den Einfluß der Frau wieder geltend zu machen und in die große Gesellschaftsordnung noch einmal alle Kräfte einzuführen, die den geistig sittlichen Untergrund der Familie gebildet haben". Ihr eigenstes sei die Rücksicht auf jeden, ob arm oder reich, stark oder schwach, die Achtung vor dem Einzelleben, eine geistigere Auffassung des sexuellen Lebens und die

Verantwortung für die kommende Generation. So wird hier eine *dritte geistige Energie* sichtbar, die berufen ist, in das gesellschaftliche Dasein einzugreifen, wieder eine Gemeinschaftskraft, die geistige Mütterlichkeit, die auch eine eigene sozialpädagogische Spitze hat, auf den einzelnen und seiner Wert gerichtet ist und sich dann auch sofort in den sozialen Frauenschulen nach der einen Seite, im Pestalozzi-Fröbelhaus und in der Kindergartenbewegung nach der anderen auswirkte.

Eine *vierte* Bewegung seit den siebziger Jahren war dann die *sozialpolitische*. 1872 wird der Verein für Sozialpolitik gegründet, die „Soziale Praxis" tritt mit Geist und Mut auf, die Kathedersozialisten, die evangelisch-sozialen Kongresse. Das Dokument dieser Bewegung ist Schmollers große Streitschrift gegen Treitschke „über einige Grundfragen des Rechts und der Volkswirtschaft" von 1875. Der Sinn ist, gegen die Not der einzelnen Klasse, die sich nicht selber helfen kann, und gegen die Gefahr, die von ihr den andern Klassen und der Gesamtheit droht, den Staat aufrufen und seine Gesetzgebung: Schutz des Arbeitsverhältnisses, Fabrikgesetzgebung, Heimarbeiterschutz, Kampf gegen die Kinderarbeit, Arbeiterversicherung und soziale Medizin, Kampf gegen die Seuchen, die Säuglingssterblichkeit, die Gewerbekrankheiten, Unfall und Invalidität. Auch hier war im letzten doch eine neue geistige Energie geweckt, auch hier ein neues Gemeinschaftsbewußtsein: die staatliche Verbundenheit. Und so entwickelte sie auch sofort eine sozialpädagogische Seite, die Erziehung zum staatsbürgerlichen Bewußtsein, die hinter dem Kampf der Parteien das gemeinsame Ganze sehen lehrt. Kerschensteiner war ihr stärkster Vertreter.

In diesen vier Bewegungen waren nun die wichtigsten Kräfte des sozialen Daseins mobil gemacht: das Selbstbewusstsein der Arbeiterschaft, die „sich selbst befreit", die Religion, die Frau und ihre geistige Mütterlichkeit, der Staat und die Verantwortlichkeit der staatlichen Gemeinschaft für ihre Glieder. Was für alle diese Bewegungen aber noch nicht eigentlich angetastet war – außer bei Wichern, und doch bei ihm auch nur von außen –, das war die geistige Kultur dieses Bürgertums des 19. Jahrhunderts selbst. Die Frauenbewegung wie die Sozialpolitik lebten doch fest im Glauben an den ungebrochenen Wert dieser Kultur und ihrer allgemeinen Bildung, die man eben nur in die Massen hineintragen müsse. Auch der Sozialismus hatte diese Bildung nie bezweifelt und verlangte nur Sozialisierung auch dieses geistigen Besitzes, der Macht verleiht. Hinter allen diesen Bewegungen stand im Grunde der liberale Fortschrittsgedanke, der durch Organisation und Gesetzgehung, durch Ent-

wicklung der Naturwissenschaften und ihre zivilisatorischen Mittel die Welt
vorwärtsschreiten sieht. Ein Ausdruck dieser Bildung war das Buch von D. Fr.
Strauß, „Der alte und der neue Glaube", das unsere Väter begeistert lasen und
das Nietzsche dann in seiner ersten Unzeitgemäßen Betrachtung hinrichtete.
Da erschien zum erstenmal mit aller Deutlichkeit das neue Bewußtsein, daß
unsere Kultur als Ganzes auch in ihrer geistigen Form in eine Krise eingetreten
sei. Gegen den Kathedersozialismus und die Demokratisierung der Bildung
hatte ein Mann wie Treitschke noch unbekümmert, fast wie ein Antiker von
den Sklaven, sagen können, daß die unteren Klassen ihrer Natur nach zum
Dienen bestimmt seien, und daß es notwendig sei, einen ungebildeten Ar-
beiterstand zu haben, wenn die Bildung der oberen Klassen nicht unmöglich
werden solle. Jetzt fing diese Bildung an, sich selbst nicht mehr so sicher zu
fühlen, um das Recht zu beanspruchen, daß ihretwegen die andern geistig
verkümmern dürften. Jetzt erst war die Sicherheit der Zeit im innersten
erschüttert, auch gegenüber der religiösen Forderung war nun der Rückzug
in diese Bildung verlegt. Sie gab selbst in ihren geistvollsten Vertretern zu,
daß ihr der Glaube fehle, der allein eine Kultur zusammenhält, die Menschen
trägt und ihre atomistischen Interessen bindet.

Was hier so in den Büchern der Philosophen ausgesprochen wurde – ich
denke an die ganze Reihe von Nietzsche und Lagarde bis zu Eucken, Rathenau,
Simmel und Spengler –, das fand nun wieder einen pädagogischen Ausdruck
in den großen pädagogischen Bewegungen der Zeit, der Jugendbewegung, der
Volkshochschulbewegung wie der gesamten pädagogischen Reformbewegung.
Sie gehören alle zusammen und ihr gemeinsamer Sinn ist: das Bewußtsein von
der Not unserer Kultur, der die innere Bindung an ein Ideal fehlt, und ein
Wille, diese Not aus einem neuen Menschentum heraus zu beheben, dessen
wesentlichster Zug ein neues Gemeinschaftsbewußtsein ist. Nirgends ist das
reiner sichtbar geworden als in der Jugendbewegung. Sich in Wahrhaftigkeit
dieser ganzen problematischen Kultur und ihren leer gewordenen Formen
entgegenstellen und dieser in Genuß und Egoismus versunkenen Welt ent-
gegenhalten, daß der Sinn der Welt das Ideal ist, das war das eine, und die
Einführung einer neuen Gemeinschaftsbindung, die der Jugend selbst eigen
ist und die der tragende Grund für die Entwicklung aller anderen höheren
Gemeinschaftsgefühle zu werden vermag, das andere. Zu der Solidarität, der
Caritas, der geistigen Mütterlichkeit und dem staatsbürgerlichen Bewußtsein
trat so hier eine *fünfte geistige Energie, die Gemeinschaftskraft der jugendlichen*

Verbindungen, und die Jugend meinte in einer schönen Hybris, die Kultur aus dieser ihrer eigensten sozialen Kraft regenerieren zu können. Und wenn schließlich auch die neue Pädagogik überall die Gemeinschaft als die stärkste erzieherische Kraft voranstellte, so war sie selbst ja der Ausdruck einer solchen neuen verantwortlichen Verbundenheit.

In die Jugendwohlfahrtsarbeit gehen nun alle diese Bewegungen ein, die sozialistische, die innere Mission, die Frauenbewegung, die Sozialpolitik, die Jugendbewegung und die pädagogische Bewegung. Keine von ihnen ist entbehrlich, denn jede hebt einen Bezug des neuen Lebens ans Licht. Aus dem Zusammengehen dieser Antriebe ganz verschiedenen Ursprungs entsteht die eigentümliche Spannung, die die Jugendwohlfahrtsarbeit quält und die bei jeder Gelegenheit sichtbar wird, in jeder Tagung, bei der Zusammensetzung jedes Jugendamtes und jedes Jugendpflegeausschusses. Sie macht sich in der praktischen Arbeit geltend z.B. in der Fürsorgeanstalt oder im Gefängnis: wer ist zuständig, der Sozialpolitiker oder der Geistliche oder der Arzt oder der Pädagoge? Welches Ministerium ist zuständig? Wer soll der Träger der Arbeit sein, der freie Verein oder die staatliche Ordnung, die Jugend oder das Alter? Und auch in den sozialpolitischen Seminaren erscheint das Problem: welches ist ihr eigenstes Ethos? woraus ziehen sie ihre Lebenskraft? So scheint sich die ganze Gegensätzlichkeit unsres Daseins in der Jugendwohlfahrtsarbeit gradezu zusammenzudrängen.

Die Spannungen sind gewiß da und lassen sich nicht wegphilosophieren. Aber in einer gemeinsamen Grundhaltung haben sie ihre letzte Gegensätzlichkeit verloren; sie lassen sich nicht übersehen, aber sie sind doch in einer neuen Einheit aufgehoben. Und welches ist diese neue Einheit, also das geistige Zentrum der Jugendwohlfahrtsarbeit? Spranger hat es als das pädagogische Ethos bezeichnet, das auf die Höherbildung der Menschheit gerichtet sei. Feld hat ihn kürzlich darauf vom Sozialismus aus angegriffen: nicht Umbildung der Menschheit sei das Ziel, sondern Umbildung der Umwelt. Das könne den Mädchen aus den Bürgerhäusern schon in den Kopf fahren, daß sie berufen seien, die Menschheit höherzubilden. Vielleicht war der Ausdruck Sprangers – er stammt wohl von Kant und ist die höchste pädagogische Formel der Aufklärung – wirklich mißverständlich: das pädagogische Ethos geht zunächst jedenfalls immer auf den einzelnen Menschen, *diesen* Menschen hier will es heben. Aber das bleibt gewiß richtig: das pädagogische Verhalten, die erzieherische Hingabe an den einzelnen Menschen, den „Menschen im

Menschen", ist der feste Grund aller aufbauenden Wohlfahrtsarbeit. Die Fürsorgerin fühlt sich nicht als Beamtin zur Überwachung der Durchführung allgemeiner Organisationen und Gesetze, sondern sieht zuerst und immer wieder den Menschen, seine Not und seine Kraft. Sie denkt bei ihrer Hilfe nicht an das Problem des Geburtenrückgangs oder die Auflösung der öffentlichen Ordnung, sondern an diese arme Frau und diesen unglücklichen Jungen. Der Sozialbeamte im Gefängnis denkt nicht zuerst an den Schutz der Gesellschaft oder an den Vollzug der Gerechtigkeit, sondern, wie Liepmann das ausgedrückt hat: „der Gefangene selbst, sein Schicksal, seine Seele, seine Aufrichtung und Wiedereinordnung in die Gemeinschaft ist der Mittelpunkt seiner Maßnahmen." Und auch das Gesetz selbst, das Jugendgerichtsgesetz wie das Jugendwohlfahrtsgesetz, hat diese pädagogische Blickrichtung als die entscheidende anerkannt: der berühmte erste Paragraph des Jugendwohlfahrtsgesetzes gibt jedem deutschen Kind, auch dem minderwertigen, das Recht auf Erziehung um seiner selbst willen und fragt dabei nicht nach dem staatlichen Nutzen. Es bleibt gewiß immer eine eigentümliche Schwierigkeit: daß diese Jugendwohlfahrtsarbeit an den einzelnen sich in Wahrheit vor der Masse sieht, der gegenüber allein Gesetz, Organisation und beamtenmäßige Ordnung durchkommen. Die Folge für den einzelnen Fürsorger ist dann eine gewisse Tragik: eingespannt in das Büro und die Massenarbeit, gelangt er nicht zur Einzelseele und umgekehrt, in dem Frondienst der Einzelarbeit spürt er überall die schwere Abhängigkeit vom Gesetz, von dem Verwaltungsapparat, aber auch von den wirtschaftlichen Verhältnissen z.B. der Möglichkeit oder Unmöglichkeit der Arbeitsbeschaffung. Aber solche Spannung besteht auch für andere pädagogische Berufe, etwa für den Lehrer, der vor sechzig und mehr Kindern steht, wenn sie auch hier besonders deutlich ist, und sie kann nicht aufheben, daß die Hingabe an den einzelnen die wahre Grundlage für die Jugendwohlfahrtsarbeit ist.

Diese Hingabe hat aber ein eigenes Ziel, das sie erst zu einem pädagogischen Verhalten macht, das ist mit einem alten Ausdruck, der jetzt wieder neu zu Ehren kommt, die Humanität, das Menschentum im Menschen. Wie im 17. Jahrhundert nach den unendlichen Kämpfen hinter den Gegensätzen der Konfessionen die *eine* Natur des Menschen erschien, so ringt sich auch heute aus dem Chaos des Hasses der Glaube an eine reinere Menschheit heraus, die jenseits aller dieser Parteien in jedem Sinne ist. Das unheimliche Zeitalter der Wertlosigkeit des Menschen, das die Humanität wie eine Gefühlsdummheit wegwerfen konnte, ist vorbei. „Mensch sein dürfen" ist die tiefste Forderung, die der gequälte Proletarier zuerst wieder erhob, das heißt nichts anderes als die Kräfte in sich zur Entfaltung bringen dürfen, die einem Leben Wert geben, und die einfachen letzten Bezüge erfahren dürfen, in denen der Sinn unsres Lebens sich erfüllt. Und in diesem Menschsein wird nun als wesentlichstes Moment die neue Verbundenheit gesehen, wie sie jene Bewegungen entwickelt haben: die Solidarität mit jedem Arbeitsgenossen, die staatsbürgerliche Gemeinschaft, der innige Zusammenhang der Familie, wie ihn die Mutter repräsentiert, die Freundschaft der Generation, das Verantwortlichsein für jedes wachsende Leben und das letzte Sichenthaltenwissen in einer Einheit des Sinns, die über alles Begreifen ist und alle Gemeinschaften umfaßt.

Die Jugendwohlfahrtsarbeit ist Diakonie im Dienste dieser neuen Humanität, dieses neuen personalen Lebens. Ihre tragende pädagogische Kraft ist die Liebe, die auf das fremde Menschentum gerichtet ist, und ihr stärkstes Mittel ist der Geist solcher weckenden und formenden Gemeinschaften, in denen sich das höhere Menschentum realisiert. Aber hier hängt jetzt alles daran, daß die Reinheit des pädagogischen Verhaltens nicht verletzt wird. Vielleicht bin ich selbst der einen oder anderen Gemeinschaft mehr verbunden. Aber wo ich mich pädagogisch um den andern bemühe, muß er wissen: man will dich nicht werben für eine Partei, für eine Kirche, auch nicht für den Staat, sondern – der Unterschied ist so gering, wie wenn man die Hand umdreht, und ist doch entscheidend – diese Hilfe gilt zunächst und vor allem dir, deinem einsamen Ich, deinem verschütteten, hilferufenden Menschentum.

Die Sozialpädagogik in der Wohlfahrtspflege

(...) Was unterscheidet den Sozialbeamten, den männlichen wie den weiblichen, heute von den anderen Berufen, die helfend neben dem notbefallenen Menschen stehn, von dem Arzt, dem Anwalt, dem Seelsorger und dem Sozialpolitiker? Natürlich nicht nur in den äußeren Aufgaben – die sind ja deutlich gesondert trotz aller möglichen Überschneidungen und Kompetenzkonflikte –, sondern nach dem inneren Sinn seiner Hilfe? Oder ist er nur das subalterne ausführende Organ der andern, der ihre Anordnungen befolgt oder überwacht? Ganz konkret gesprochen: wenn der Fürsorger zu dem Gefangenen oder in die Familie kommt, hat er dann einen eigenen Gesichtspunkt neben dem Verteidiger oder dem Arzt oder dem Sozialpolitiker oder dem Seelsorger? Diesen eigenen Gesichtspunkt scheint mir nun das Wort „Wohlfahrtspflege" genau zu bezeichnen: das Ziel ist nicht das Recht oder die Gesundheit oder die wirtschaftliche Leistung oder das Seelenheil – das sind alles nur Teilmomente –, sonderte eben das „*Wohl*".

Das Wort Wohlfahrt stammt aus dem 18. Jahrhundert, wo der Staat zum erstenmal mit Bewußtsein die Funktion übernahm, für die Wohlfahrt seiner Untertanen zu sorgen. Als die geistige Bewegung des deutschen Idealismus gegen diese polizeiliche Sorge für die allgemeine Glückseligkeit anging, griff sie nicht bloß den Zwangscharakter dieses Wohlfahrtsstaats an, den der Mensch nicht mehr ertrug, sondern vor allem seinen Eudämonismus, dem sie die autonome Pflicht und die objektive Kultur gegenüberstellte. Aber in der Entwicklung dieses Idealismus ging am Ende das Subjekt verloren, in dessen Lebensfreude noch der junge Goethe mit Rousseau den Sinn des ganzen Aufwandes von Sonnen und Planeten gesehen hatte. Die innere Mission auf der einen Seite, die Sozialpolitik auf der andern haben, nicht ohne den Druck des Sozialismus und des Glücksverlangens der Masse, dann wieder die Notwendigkeit der Betreuung des wirtschaftlichen und geistigen Wohls einer Klasse, die sich nicht selbst helfen kann, sichtbar gemacht. Aber die innere Mission hat die Hilfe zu einseitig religiös gesehen und die Sozialpolitik zu einseitig aus dem Gesichtspunkt der öffentlichen Interessen. Bei beiden kam das nach dem Genuß und der Entfaltung seines Lebens strebende Individuum noch zu kurz. Dieser Genuß des Lebens und diese Entfaltung *der* Kräfte, die ein Leben lebenswert machen, ist aber ein absolut berechtigtes Moment im Aufbau der menschlichen Existenz. Solche Befriedigung des Subjekts gehört allerdings in den Sinn des

Lebens, und keine Ethik oder Religion kann auf sie verzichten, oder sie holt das Versäumte durch eine Hintertür irgendwie wieder nach.

Die neue Einstellung der Wohlfahrtspflege ist die Anerkennung dieses Lebensrechtes jedes Individuums, zu seinem Wohlsein zu kommen. Sie tritt nicht bloß mit der Frage irgendwelcher objektiven Werte fordernd an das Individuum heran, sondern sieht sich zunächst dem armen hilflosen Ich gegenüber, das nach seinem Glück strebt, und bejaht die Berechtigung seiner Triebe, zu wohnen und zu essen, zu arbeiten und seine Muße zu haben wie ein Mensch, sein Liebesverlangen wie sein Elternrecht, vor allein auch sein Recht, erzogen zu werden um seiner selbst willen zur Entfaltung seiner Tüchtigkeit. Nur wo der „Klient" des Sozialbeamten diese Grundeinstellung der Fürsorge erfährt, die ihm in seinen berechtigten Motiven helfen und ihn hier verteidigen will, wird er auch zu ihm das Vertrauen haben, das er dem Arzt und dem Anwalt schenkt und ohne das alle seine Arbeit vergeblich ist. Und zu diesen berechtigten Motiven gehört seit jenem Kampf gegen den patriarchalischen Despotismus des Wohlfahrtsstaates vor allem auch die eigene Selbständigkeit der Bestimmung und das heißt für den Sozialbeamten der Respekt vor dem Lebenswillen und Lebensplan des Individuums.

In der Fürsorgearbeit stehen sich nun zur Zeit zwei große Richtungen gegenüber: die eine sieht ihre letzte Aufgabe in der Änderung und Höherbildung der *Umwelt,* die andere in der Änderung und Höherbildung der *Menschheit.* Es ist die Wahrheit jenes aus dem Sozialismus kommenden Umweltsstandpunktes, daß allerdings die Bedingungen eines menschenwürdigen Lebens die Voraussetzungen aller höheren Ansprüche an den Menschen sind, wie es Schiller einmal ausdrückt (den ich hier ganz besonders gern zitiere, weil er gewiß nicht im Verdacht eines fehlenden Idealismus steht), daß der Mensch zwar noch sehr wenig sei, wenn er warm wohne und satt zu essen habe, daß er aber warm wohnen und satt zu essen haben müsse, ehe sich die bessere Natur in ihm regen könne. Diese Einsicht wird dadurch nicht abgeschwächt, daß ein junger Mensch in der Begeisterung seiner Jahre auch frierend und hungernd seinem Streben nachgeht und manche Mutter unter unsäglichen Nöten ihr Opferdasein führt. Grundsätzlich ist die *sachliche* Hilfe hier die primäre, die Mittelsorge nationalökonomisch gesprochen, Unterstützung, Wohnung, ärztliche Hilfe, Arbeitsbeschaffung usw.

Aber dann stellt sich doch sofort heraus – und das ist die Grenze dieser Umweltsfürsorge –, daß sie aus Respekt vor dem Individuum den *Faktor des*

Charakters vergißt, der doch mindestens die eine Hälfte des Schicksals ist, schon weil die Umwelt ja nicht unabhängig vom Charakter ist, sondern zum Teil wenigstens eine Funktion des Subjekts. Und daß weiter dieser Charakter seinen wahren Halt erst bekommt, wo er seine Aufgabe und Bindung in einer *geistigen Umwelt* findet, in Gemeinschaften, die ihn tragen und beglücken, weil sie ihn heben. Und so tritt die Sozialpädagogik als die andere Seite der Wohlfahrtsarbeit hervor, ohne die sie ihr letztes Ziel wie ihre entscheidenden Mittel verfehlte, die *persönliche* Stützung und den Wiederaufbau des Menschen selbst und seiner *geistigen* Umwelt. Wie überall ergibt sich also auch hier, daß die Gegensätze der Theorie nichts anderes sind als einseitige Betonungen der in der Struktur des Lebens enthaltenen Faktoren, die ihre Spannung ausmachen: hier des Individuums und seiner Umwelt. Mit gutem Grunde hatte der Sozialismus in der historischen Lage den Ton auf die Änderung der Umwelt und die sachliche Hilfe gelegt, er war auch insofern im Recht, als, wie wir sahen, diese sachliche Hilfe die praktische Voraussetzung der persönlichen ist. Aber das Ethische bleibt immer das geistige Apriori: der Charakter mit seiner Verantwortlichkeit und die geistigen Gemeinschaften, in denen der Mensch sein wahres inhaltvolles Leben hat, um dessentwillen dieser ganze Apparat des Daseins seinen wüsten Lärm macht. Und darum ist Fürsorge und Wohlfahrtspflege im letzten also doch Sozialpädagogik, und der Wohlfahrtspfleger „führt nicht bloß aus", sondern er muß auch „führen", wie Alice Salomon das in ihrem geistvollen Büchlein von der „Sozialen Diagnose" formuliert hat. ... Wenn ich den Gegensatz der sozialpädagogischen Fürsorge gegenüber der Umweltsfürsorge aber noch einmal von hier aus darstellen darf, so könnte man das vielleicht auch so ausdrücken: die Wohlfahrtspflege hat ihre ganze Bedeutung erst bekommen, als hinter der Einzelnot, die es zu allen Zeiten gegeben hat, eine universale Not erschienen ist, entstanden aus dem Schicksal der „Versachlichung" und der „Vermassung", die dem einzelnen Menschen jeden Wert und jede bindende Verantwortung genommen haben. Es ist die wahre Einsicht der Umweltsfürsorge, daß sie den Lebenswert *jedes* Individuums, auch des armseligsten, in seinem vollen Recht wieder geltend gemacht hat, den „Menschen" retten will gegenüber der Versachlichung. Es ist aber ihre Grenze, daß sie das Schicksal der *Masse* bejahen zu müssen glaubt und darum doch nur zu einem Massenindividualismus kommt, in dem die einzelnen allein durch die Solidarität der Schicksals- und Arbeitsgemeinschaft verbunden sind. Während die tiefere Aufgabe darin liegt, *diese Masse zu per-*

sonalisieren und den einzelnen dadurch zu heben und ihm geistige Inhalte, Kraft und Bindung zu geben, daß er wieder einen Platz in Gemeinschaften findet als deren Glied er sich fühlt, aus denen ihm Aufgaben und Verantwortlichkeiten erwachsen und die ihn beseelen und formen. Es ist im Grunde der alte Gegensatz Pestalozzis gegen Rousseau. Von hier aus angesehen, bleibt das Wort, daß das letzte Ziel der Wohlfahrtspflege die Höherbildung der Menschheit sei und die Fürsorge in der Sozialpädagogik gipfle, in gewissem Sinne doch wahr. Die Wiederaufrichtung des einzelnen ist nicht zu trennen von einem Wiederaufbau und einer Vergeistigung unseres sozialen Daseins überhaupt durch die Mannigfaltigkeit von Gemeinschaftskräften, in denen die höhere Natur des Menschen sich auswirkt: Familie und Nachbarschaft, Jugendgemeinschaft und Arbeitsgemeinschaft, Staatsgemeinschaft und Religionsgemeinschaft und nicht zuletzt die Erfahrung des pädagogischen Bezuges zu einem führenden Menschen, durch den einem die Wirklichkeit jener höheren Natur glaubhaft werden soll.

Quellen:
Nohl, Herman 1965 (1926): Die geistigen Energien der Jugendwohlfahrtsarbeit. In: Aufgaben und Wege der Sozialpädagogik. Vorträge und Aufsätze von Herman Nohl. Weinheim, S. 10-16.
Nohl, Herman 1965 (1926): Sozialpädagogik in der Wohlfahrtspflege. In: Aufgaben und Wege der Sozialpädagogik. Vorträge und Aufsätze von Herman Nohl. Weinheim, S. 17-19.

Alice Salomon

Zur Theorie des Helfens

1. Die Kunst, zu leben

Alle Fürsorge (Pflegschaft) strebt Wiederherstellung der wirtschaftlichen Selbständigkeit, der Gesundheit, der Fähigkeit zu verantwortlicher Lebensführung an. Aber das ist nur ein Teil der Sache. Das Ganze läuft auf ein weiteres Ziel hinaus. Man hat es genannt: „Persönlichkeitsentwicklung" – und zwar ist das Mittel dazu eine bewußte und allseitige Anpassung des Menschen an seine Umwelt – oder auch der Umwelt an die besonderen Bedürfnisse und Kräfte des betreffenden Menschen. Das heißt, daß der Fürsorger in gleichem Maße suchen muß, mit den im Menschen liegenden Schwierigkeiten wie mit den Schäden und Gefährdungen seiner äußeren Lage fertig zu werden.

Die wenigsten Menschen sind sich darüber klar, daß „leben" eine Kunst ist. Menschen werden geboren und wachsen heran. Das ist so selbstverständlich, daß man kaum bedenkt, wie viele Schwierigkeiten dabei zu meistern sind. Wir haben nahe Freunde, leben in ständigem Verkehr mit Nachbarn und Berufsgenossen. Aber wir ahnen kaum etwas von ihren Mühen und Sorgen, mit dem Leben fertig zu werden. Sie tragen eine Maske vor dem Gesicht und niemand kann sehen, was dahinter ist.

Nur in seltenen Augenblicken offenbart ein Mensch dem andern sein wirkliches Selbst. Lafcadio Hearn hat in seinen japanischen Briefen erzählt, daß sein Koch ein gesundes, fröhliches, jugendliches Aussehen hatte. Aber als er ihn eines Tages durch eine Türspalte sah, trug er nicht das gleiche Gesicht. Es war hager und hatte tief eingegrabene Linien, die von langen Sorgen stammen mußten. Als er zu ihm ging, war der Mann sofort verändert – wieder jung und zufrieden. Er trug die fröhliche Maske für den Beruf.

Ein jedes Leben ist von Kämpfen und Ringen erfüllt. Denn die Welt, in die wir geboren werden, paßt nicht wie ein Rock, der nach Maß gemacht, oder wie ein Haus, das nach unseren Wünschen gebaut ist. Diese Welt war lange vor uns und wird Äonen nach uns bestehen. Sie hat die Bedingungen geformt, unter denen der einzelne leben muß. Der Mensch hat sich damit abzufinden.

Das ist *seine Aufgabe.* Er muß sich den unerbittlichen Gesetzen der Natur unterordnen. Er muß sich den Menschen und den Dingen, die ihn umgeben, anpassen: von seinem Charakter, von seiner Klugheit und Tüchtigkeit hängt es ab, ob er damit fertig wird. Tausendfältige Entscheidungen, kleine und wichtige Augenblicke fordern, daß er sich auf Lebensumstände und Umgebung einstellt. Manche Menschen scheitern schon bei unbedeutenden Anlässen, die Willensentschließungen fordern. Die Art, wie Menschen die großen Anpassungen und Umstellungen vornehmen, zeigt erst, was die Kunst zu leben, wirklich erfordert.

Die Notwendigkeit zu wesentlichen Anpassungen kommt beim Eintritt in die Schule, später beim Beginn der Lehre, mit der Zeit der werdenden Reife, bei Übernahme einer Arbeit, bei Abwesenheit von der Heimat, bei Rückkehr in das Elternhaus, beim Eintritt in eine selbständige Lebensstellung, bei der Eheschließung, durch die Geburt von Kindern, Enttäuschungen in der Liebe, in Zeiten, in denen ein Mensch allein bleibt, bei Verwitwung, bei veränderten Einkommensverhältnissen, in Krankheitszeiten. Das Leben ist von tausend solchen Ereignissen erfüllt. Verschiedene Menschen werden ihnen verschieden gegenübertreten. Aber eines ist sicher, nämlich, daß es sich in allen diesen Fällen grundsätzlich um die Aufgabe einer sozialen Anpassung handelt.

Man stelle sich einmal vor, wie außerordentlich schwierig und vielfältig die notwendige Anpassung bei der *Eheschließung* ist. Mann und Frau müssen sich nicht nur aufeinander einstellen, auf neue Pflichten und eine neue Umgebung; sie müssen auch über diese Pflichten und diese Umgebung selbst entscheiden und zwar nicht ein jeder für sich, sondern beide zusammen. Zwei Individualitäten, zwei Einheiten mit Neigungen und Abneigungen, mit Gewohnheiten und Sitten, verschiedenen Geschlechts, zwei Ergebnisse verschiedener Erbmasse und verschiedener Erfahrung, sollen zusammenklingen, um eine neue Einheit, die Familie, zu gestalten. Hier ist eine Anpassung erforderlich, die sich nicht in einem Tage vollziehen läßt, sondern immer von neuem, solange Mann und Frau zusammen sind, errungen werden muß.

Genau so schwierig und so andauernd ist der Vorgang der Anpassung der *Unverheirateten* an das Leben. Für die Frau beginnt es gewöhnlich, wenn sie etwa dreißig Jahre alt ist. Alles, was sie bis dahin erlebt hat, trägt den Charakter der Vorbereitung, des Provisorischen. Sie ist gereift, aber nicht so fest geformt, daß Anpassung an einen anderen Menschen ihr zu schwierig erscheint. Natur und Sitte weisen sie auf die Heirat hin. Aber vielleicht fügt das Schicksal, daß sie dem Mann nicht begegnet, dem sie ihr Leben anvertrauen kann. Während langer Jahre bestimmt die Möglichkeit der Verheiratung ihre Pläne. Eine endgültige und grundsätzliche Entscheidung kann in dieser Frage überhaupt kaum getroffen werden. Sie taucht immer wieder am Horizont der Frau auf oder sie könnte jedenfalls auftauchen. Unterdessen gibt die Frau sich ihrem Beruf nicht mit der gleichen unteilbaren Entschlossenheit hin wie der Mann. Oft bemächtigt sich ihrer ein Gefühl der Ungewißheit über die Zukunft oder des Mißerfolgs, und sie wird im Verkehr mit anderen überempfindlich. Am schwersten aber ist der Mangel eines Ventils für ihr Gemütslebens zu überwinden. Die Seelenstrukturen, die sich bei der Frau, die heiratet, dem Geliebten, dem Gatten, den Kindern erschließen, suchen bei der Unverheirateten irgendeine Ausdrucksform. Um so entscheidender werden für sie die Beziehungen zu Eltern und anderen Angehörigen, ihre Freundschaften, besonders solche mit Frauen. Je älter sie wird, desto seltener wird in der Regel ihr Verkehr mit Männern. Sie braucht deshalb mehr als die verheiratete Frau andere Interessen, um die Gefahr einer Verkapselung der Seele zu verhüten, die sich entweder in einer Abstumpfung gegen die Menschen oder in einem ungesunden Gefühl für eine Frau äußern kann. Es bedeutet etwas, wenn eine Frau durch die Klippen eines unverheirateten Daseins ohne Schädigung hindurchsteuert, sich das Glück würdiger und herzlicher Freundschaften erwirbt, in ihrem Temperament und ihrer ganzen Haltung wohlwollend und harmonisch bleibt. Aber es gibt zahlreiche Frauen, die sich tatsächlich so erfolgreich ihren Lebensumständen anpassen, und die sich dabei zu reicheren Persönlichkeiten mit einer ungewöhnlichen Fähigkeit des Verstehens entwickeln.

Ähnliche Aufgaben der Anpassung bringt fast jede Lebensstellung, für Mann und Frau. Die Verwitwung, die einem glücklichen Gemeinschaftsleben folgt, fordert die Anpassung an eine große Einsamkeit, im geistig-seelischen wie im physischen Sinne. Alle Interessen, alle Verantwortungen waren bis dahin geteilt. Die Gewohnheit innigsten Zusammenhangs mit den Anderen hat sich eingewurzelt. Plötzlich ist das alles anders. Es gibt Menschen, die den leeren Platz durch Pflege voll Erinnerungen zu füllen versuchen, die aus dem verlorenen Gatten ein Idol machen; die sich als Märtyrer bemitleiden und von jeder gesunden Tätigkeit zurückziehen. Andere stürzen sich in die Arbeit, um zu vergessen. Für die Frau kann das Vorhandensein von Kindern die Lage erleichtern wie verwickeln. Sie bieten ein Feld für die Betätigung der brach gelegten Gefühlskräfte – aber gleichzeitig liegt darin die Gefahr einer zu starken gemütlichen Bindung der Kinder. Manchmal werden Mütter geradezu parasitisch durch ihre Liebe und erschweren den Kindern jeden Versuch selbständiger Entwicklung. Immer aber bleibt die Erziehung von Kindern, die Vater oder Mutter verloren haben, eine äußerst schwierige Aufgabe. Wo früher die Kinder aus den Erfahrungen und Sorgen beider Eltern Nutzen zogen, ist nun eine Lücke entstanden, die der überlebende Elternteil nicht durch Verdoppelung seiner Zeit und Kraft füllen kann. Durch neue Beziehungen und Freundschaften könnten die Kinder mancherlei Ersatz für die verlorenen Einflüsse finden. Aber im allgemeinen pflegen verwitwete Frauen – nicht so sehr die Männer – davor eher zurückschrecken, als daß sie sie suchen.

Eine schwierige Forderung an die Fähigkeit der Anpassung stellt auch jeder *Krankheitsfall.* Der Kranke muß sich seiner Krankheit anpassen. Seine Familie und Freunde sollten sich auf seinen Zustand einstellen. Beides sind Fragen der Willenskraft und des Charakters – keine äußeren Angelegenheiten. In manchen Fällen ist das Mitleid von Freunden und ihre Verzärtelung schwerer zu überwinden als die Keime der Krankheit. Unter Umständen beeinflußt eine Krankheit das ganze Wesen des Menschen so stark, daß er sich vollkommen verändert. Er braucht dann alle Erfahrung, alles Verstehen, alles Einfühlen, alle Hilfe seiner Freunde in besonderem Maße, wenn sie nicht auseinanderkommen sollen. Jede Krankheit bringt neue und unvorhergesehene Probleme mit sich. Es gibt wenig Ereignisse, die die Haltung eines Menschen und seiner Freunde so auf die Probe stellen.

Der *Beruf* eines Menschen ist eines der wichtigsten Gebiete der Anpassung, weil er der hauptsächlichste Faktor zur Entwicklung der Persönlichkeitswerte ist. Wohl dem Menschen, der eine Arbeit findet, bei der alle seine Gaben freien Spielraum zur Entfaltung finden. Entwicklung der Persönlichkeit hängt nicht nur von körperlichem und geistigen Tun ab – auch von dem Zusammenwirken mit anderen, mit Arbeitsgenossen, die für die meisten Menschen neben der Familie die stärkste soziale Bindung einschließen.

Fast niemals hat ein Mensch nur in *einer* Lebensbeziehung eine Anpassung vorzunehmen. Jeder Tag bringt neue Notwendigkeiten dafür, nach vielen Richtungen und zur gleichen Zeit, und fast immer ist nicht nur der Einzelne davon betroffen. Seine Anpassung an eine Lage ist mit der Anpassung von anderen eng verknüpft.

Überall, rings um uns ringt ein jeder damit, schweigend und vielleicht mit der frohen Maske vor dem Antlitz. Ein Ereignis folgt dem anderen. Wir begegnen Menschen und erleben Geschehnisse. Mit allem müssen wir uns auseinandersetzen, und von unserem Verhalten hängt der Inhalt unseres Lebens ab. Wenn wir dabei Erfolg haben, nennen andere Menschen uns „glücklich". Gelingt es uns nicht, so geraten wir in Sorgen und Nöte. Denn dieser Vorgang der Anpassung ist das Leben, und wer ihn meistert, beherrscht die Kunst des Lebens. Niemand, der den Einsatz bedenkt, wird leugnen, daß „leben" die Höchste aller Künste ist.

II. Die Kunst, zu helfen

Leben ist die höchste Kunst, aber auch die schwierigste. Es ist voller Krisen. Es bringt plötzliche Verlegenheiten, und es führt andere so allmählich herbei, daß man die Notwendigkeit, sich darauf einzustellen kaum gewahr wird. Es häuft zu manchen Zeiten für einzelne Schwierigkeit auf Schwierigkeit, so wie das Sprichwort sagt, daß ein Unglück niemals allein kommt.

Aber das Leben kann gemeistert werden. Immer hat es Menschen gegeben, die damit fertig wurden. Im Grunde ihres Wesens haben fast alle Menschen die Fähigkeit, sich irgendwie abzufinden.

Das Wesen, der Charakter eines Menschen ist in jedem Augenblick seines Lebens das Ergebnis seiner Anlage und seiner Erfahrungen. Deshalb ist er – glücklicherweise – nicht unveränderlich, sondern er lebt, wächst, ist beeinflußbar; fähig, starke Eindrücke von außen zu empfangen, neue Gewohnheiten zu formen, Gutes oder Schlechtes anzunehmen. Wenn ein Mensch versagt, während seine Nachbarn sich durchsetzen, wenn er angesichts der gleichen äußeren Bedingungen und in derselben Krise in Not gerät, die andere vermeiden, so liegt das keineswegs immer an seinen mangelnden Fähigkeiten. Manchmal ist er nur verhindert, die Kräfte zu nutzen, die ihm gegeben sind. Er ist gehemmt, gedrückt, belastet. Er ist unfrei. Er ist durch Gewohnheiten, Erregungen, Ängste, Vorurteile, Aberglauben gefesselt. Oder die Menschen, mit denen er in der Arbeit oder selbst in Freundschaft verbunden ist, versperren ihm den Weg. Gewöhnlich wirken äußere und innere Hemmungen zusammen, falls die Energie lahmgelegt, die Willenskräfte unterbunden sind.

Einem solchen Menschen kann man nur helfen, indem man ihn von den Einflüssen einer ungeeigneten Umgebung und von seinen Hemmungen frei macht. Aber auch das ist nur möglich unter der Voraussetzung, daß der Betreffende die Hilfe wünscht. Niemand kann für einen anderen leben oder sterben. Niemand kann auch für einen anderen Menschen die Anpassung an die Lebensumstände vornehmen, oder eine einzige Gewohnheit des anderen ändern.

Niemand kann einen andern dadurch stark machen, daß er für diesen andern arbeitet, Niemand kann ihn dadurch zum Denken veranlassen, daß er für den anderen denkt. Das Glück, das ein Mensch sich erwirbt, hängt im wesentlichen von ihm selbst ab. Alle Möglichkeiten, die sich uns bieten, alle Ratschläge, die wir erhalten, nutzen uns nichts, sofern wir sie nicht nutzen *wollen*.

Diese Wahrheit lernt man nicht leicht. Denn der Instinkt der Hilfsbereitschaft ist so stark, daß man versucht ist, in Fällen einzugreifen, in denen Hilfe gar nicht angebracht ist; in denen ein Mensch durchaus nicht bereit ist, sich anders einzustellen oder zu ändern. Man kann der Aufgabe des Helfens nur dann in der rechten Weise nahe kommen, wenn man durch eine Bitte, eine Aufforderung, dazu veranlaßt wird – mag diese auch nur in einer beiläufigen Bemerkung, einem Blick, einer Geste bestehen. Oft bezieht sich die Bitte nur auf Hilfe bei irgendeinem Mißstand, der nichts als ein Symptom des tatsächlichen Übels ist. Aber im-merhin ist dann wenigstens ein Anlaß vorhanden, ein Beweis von Unzufriedenheit, von einem Verlangen nach einem besseren Leben.

Oft wird das, was von außen gesehen als Notstand erscheint, auch gar nicht als Notstand empfunden werden. Vielleicht ist es nichts als eine Art, das Leben anders anzufassen, als wir es tun. Ein Mensch mag bestimmte Dinge, die uns unerträglich scheinen, hinnehmen, weil ihm anderes wichtiger ist.

Nur dann ist ein Eingreifen ohne oder gegen den Willen eines Menschen berechtigt, wenn er bewiesen hat, daß er unfähig ist, allgemein als wesentlich anerkannte Aufgaben zu erfüllen; wenn er seine Kinder vernachlässigt oder gefährdet, wenn er Leben und Gesundheit anderer bedroht.

Abgesehen von solchen Fällen ist jeder Versuch zu helfen, der nicht auf eine Bereitschaft des Hilfsbedürftigen stößt, zum Scheitern verurteilt. Das kann unter Umständen bedeuten, daß man die Not eines anderen beständig wachsen sieht, obwohl man meint, ihm beistehen zu können. Aber manchmal muß ein Zustand schlimmer werden, ehe er wieder besser werden kann. Es gibt Menschen, die erst ganz in die Tiefe steigen müssen, bevor das Bewußtsein ihrer Not den Willen in ihnen lebendig macht, eine Lösung ihrer Schwierigkeiten herbeizuführen.

Jedenfalls bleibt immer die Hoffnung bestehen, daß der andere sich mit eigenen Kräften aus seiner schwierigen Lage befreit, und das ist unendlich viel besser als jede Hilfe von außen. Man kann für ein Tier die Vorsehung spielen – aber niemals für einen Menschen. Ein Mensch wird verstümmelt, wenn er nicht für sich selbst zu sorgen und einzustehen hat. Wesentliche Kräfte gehen ihm dadurch verloren. Was ein Mensch für sich selbst erarbeitet, erreicht und tut, hat ganz andere Wirkungen für sein Wohlergehen als alles, was für ihn getan werden kann.

Das Gefühl des Vollbringens und der Kraft, das entsteht, wenn man selbst Herr über eine Schwierigkeit wird, ist ein zu kostbares Gut, als daß man es irgendeinem Menschen vorenthalten dürfte. Das Tier handelt nach dem Instinkt, aus Gewohnheit; der Mensch nach seinem Verstand, mit Zwecken und Absichten. Unter Umständen wird Unglück, Krankheit, Not ihn so niederdrücken, daß er diese Fähigkeit verliert. Aber in solchem Falle soll man seine Anlagen und seine Möglichkeiten nicht nach diesem Zustand beurteilen und einschätzen. Man erhält sonst ein schiefes Bild – wie wenn man über das Gedeihen einer Pflanze urteilt, die im Dunkeln lebt. Das Ziel eines jeden, der für andere Menschen fühlt, sollte sein, ihre Entwicklung zu fördern, ihre Kraft zu mehren, ihren Charakter zu stärken – und dieses Ziel kann am besten erreicht werden, wenn ein Mensch seine Schwierigkeiten selber löst.

Es gibt keine endgültige, keine dauernde Hilfe, weil das Leben – wie Ebbe und Flut – immer neues Anpassen, neue Einstellungen fordert, weil es immer neue Beziehungen, neue Lagen und Verhältnisse schafft, durch die der Mensch sich immer wieder verändert und formt und damit immer neue Möglichkeiten für Glück und Unglück in sich trägt.

Wachstum ist ein Ergebnis von Jahren, nicht von Tagen. Schnelle Veränderungen, plötzliche Heilungen sind selten. Wir können nicht ein Wesen, das dreißig oder vierzig Jahre gebraucht hat, um zu werden, was es ist, in wenigen Tagen ändern, sein Wesen umgestalten. Es bleibt „geprägte Form" – aber es kann sich, so lange es lebt, entwickeln. Anpassung bleibt eine Angelegenheit des ganzen Lebens.

Allerdings gibt es Lagen, in denen eine erfolgreiche soziale Anpassung nicht möglich ist. Es gibt Wildnisse der menschlichen Seele, in denen mit den Mitteln der heutigen Erkenntnis keine Ordnung zu schaffen ist. Das trifft nicht nur für Schwachsinnige und Geisteskranke zu, sondern auch für zahlreiche Grenzfälle zwischen dem Normalen und dem Abnormen. Es sind unglückliche Menschen, die immer nur kurze Zeit bei einer Sache bleiben und die von jeder Schicksalswelle zu Boden geschleudert werden. Für sie ist jede Anpassung, die über kürzeste Zeiträume hinausgeht, äußerst schwierig.

Die Wissenschaft besitzt heute noch keine ausreichenden Kenntnisse, um diesem Typus von Menschen die Hilfe zu bringen, deren sie bedürfen. So wie vor der Entdeckung des Diphterieserums und anderer Antitoxine Tausende von Menschen starben, deren Leben hätte erhalten werden können, so sind wir auch durch unsere mangelnde Einsicht heut noch unfähig, vielen Menschen zu der sozialen Anpassung zu verhelfen, die in Zukunft vielleicht durch die Entdeckung neuer Methoden der Menschen- und Seelenbehandlung erleichtert werden kann.

Manche Menschen sind durch ihre Konstitution oder durch äußere Lebensverhältnisse so gefährdet, daß alle Hilfe, die sie umgibt, nicht ausreicht, um ihnen ein Leben zu ermöglichen, das nach den Maßstäben von Menschen in glücklicheren Umständen als erträglich angesehen werden kann.

Viele Unzulänglichkeiten richten sich auch vor jeder Hilfstätigkeit durch den Mangel an geeigneten sozialen Anstalten und Einrichtungen auf. Das alles führt dazu, daß häufig der Versuch, einem Menschen aus seiner Notlage heraus zu helfen, mißglücken muß.

Trotzdem sind die Veränderungen, die sich in Menschen und an Menschen vollziehen, weit größer, als uns im allgemeinen bewußt wird. Wir erwarten dramatische Umgestaltungen, Bekehrungen, und übersehen dabei den langsamen aber sicheren Vorgang der Entwicklung. Wenn man die Lasten bedenkt, die auf der großen Masse der Menschheit ruhen; wenn man sich die Atemnähe vorstellt, in die ihre Wohnungen sie zusammenballen; die Unwissenheit, die schlechte Nahrung, den Mangel an Erholung, all die Jahre, die sie in trauriger Umgebung verbringen: dann wird auch die Leistung, die der Ärmste und Schwächste durch seine Anpassung vollbringt, bewundernswert. So wie die Welt heut beschaffen ist, können die meisten Menschen in materieller Beziehung bestenfalls zu einer Versorgung ihrer Familie an der Grenze des Lebensnotwendigen gelangen. Nur die wenigen, die unter glücklichen Umständen geboren werden oder besondere Gaben und Kräfte mitbekommen haben, können über die Kulturgüter verfügen, die das Leben mit Schönheit und tausendfältigen Interessen erfüllen. Und trotz alledem gibt es zufriedene und glückliche Menschen – Menschen, die sich Zufriedenheit und Glück mit den geringsten und dürftigsten Mitteln erobern.

Jeder, der einmal die Anpassung eines Tuberkulösen an seinen Krankheitszustand beobachtet, muß darüber staunen, welcher Umstellung ein durchschnittlicher Mensch fähig ist. Die immerwährende Aufmerksamkeit auf seine Lebensweise, durch die er sich behaupten kann; die feste Entschlossenheit, die Selbstbeherrschung und die Ausdauer, die ein an hundert Vorschriften gebundenes Leben erfordert; der Verzicht auf die Freuden und Erholungen der Gesunden; die Einschränkungen der Arbeit: wenn man das alles beobachtet und kranke Menschen findet, die trotzdem ihr Schicksal ohne Klagen auf sich nehmen, dann begreift man, daß die Menschen sich fast mit allen Lebensumständen abfinden, sich an jede Lage anpassen können.

Je mehr man mit Menschen zu tun hat, die sich in Not befinden, desto größer wird das Vertrauen zur Menschheit und die Achtung vor dem Menschen. Wenn man sieht, welche Anstrengungen sie machen, um ihre Schwierigkeiten zu überwinden, so vertieft sich der Glaube an ihre Fähigkeit, sich selbst zu helfen. Setzt einen Menschen in die Lage, ganz er selbst zu sein – und sein Erfolg ist so gut wie sicher. Helft ihm – sofern er es wünscht – sich in seiner Umgebung zurechtzufinden. Regt seine Willenskraft an, wenn er das braucht – oder zeigt ihm den Weg, auf dem er zu Festigkeit und Gleichmaß gelangen kann. Ermutigt ihn, seine Pläne selbst zu machen, für sich selbst zu denken – und bei all dem versucht, ihn so zu sehen, wie er ist, und ihn zu verstehen und zu würdigen.

Das sind die Gesichtspunkte, mit denen der Sozialarbeiter an die Schwierigkeiten und Nöte der Menschen herangehen soll, die um Hilfe zu ihm kommen. Das sind auch die Gesichtspunkte, die jeder sich zu eigen machen sollte, der auf andere zu wirken hat: Eltern und Lehrer, Arzt und Geistliche, Arbeitgeber und Freund. Sie sind in den Begebenheiten des täglichen Lebens genau so anwendbar wie in den schwierigsten und sorgenvollsten Lebenslagen. Sie sind Einsichten, die ein jeder schließlich für sich selbst anwenden kann, wenn er die Aufgabe einer Neu-Einstellung zu Menschen und Dingen zu lösen hat.

Wer danach strebt, seine Nächsten und ihre Probleme zu verstehen, dem offenbart das Leben immer mehr von seinem Reichtum, von seinen Wundern. Aus den Schwierigkeiten des Lebens, aus unseren eigenen Nöten und Schwächen erwächst ein neues Verstehen des Lebens, all dessen, was das Wort Leben umschließen und bedeuten kann; ein neues Verstehen der Rechte und Möglichkeiten, die unser sind.

III. Die Funktion des Helfens

Alle Fürsorge besteht darin, daß man entweder einem Menschen hilft, sich in der gegebenen Umwelt einzuordnen, zu behaupten, zurecht zu finden – oder daß man seine Umwelt so umgestaltet, verändert, beeinflußt, daß er sich darin bewährt, seine Kräfte entfalten kann, Persönlichkeitsentwicklung durch bewußte Anpassung des Menschen an seine Umwelt – oder der Umwelt an die besonderen Bedürfnisse und Kräfte des betreffenden Menschen.

In gewisser Weise entsprechen diesen beiden verschiedenartigen Zielen auch zweierlei Behandlungsweisen, zwei verschiedene Arten des Vorgehens bei der Fürsorge. Die Maßnahmen, die der Fürsorger trifft, um einen Hilfsplan auszuführen, sind entweder sachlicher Natur oder persönlicher Natur. Man kann vielleicht noch richtiger sagen, es handelt sich für ihn um „ausführen" und „führen".

Was mit dieser Unterscheidung gemeint ist, kann man feststellen, wenn man aus einigen beliebigen Akten von Pflegschaftsfällen die Vorschläge und Maßnahmen die dabei im Laufe der Behandlung vermerkt wurden, beachtet. Für die erste Gruppe von Maßnahmen sind zum Beispiel anzuführen:

Die Frau muß eine regelmäßige Unterstützung bekommen.

Der Familie muß eine gesündere Wohnung beschafft werden.

Die Kinder sollen in eine Ferienkolonie geschickt werden.

Der älteste Junge muß in eine andere Lehre gebracht werden.

Die Kinder brauchen ärztliche Behandlung.

Unter die zweite Gruppe ist einzureihen:

Die Frau muß veranlaßt werden, die Kinder zweckmäßiger zu ernähren.

Die Eltern müssen den Jungen besser überwachen und strenger behandeln.

Die Familie muß angehalten werden, die ärztlichen Verordnungen zu befolgen.

Die älteste Tochter sollte veranlaßt werden, in Stellung zu gehen.

Die Frau sollte Verkehr mit anderen Frauen finden, um nicht so viel allein zu sein.

Das Kind sollte passende Spielkameraden haben.

Man muß der Mutter klar machen, daß der Junge in Gefahr ist, zu verwahrlosen.

Das Vertrauen des Mädchens muß gewonnen werden.

Schon die Aufzählung solcher Vorschläge bringt zum Ausdruck, daß die beiden Gruppen von Aufgaben auf ganz verschiedene Weise durchgeführt werden müssen. In der einen Gruppe handelt es sich um Dinge, die der Fürsorger mit mehr oder weniger Mühe tun und veranlassen oder herbeiführen kann. Es sind sachliche Aufgaben, oder jedenfalls unpersönliche, deren Erledigung von dem Vorhandensein äußerer Einrichtungen und Hilfsmöglichkeiten abhängt. Diese hat der Fürsorger aufzufinden. Dann har er die nötigen Schritte zu tun oder zu veranlassen. Es sind Aufgaben, die *er* in Angriff nimmt und ausführt.

Die in der zweiten Gruppe genannten Aufgaben hängen in ihrer Lösung nicht von äußeren Einrichtungen und nicht von der Initiative und dem Tun des Fürsorgers allein ab – sondern von dem Willen und den Kräften des Klienten, seiner Angehörigen; von ihrer Bereitschaft, einen Rat anzunehmen, einen Plan auszuführen. Das wird wiederum durch den Charakter dieser Personen bestimmt. Mangelnde Intelligenz, Eigensinn, Indolenz können jeden Hilfsplan zunichte machen.

Die Aufgabe des Fürsorgers besteht deshalb darin, die Haltung des Klienten zu beeinflussen, auf einen Menschen einzuwirken – und das ist im Grunde genommen eine *Führeraufgabe*. Ihr Erfolg hängt von dem Einfluß ab, den die Persönlichkeit des Wohlfahrtspflegers ausübt. Dies ist das wesentliche Hilfsmittel.

Es ist im allgemeinen viel leichter, bei der ersten Gruppe von Aufgaben Erfolge zu erzielen. Die Tatsache, daß wirksame Hilfe nur in seltenen Fällen allein durch Unterstützungen herbeigeführt werden kann, ist längst von allen Trägern sozialer Arbeit anerkannt. Die Arbeitsbeschaffung, die gesundheitliche Hilfe, die Zwangsmaßnahmen gegen Unterhaltspflichtige, die Unterbringung aufsichtsloser Kinder und viele andere sachliche Maßnahmen sind selbstverständliche Bestandteile jeder Fürsorge geworden. Die Zahl und Art der Einrichtungen und Gesetze, die in dieser Weise herangezogen werden können, wächst beständig, und es ist trotz aller Armut unseres Volkes heut möglich, mit diesen Mitteln eine weit durchgreifendere Hilfe für soziale Schwierigkeiten zu bringen als vor zwanzig oder dreißig Jahren. Die wesentliche Aufgabe der Fürsorger in dieser Beziehung bleibt, sich geistig beweglich zu halten; sich nicht mit einem Schema von Hilfseinrichtungen, die er immer benutzt, zu begnügen; sondern alle neu aufkommenden Möglichkeiten zu beachten, für alle individuellen Bedürfnisse und Lagen auch besondere Einrichtungen und Mittel der Hilfe aufzufinden.

Bei der zweiten Gruppe von Aufgaben stehen wir noch am Anfang der Erarbeitung der Methoden. Die Psychologie als ein Mittel, Menschen sehen und verstehen zu lernen, beginnt erst, sich in der Fürsorge ihren Platz zu erobern. Gewiß hat man auch schon früher die Bedeutung der Ermutigung, der Hoffnung, der Antriebe anerkannt, die von der Person des Armenpflegers in gedrückte Existenzen hineingetragen werden können. Aber erst langsam gewinnt die Erkenntnis an Boden, daß es sich in einer großen Zahl von Fällen, mit denen der Wohlfahrtspfleger zu tun hat, darum handelt, die Haltung eines Menschen, seine Einstellung zu ändern. Damit erst entsteht die methodische Frage, wie man dabei zu Werke geht; was man zu tun hat, um einen Menschen zu einer Änderung seines Verhaltens zu veranlassen. Wie gewinnt man das Vertrauen eines Klienten? Wie lehrt man ihn, eine Lage oder Schwierigkeit oder sein eigenes Tun in einem anderen Lichte zu sehen? Wie weckt man den Willen, eine Lebensweise zu ändern, sich abzufinden, sich einzuordnen? Oder um an die oben angeführten Fälle anzuknüpfen: Wie überzeugt man eine Frau, daß ihre Nahrungssitten und ihre Wirtschaftsführung ungeeignet sind, und wie gewinnt man sie für eine gewissenhafte und zeitraubende Erfüllung ihrer Pflichten? Wie veranlaßt man Eltern zu einer anderen Erziehungsweise, zu größerer Strenge, oder zu einsichtiger und geduldiger Nachsicht? Wie kann man die Befolgung ärztlicher Vorschriften durchsetzen – oder eine zweckmäßige Berufswahl herbeiführen? Wie gewinnt man eine Frau dazu, sich anderen anzuschließen – oder ein Kind, sich mit anderen zu vertragen?

Es kann keine allgemeine Anweisung für die Einwirkung auf Menschen und ihre Lebensverhältnisse geben. Denn jeder Mensch ist eine Einheit, ist einzigartig, wie ähnlich er auch anderen sein mag. Deshalb kann man sich nur an den allgemeinen Grundsatz halten: „Behandle ungleiche Wesen ungleich".

Aber darüber hinaus müssen gewisse Richtlinien gesucht werden. Allerdings wird dagegen oft eingewendet, die Fähigkeit, auf andere Menschen einzuwirken, alle guten Kräfte in ihnen zu lösen, diese Fähigkeit zu leiten und zu führen, ist nicht zu erwerben und nicht zu lehren: man muß damit geboren werden. Man hat sie oder hat sie nicht.

Das ist in einem gewissen Maße richtig. Aber es läßt außer Acht, daß manche Sozialarbeiter (wie auch Lehrer, Geistliche, Ärzte) durch die Ausübung ihres Berufs viel für die Gestaltung menschlicher Beziehungen, für die Beeinflussung anderer Menschen gelernt haben. Sie haben im Alter von dreißig Jahren größere Fähigkeiten dafür als mit fünfundzwanzig; mit vierzig mehr als mit dreißig – und ihre Gaben bilden sich bis an ihr Lebensende immer weiter aus. Sie lernen durch ihre Erfahrungen und durch Beobachtung anderer, die es besser machen.

Diese Erfahrungen können aber auch weiter gegeben werden. Wenn daraus auch nicht Fähigkeiten und Eigenschaften hervorgehen, die nicht angeboren sind, so können doch Einsichten geweckt, Gepflogenheiten ausgebildet, vorhandene Gaben gefördert werden. Heut wird von Sozialarbeitern –aber auch von Ärzten, Lehrern – allzu oft trotz bester beruflicher Vorbildung und Ausstattung fast nichts erreicht, weil sie in der Behandlung, der Beeinflussung von Menschen vollkommen versagen; weil ihnen nicht einmal die Bedeutung dieses Faktors klar geworden ist. Manche Sozialbeamte machen vorzügliche Ermittlungen, ausgezeichnete Hilfspläne – aber der ganze Plan scheitert, weil sie nicht imstande sind, einen Menschen zu beeinflussen, weil sie sich in diese Aufgabe nie vertieft haben.

Was dabei gelernt werden kann, soll an einem Beispiel erläutert werden. Frau X., eine Witwe von etwa dreißig Jahren, suchte eine Vereinigung für Kinderschutz auf und bat, einen kleinen Jungen von fünf Jahren, den sie vor drei Jahren an Kindesstatt zu sich genommen hatte, anderwärts unterzubringen. Sie sei lungenkrank und der Arzt sehe ihren Fall sehr ernst an. Sie möchte deshalb das Kind, das sie sehr liebt, gut unterbringen, solange sie noch imstande ist, sich in der Sache zu bemühen. Aus der ersten Eintragung in die Akten ist noch zu ersehen, daß Herr X. an Tuberkulose gestorben ist. Ferner, daß die Sozialbeamtin den Eindruck gewann, daß die Frau mit großer Liebe an dem Kind hängt, und daß sie sich anscheinend für eine endgültige Trennung von Mutter und Pflegekind nicht einsetzen möchte, ehe sie festgestellt hat, daß es in der Tat unerlässig ist. Sie will das jedenfalls von einer ärztlichen Auskunft abhängig machen. Der nächste Vermerk in den Akten lautet: „Ich besuchte Frau X. und schlug ihr vor, Karl vorübergehend bei Herrn B. unterzubringen, der einen Knaben dieses Alters für einige Zeit zu sich nehmen wollte. Frau X. war unzugänglich. Sie meinte, vorläufig könnte ihre Mutter sich um Karl kümmern, und sie möchte keine vorübergehende Unterbringung, damit das Kind sich nicht immer von neuem eingewöhnen muß. Frau X. hat versprochen, sich in der Fürsorgestelle untersuchen zu lassen." Das Durchlesen dieser Akten, besonders des letzten Satzes, läßt die Frage auftauchen, ob die Fürsorgerin diesen notwendigen Schritt, die ärztliche Feststellung, erst bei der zweiten Unterredung angeregt hat und welches ihre Gründe dafür sind. Wenn man den Gedanken nachgehen könnte, die sie bei ihrem Vorgehen bestimmten, würde man wahrscheinlich einen Aufschluß über die Mittel finden, mit denen ein Einfluß gewonnen werden kann. Die Akten enthielten zu skizzenhafte Mitteilungen, um ein Bild davon zu geben. Aber auf die Bitte, ihr Vorgehen ausführlich darzustellen, hat die Fürsorgerin weitere Angaben gemacht, denen folgendes zu entnehmen ist: „Frau X. machte sofort den

Eindruck einer Frau des Mittelstandes, die imstande und gewöhnt ist, für sich selbst Entscheidungen zu treffen. Sie erzählte von ihres Mannes Krankheit, und daß der Arzt in der Stadt, in der sie damals lebte, sie ebenfalls für sehr krank angesehen habe. Sie hatte Vertrauen zu dem Arzt. Sie war überzeugt, daß sie nicht mehr lange leben würde. Sie hatte sich damit abgefunden, den Jungen fortzugeben, weil sie hoffte, ihm durch ihre Bemühungen eine gute Unterbringung sichern zu können."

Die Fürsorgerin schreibt weiter: „Ich fühlte, daß Vorschläge über eine ärztliche Behandlung oder auch irgendwelche Hilfspläne anderer Art zunächst für Frau X. nicht annehmbar waren. Frau X. war höflich, aber zeigte ganz deutlich, daß sie sich nicht an den Verein gewendet habe, um Rat oder Vorschläge für ihr Vorgehen zu erhalten. Sie hatte das mit sich so abgemacht und bat ausschließlich, eine Adoption des Kindes zu veranlassen.

Die Fürsorgerin ging zuerst deshalb nur darauf ein, wie sie in dieser Sache behilflich sein könne.

„Ich war sehr besorgt über Frau X.'s Gesundheit und bemühte mich, eine freundschaftliche Grundlage zu schaffen, um dann mit ihr über diesen Punkt sprechen zu können. Sie gab an, daß Karl gesund sei. Es war nicht ratsam, sofort zu verlangen, daß sie das Kind untersuchen läßt, ehe wir ihr Vorschläge für seine Unterbringung machen konnten."

Nach einigen Tagen teilt sie Frau X. die Möglichkeit vorübergehender Unterbringung des Kindes mit. Bei der ausführlichen Unterhaltung erfolgt der Vorschlag, Frau X. soll sich von dem Spezialisten der Lungenfürsorgestelle untersuchen lassen. Frau X. hat Bedenken. Sie ist überzeugt, daß ihre Krankheit zu weit vorgeschritten ist. Erst eine Erzählung von einem Fall vollkommener Heilung in einem Mittelstandssanatoriurn, über den die Fürsorgerin berichtete, gewinnt das Interesse von Frau X. Augenscheinlich war es ihr peinlich, ihren Verwandten zur Last zu fallen, und obwohl sie nicht an die Möglichkeit der Wiederherstellung glaubte, war ihr der Gedanke, gut versorgt zu werden, sympathisch. Sie versprach, es sich zu überlegen.

Der Fortgang der Sache gestaltete sich dann folgendermaßen: Frau X. ließ sich untersuchen. Der Arzt sagte ihr, daß eine weitgehende Besserung oder Genesung durchaus möglich sei. Nach einigen Verhandlungen mit der Fürsorgerin entschloß Frau X. sich, in eine Heilstätte zu gehen, obwohl ihre Hoffnungen noch so gering waren, daß sie die anderweitige Adoption des Knaben weiter betreiben wollte.

An dieser Stelle enthalten die Akten nur folgende Eintragung: „Frau X. teilte mir die Ansicht des Arztes mit. Sie ist sehr glücklich darüber und will in die Heilstätte gehen, sobald sie aufgenommen werden kann. Ich bat sie, in das Büro zu kommen, um mit mir über die Unterbringung von Karl zu beraten."

Die nächste Eintragung lautet: „Ich habe Frau X. bewogen, Karl nicht herzugeben."

Auch hier wieder war eine Ergänzung der Motive und des ganzen Vorgehens der Fürsorgerin nötig. Sie schreibt in Beantwortung einer Anfrage:

„Jetzt hatte ich eine Grundlage, um Frau X. andere Pläne für die Zukunft des Kindes nahe zu bringen. Frau X. hatte sich während ihrer Krankheit so in den Gedanken verbissen, daß das Kind bessere Erziehungsmöglichkeiten haben sollte, als sie ihm bieten kann, daß selbst die Hoffnung auf Wiederherstellung sie darin nicht erschütterte. Ich war überzeugt, daß die selbstlose Liebe, die Frau X. und deren Mutter dem Kinde entgegenbrachten, für die Erziehung des Kindes wertvoller als bessere äußere Lebensumstände sein würden. Ich versuchte Frau X. langsam davon zu überzeugen, daß äußere Einschränkungen in der Jugend nichts ausmachen, sofern ein Kind die Liebe und Fürsorge seiner Mutter spürt, und schließlich war Frau X. glücklich in dem Gedanken, daß sie ein Recht habe, das Kind zu behalten, und es wurde für sie eine Triebkraft, um die Wiederherstellung ihrer Gesundheit zu kämpfen."

Betrachtet man diese Darstellung unter dem Gesichtspunkt, welche Methode die Fürsorgerin angewendet hat, und was daraus für andere zu lernen ist, so wird ganz deutlich, daß sie besondere Fähigkeiten für die Beeinflussung, für die Führerschaftsaufgaben an den Tag legte. Dafür sprechen folgende Dinge:

1. Sie begriff sofort, daß die Aufgabe sich nicht darauf beschränken durfte, dem Kind ein neues Heim zu suchen. Vielmehr sah sie die Notwendigkeit, Frau X. guten ärztlichen Rat zu beschaffen.

2. Aber sie ging zuerst auf die Wünsche der Klientin ein und wartete den geeigneten Augenblick ab, ehe sie an diese Aufgabe heranging,

3. Die Fürsorgerin gab Frau X. das Gefühl, daß ihre Pläne und Entschlüsse, ihre Person und ihr Urteil respektiert würden.

4. Bei einer späteren Unterredung, bei der sie Frau X. dazu bestimmte, den Knaben nicht fortzugeben, überzeugte sie die Frau mit Gründen, die keineswegs neu oder eigenartig waren. Sie wirkten aber wie die Meinung eines Sachverständigen, einer Autorität – und zwar wahrscheinlich, weil

diese Gründe erst vorgebracht wurden, nachdem sie sich das Vertrauen der Frau erworben hatte.

Die Bedeutung dieser Zergliederung läßt sich kurz zusammenfassen. Ihr Wert für die Einsicht in die Eigenschaften und Methoden, die eine Einwirkung auf Menschen wirkungsvoll machen, kann in einem Satz wiedergegeben werden. Versucht man, in anderen glücklich erledigten Fällen das Geheimnis des Erfolgs zu finden, so ist es fast immer der gleichen Methode zuzuschreiben. Es ist Anwendung des Grundsatzes, daß der Fürsorger niemals wie eine Autorität handeln soll, ehe er nicht als solche anerkannt ist.

Die Fürsorgerin würde bei Frau X. nichts erreicht haben, wenn sie sofort mit ihrer Auffassung der Sachlage hervorgekommen und geraten hätte. Frau X. sah im Anfang die Fürsorgerin nur als zuständig und sachverständig für die Vermittlung einer Adoption an. Fürsorger werden von den Klienten fast immer zunächst nur als Sachverständige für ganz bestimmte Dienste angesehen, fast immer für Dienste, die sich auf rein sachliche Dinge beziehen. Die Klienten weisen den Fürsorgern jene Aufgaben zu, die die Fürsorger für sie erledigen, ausführen sollen. In bezug auf das eigene Verhalten, in bezug auf ihre Lebensführung sehen die Klienten die Fürsorger nicht als Autorität an, aus dem nahe liegenden Grunde, daß jeder Mensch sich für dieses Gebiet selbst Autorität ist. Wir nehmen wohl die Vorschläge eines Arztes in bezug auf unsere Gesundheit an, weil wir ihn für diese Seite unseres Lebens als sachverständig betrachten. Aber niemand richtet sich leicht nach dem Rat anderer, sobald dieser unser Verhalten, unsere Ziele, unsere Absichten betrifft. Denn dafür ist jeder sein eigener Herr. Das besagt nicht, daß solch Rat immer bei Seite geschoben wird. Er wird oft genug angenommen, aber nur, wenn er von Menschen kommt, die in dieser besonderen Angelegenheit für uns Überzeugungskraft haben. Die Menschen, deren Rat wir befolgen, müssen von uns als Autorität anerkannt sein, ehe wir sie als Ratgeber annehmen.

Sieht man sich zahlreiche Fälle sozialer Fürsorge an, so wird man finden, daß der so einfache und selbstverständlich scheinende Grundsatz viele Erfolge erklärt, daß seine Vernachlässigung für manchen Mißerfolg verantwortlich zu machen ist.

Sicherlich ließen sich aus dem Studium, aus der Analyse zahlreicher Fälle noch andere, ebenso wichtige Richtlinien entnehmen, wenn wir erst einmal anfangen, die Kunst der Menschenbehandlung in der sozialen Arbeit als Aufgabe zu begreifen und ihre Methoden zu erforschen. Gewiß wird jeder

Fürsorger – nicht nur der besonders Begabte – viel von dieser Kunst intuitiv erfassen. Sicherlich ist die Methode der Beeinflussung in der besten Arbeit unbewußt. Aber ebenso sicher sollten die Berufsarbeiter in ihrer Ausbildung angeleitet werden, die Grundbedingungen menschlicher Beziehungen und Beeinflussungen zu begreifen, ihre Haltung bewußt zu gestalten, wenn sie mit menschlichen Schwierigkeiten zu schaffen haben. –

Dabei sollen sie eingedenk bleiben, daß aller Erfolg doch schließlich davon abhängt, ob sie den Angelegenheiten anderer Menschen Kräfte des Verstehens und Mitfühlens zuwenden können.

Wahre Hilfe kann der Mensch dem Menschen nur bringen, wenn fremde Not, wenn fremdes Leid für ihn zum eigenen wird, wenn es ihm im Herzen brennt. Die bessere Technik, die durchdachte Methode ist nur Werkzeug – als solches nützlich und unentbehrlich. Aber recht handhaben kann es nur der Mensch, dessen Tun aus einem wachen Gewissen quillt; aus dem lebendigen Glauben an eine Brüderlichkeit, der Taten wirken muß.

Quelle: Salomon, Alice (1926): Frauenemanzipation und soziale Verantwortung. Ausgewählte Schriften, Band 3: 1919-1948. Soziale Diagnose, Zweiter Teil. Zur Theorie des Helfens, S. 300-314. Wolters Kluwer Deutschland GmbH 2004

Hermann Althaus

Vom Wesen nationalsozialistischer Volkswohlfahrt.

Der Nationalsozialismus hat auf allen Gebieten des völkischen Lebens: in Staat, Wirtschaft und Kultur einen grundsätzlichen Wandel der Begriffe und der inneren Haltung herbeigeführt. Auch der Bereich der Wohlfahrtspflege blieb hiervon nicht unberührt. Nationalsozialistische Weltanschauung und somit auch nationalsozialistische Volkswohlfahrt wertet nicht vom einzelnen Individuum, sondern vom Ganzen des Volkes her. Nationalsozialismus bedeutet Ganzheit und nicht Teil. Der Teil gilt nur so viel, als er wert ist für das Ganze. In organischer Schau werden die Teile als Glieder einer übergeordneten Einheit betrachtet. Nationalsozialismus bedeutet organische Lebensauffassung. Damit steht er, auch in seiner Anwendung auf dem Gebiete der Wohlfahrtspflege, dem lebendigen Leben nahe; nicht verstandesmäßige Konstruktionen, sondern die harten Lebensnotwendigkeiten sind seine Grundlagen. Das Leben in der Auseinandersetzung mit sich selbst, in seinem eigenen tragischen Widerspruch zwischen Sollen und Sein, in seiner Gegensätzlichkeit, aber auch in seiner wieder versöhnenden Einheit, sind die unerläßlichen Voraussetzungen nationalsozialistischer Weltanschauung. Hierdurch wird eine heroische und soldatische Haltung zum Leben erfordert. Dem einzelnen wird das Wagnis des Lebens nicht abgenommen. Ihm wird nichts geschenkt. Er muß sich das zum Leben Notwendige selbst erkämpfen.

„Wer leben will, der kämpfe also, und wer nicht streiten will in dieser Welt des ewigen Ringens, verdient das Leben nicht."

Dieses Wort des Führers zeigt, unter welchem Gesetz aus nationalsozialistischer Schau der Menschen und Dinge heraus die Wohlfahrtspflege des neuen Volksstaates steht. Nicht das Individuum mit seinen Bedürfnissen und Ansprüchen ist, wie es Liberalismus und Marxismus meinten, der Mittelpunkt der Fürsorge, sondern das Ganze des Volkes, um dessen Erhaltung und Erstarkung es, wie auf allen Gebieten des Staates und Volkslebens, auch bei den Einrichtungen und Maßnahmen nationalsozialistischer Wohlfahrtspflege geht.

WOHLFAHRTSPFLEGE UM DES VOLKES WILLEN.

Der Nationalsozialismus kennt keine Fürsorge um der Befürsorgung willen. Alle Tätigkeiten: die wirtschaftlichen, geistigen, künstlerischen und auch sozialen und fürsorgerischen haben dem Ganzen zu dienen, auf das sie ausgerichtet sind. Das deutet schon der Name Volkswohlfahrt an. Es geht nicht um das Wohl des einzelnen, sondern des ganzen Volkes. In völkischem Interesse wird dem einzelnen Volksgenossen geholfen, und das Individuum hat nicht mehr Rechte, als es auch Pflichten gegenüber der Allgemeinheit anzuerkennen und zu erfüllen willens ist. In der Volkswohlfahrtspflege gilt darum das Leistungsprinzip, wie ja alle Theorien und Ideen innerhalb des Nationalsozialismus in steter lebendiger Bewegung Tat werden wollen und sollen.

SELBSTHILFE GEHT VOR FREMDHILFE.

Leistungs-, nicht Fürsorge- oder Verteilungs-Sozialismus ist die Losung dieser Wohlfahrtspflege nationalsozialistischer Prägung. Zuerst muss der einzelne bereit und bemüht sein, sich selbst zu helfen. Diese Selbsthilfe erweitert sich in Form der Gruppenhilfe auch auf die engere Familie und weitere Verwandtschaft; auf die Nachbarschaft und die Gemeinde. Erst wenn alle Möglichkeiten der persönlichen oder gruppenmäßig erweiterten und auf blutmäßigen, räumlichen, beruflichen und ideologischen Bindungen beruhenden Selbsthilfe versagen und der unverschuldet Notleidende weder sich noch den Seinen aus eigener Bemühung das zum Leben Notwendige zu verschaffen imstande ist, tritt die fremde Hilfe, sei es in Form der behördlichen Fürsorge oder der von den freien Kräften des Volkes getragenen nationalsozialistischen Volkswohlfahrt ein. Aber auch dann ist es noch der Sinn und das Bestreben völkischer Wohlfahrtspflege, immer nur Hilfe zur Selbsthilfe zu sein. Immer wieder, auch während der Betreuung, wird die nationalsozialistische Volkswohlfahrt den Hilfsbedürftigen auf sich verweisen und seinen Arbeits- und Selbsthilfe-Willen prüfen. Der Leiter des Hauptamtes für Volkswohlfahrt hat diesen aktivistischen Grundzug nationalsozialistischer Wohlfahrtspflege in folgenden Worten zum Ausdruck gebracht:

„Die Handlung am einzelnen ist nicht mehr als Almosengeben aufzufassen, sondern in ihr offenbart sich der Wille des Volksgemeinschaft, aus den Kräften der Gesamtheit die einzelnen hilfsbedürftigen Glieder so weit zu fördern und ihnen einen solchen lebendigen Anstoß zu geben, daß sie als selbstständige, freie

Menschen ihren Weg gehen können und auf ihrem jeweiligen Posten dieser Volksgemeinschaft dienen. Diese Gedanken entsprechen jener Sinndeutung des Lebens, die dem Nationalsozialismus eigen ist. Der Nationalsozialismus bejaht alles natürliche, gesunde Leben und fordert vom einzelnen Arbeit, Leistung und den vollen Einsatz der Persönlichkeit."

Die Fehlentwicklung in der Wohlfahrtspflege des Zwischenreiches.

As es dahin gekommen war, daß eine auf dem Boden des Industrialismus im Jahrhundert des Liberalismus, Marxismus und Materialismus erwachsene unproduktive Fürsorge nicht nur die Arbeitsunfähigen und sozial Untüchtigen befürsorgte, und dies über Gebühr, sondern auch in großer Zahl arbeitsfähige und arbeitswillige erbbiologisch und sozial wertvolle Menschen ihr Leben durch Befürsorgung fristen mussten, obwohl ein großer Teil von ihnen sich und dem Volk zu Nutzen ihre brachliegenden Kräfte lieber in aufbauender und lohnender Arbeit geregt hätten, war das Maß voll. Die Sinnwidrigkeit einer solchen auf das Einzelwesen ausgerichteten Fürsorge wurde offenbar; sie bedrohte sich selbst, da sie bei der stets wachsenden Notlage nicht mehr die Mittel zu ihrer Betätigung schaffen konnte. Durch den Druck der Fürsorge- und damit Steuerlasten wuchs – abgesehen von anderen Gründen – die Arbeitslosigkeit und machte immer mehr Volksgenossen hilfsbedürftig.

Nicht Fürsorge, sondern Vorsorge tut not.

Der nach dem Kriege für Volksschichten, die sich um das Wohl des Volkes besonders verdient gemacht hatten durch Opfer im Kriege oder sonstiges sozial vorbildliches Verhalten (Kriegsopfer, Klein- und Sozialrentner), eingeführten sogenannten gehobenen Fürsorge lag der berechtigte Gedanke einer nach dem Sozialwert der befürsorgten Individuen unterscheidenden Fürsorge zugrunde. In diese hätten aber auch die ohne Verschulden arbeitslos gewordenen, biologisch wertvollen Wohlfahrtserwerbslosen gehört, statt sie mit Mindestleistungen abzufinden; denn nach den Grundsätzen einer völkischen Wohlfahrtspflege darf den Minderwertigen nur das Notwendigste gewährt werden; für den aber, der ein wertvolles Glied der Volksgemeinschaft ist, tritt im Interesse des Volksganzen eine durchgreifende Hilfe ein, und zwar in Ergänzung zu den auf gesetzlicher Grundlage gewährten Mindestleistungen der behördlichen Fürsorge die von den freien Kräften des Volkes getragene Volkswohlfahrtspflege. Sie ist ihrem inneren Charakter nach nicht so sehr Fürsorge als Vorsorge; nicht erst eingetretene Schäden, die man mit einem liberalistischen „laisser faire, laisser aller" entstehen ließ, sollen geheilt, sondern die Ursachen der Hilfsbedürftigkeit durch einschneidende Maßnahmen beseitigt werden. In diesem Zusammenhange rückt die nationalsozialistische Volkswohlfahrt in die Nähe der Sozialpolitik und wird von dieser immer wieder überholt. Darüber hinaus erhalten alle Einrichtungen und Maßnahmen der nationalsozialistischen Staats- und auch Wirtschaftsführung eine sozialpolitische Tendenz im Sinne einer produktiven, auf Überwindung aller Nöte des Volkes gerichteten nationalen und sozialen Politik.

Der in solch weiterem Sinne verstandene nationale Sozialismus ist der Hintergrund, auf den die nationalsozialistische Volkswohlfahrtspflege bezogen werden muß. Alle sozial-, gesundheits-, wirtschaftspolitischen und sonstigen Gesetze seit dem Umbruch des Jahres 1933 haben dazu gedient, die nationalsozialistische Volkswohlfahrt aus der verzweifelten Notlage zu befreien, unproduktive Nurfürsorge zu sein. So bezwecken z.B. die Gesetze zur Vereinheitlichung des Gesundheitswesens und zum Neuaufbau der Sozialversicherung, durch Gesunderhaltung der breiten Volksschichten die Entstehung von Notständen, die zu einer unproduktiven Fürsorge führen würden, zu verhindern. Denselben Sinn hat das Gesetz zur Verhütung erbkranken Nachwuchses, wodurch für die Zukunft die Zahl derer, die aus ihren ererbten Minderwertigkeiten immer wieder der Fürsorge zur Last fallen, erheblich vermindert werden soll. Für die nicht unter dieses Gesetz fallenden asozialen Individuen, weil ihr Charakter als Träger von vererbbaren Minderwertigkeiten nicht eindeutig feststeht, ist ein Bewahrungsgesetz vorgesehen, und soweit strafrechtliche Maßnahmen in Frage kommen, wurde das Gesetz zur Sicherheitsverwahrung von Sexual- und Gewohnheits-Verbrechern erlassen. Positiv wirkten sich als Entlastung der behördlichen Fürsorge und der freien Volkshilfe der nationalsozialistischen Volkswohlfahrt vor allem die arbeits- und wirtschaftspolitischen Maßnahmen der Reichsregierung aus. Die umfassende Arbeitsbeschaffung hat durch die Herabsetzung der Arbeitslosenzahl die Ausweglosigkeit und Sinnwidrigkeit, in die die Wohlfahrtspflege des Zwischenreiches geraten war, tatkräftig aus nationalsozialistischem Leistungsethos heraus überwunden. Im Sinne von Maßnahmen, die die Fürsorge überwinden helfen, wirken auch die eine Arbeitsplatzhilfe für kinderreiche Väter bezweckenden Verordnungen und Erlasse sowie die steuerlichen Erleichterungen für Familien mit großer Kinderzahl. Arbeitsdienst, Landhilfe, Landjahr, Umschulungsmaßnahmen für arbeitslose Jugendliche, hauswirtschaftliche Schulung für weibliche Jugend haben die Fürsorge, vor allem auch die Jugendwohlfahrtspflege stark entlastet. Das Wesen der neuen Wohlfahrtspflege als einer die Ursachen der Not befreienden Vorsorge statt nur an den Symptomen herumkurierenden Fürsorge hat der Vorsitzende des Deutschen Gemeindetages mit folgenden treffenden Worten ausgesprochen:

„Die Wohlfahrtspflege ist für den Nationalsozialismus nicht eine reine Unterstützungs- oder Geldfrage, sondern eine Lebensfrage des ganzen Volkes. Das vergangene System krankte ganz besonders daran, daß es versuchte, nur die äußeren Erscheinungen der bitteren Not des Volkes zu bekämpfen, anstatt die Ursachen der wirtschaftlichen Not des Volkes selbst zu ergründen, zu beseitigen und neue Grundlagen für den wirtschaftlichen und sozialen Wiederaufbau Deutschlands zu schaffen. Durch die nationalsozialistische Aufbauarbeit ist es schon nach kurzer Zeit gelungen, die Not des Volkes bei ihrer Wurzel, nämlich der katastrophalen Arbeitslosigkeit, anzufassen und Millionen arbeitsfähiger Volksgenossen wieder in den natürlichen Wirtschaftsprozeß einzugliedern. Immerhin sind auch heute noch Millionen arbeitsfähiger Menschen ohne Arbeit. Selbstverständlich mußte und muß auch in Zukunft all denen in anderer Form geholfen werden, die noch nicht in der Lage sind, ihren Anteil an notwendigen Lebensgütern durch eigene Arbeit zu beschaffen."

Den noch zu Betreuenden kann nun in Verbindung von behördlicher und freier Wohlfahrtspflege um so mehr und um so nachhaltiger geholfen werden, immer dem Ziel einer möglichst baldigen Selbständigmachung des Hilfsbedürftigen. Ein Wesenszug nationalsozialistischer Volkswohlfahrt ist es, daß sie in der Rangordnung der Hilfsmaßnahmen den der Gesundheit und der Erziehung dienenden vor der rein auf das Materielle gerichteten Unterstützungsfürsorge den Vorrang gibt. Sie hat gründlich mit dem Zustande aufgeräumt, der, wie man es richtig bezeichnet hat, die öffentlichen Wohlfahrtseinrichtungen zu bloßen Zahlstellen für Hilfsbedürftige aus den Steuermitteln der noch arbeitenden Volksgenossen machte.

DER ERZIEHUNGSGEDANKE IN DER NATIONALSOZIALISTISCHEN WOHLFAHRTSPFLEGE.

Nationalsozialistische Wohlfahrtspflege ist wesentlich Erziehungsfürsorge. Aus den Grundanschauungen des Nationalsozialismus heraus will sie den

Befürsorgten über die materielle Hilfe hinaus in seinem inneren seelischen
Verhalten beeinflussen und unter Benützung nationalsozialistischer Motive,
die für den Betreuten als starke Imperative wirken, aus ihm ein nützliches,
leistungswilliges Glied des Volksganzen machen. Nationalsozialistische
Volkswohlfahrt ist darum Gesinnungspflege. Aus dieser Einstellung heraus
ist das Verhältnis des Hilfsbedürftigen und Helfenden ein persönliches. Alle
Wohlfahrtspflege nationalsozialistischer Artung strebt über die einzelnen Maßnahmen und Einrichtungen, gesetzlichen Bestimmungen und Anordnungen
hinaus ein Vertrauensverhältnis von Mensch zu Mensch an. Das Organisatorische dient dem Ziel, eine persönliche Begegnung von notleidenden und
helfenden Volksgenossen zu ermöglichen. Diese Begegnung soll im Sinne
völkischer Verantwortlichkeit zu einer inneren Aktivierung des Betreuten
werden, dessen Widerstand gegen die Not wachrufen und ihn zur Selbsthilfe
erziehen. Die persönliche Form der Betreuung soll auch das Ehrgefühl und
die Selbstachtung des Betreuten in den Dienst der Überwindung der Notlage
stellen. In dem Befürsorgten wird das Bewußtsein geweckt, daß er in seiner
unverschuldeten Not nicht allein ist, sondern von den helfenden Kräften des
Volkes getragen wird. Die Hilfe, die ihm als wertvollem Gliede der Gesamtheit
zuteil wird, ist kein Almosen, keine Wohltätigkeit und darf nicht gönnerhaft
gewährt werden; der Helfende ist der Kamerad des Bedürftigen. Hier erhält
nationalsozialistische Volkswohlfahrt ihre letzte und höchste Sinngebung,
nämlich in ihrem Bereich mitzuhelfen, die innere seelische Gemeinschaft
unseres Volkes aufzubauen. So wie der Befürsorgte sich in seiner Not von der
Gesamtheit beachtet weiß, so soll auch der Helfer, und zwar auch der Helfer
in weiterem Sinne, d. i. der Spender von Sach- und Geldwerten, sich seiner
Verantwortung gegenüber dem notleidenden Volksgenossen bewußt werden;
er wird inne, daß er mit dem Notleidenden zusammen der großen Not- und
Brot-Gemeinschaft des deutschen Volkes angehört, in der der Grundsatz:
„Einer für alle, alle für einen!" herrschen soll.

Nationalsozialistische Wohlfahrtspflege als Symbol der nationalen Solidarität.

Diese große Aufgabe, die nationale Solidarität verwirklichen zu helfen, ist
ausdrücklich vom Führer dem hervorragendsten Werk nationalsozialistischer Volkswohlfahrt, dem Winterhilfswerk, zugewiesen worden. Durch den
klassenkämpferischen Marxismus war die Notlage vieler Volksgenossen zur

Zerstörung der Volkseinheit mißbraucht worden. Von der Behebung der Not hilfsbedürftiger Volksgenossen her sollte die Winterhilfe nun gerade diesen Geist der Volkszerspaltung überwinden und somit auch auf wohlfahrtspflegerischem Gebiet eine ausgesprochen nationalpolitische Aufgabe lösen. Das WHW. wurde der Wesensausdruck nationalsozialistischer Wohlfahrtspflege, nämlich durch Hilfe für die Notleidenden Dienst am gesamten Volke zu leisten.

Die materielle Hilfe, so wichtig sie für den einzelnen Notleidenden sein mag, ist nicht das Wesentliche des WHW., sondern die psychologische Wirkung, die darauf abzielt, von innen her, auf dem Wege nationalerzieherischer Beeinflussung die einzelnen Volksgenossen zum Bewußtsein der Zusammengehörigkeit der einzelnen zu einem Volk zu führen. Darum leistet die Winterhilfe eine mindestens so wichtige nationale Aufgabe an den Gebenden wie an die Hilfe empfangenden Volksgenossen. Durch Weckung des Verantwortungsbewußtseins dessen, der durch Einkommen und Vermögen in der Lage ist, sein Leben menschenwürdig zu führen, für den, der infolge unverschuldeter Not dies nicht mehr vermag, wird die Brücke geschlagen zwischen den einzelnen im Volk mit dem Ziel der Erweckung eines starken Gemeinschaftsbewußtseins. Damit ist auch die Freiwilligkeit in der Gewinnung der Mittel der Winterhilfe für ihren nationalpolitischen Sinn wesentlich. Eine zwangsweise Aufbringung auf dem Steuerwege würde das nationalerzieherische Ziel, das Bewußtmachen der Pflicht der Solidarität mit dem notleidenden Volksangehörigen, verfehlen. Die Volkwerdung durch Bewußtmachung des Aufeinanderangewiesenseins ist die beabsichtigte Wirkung der Winterhilfe, sowohl beim Geber wie Empfänger der Spenden. Dabei soll durch eine Einschränkung der persönlichen Lebensweise, die als Opfer empfunden wird, mit psychologischer Eindringlichkeit die Lage des Notleidenden und die Verantwortung für ihn, den hungernden Volksgenossen, bewußt gemacht werden.

Diese innere Verbundenheit im Volk, die nationalsozialistische Volkswohlfahrt durch Betreuung der wertvollen hilfsbedürftigen Volksgenossen in dem Betreuenden wie dem Betreuten wecken will, soll stark machen zum Einsatz von Gut und Blut für Volk und Vaterland. So hat auch die nationalsozialistische Wohlfahrtspflege die hohe Aufgabe, jene Gemeinschaft, wie sie 1914 war, im Schützengraben zu einer Kameradschaft auf Leben und Tod wurde und nach dem Zusammenbruch wieder auflebte in der Hingabe an die nationalsozialistische Idee und Bewegung, zum stark und froh machenden Erlebnis jedes letzten gutwilligen Volksgenossen zu machen.

NICHT DIE NATIONALÖKONOMIE, SONDERN DIE NATIONALBIOLOGIE IST WEGWEISER FÜR DIE VOLKSWOHLFAHRTSPFLEGE.

Nationalsozialistische Weltanschauung und Volkswohlfahrtspflege sind dem Leben nah und gestalten alle Verhältnisse nicht aus vorgefaßten Meinungen, sondern aus dem lebendigen Dasein der Dinge selbst. Die konkrete Gestalt des Lebens, dem aller Dienst nationalsozialistischer Volkswohlfahrt zu gelten hat, heißt aber Volk. Nicht eine Summe von Individuen ist es, die auf Verabredung und nach eigenem Gutdünken sich zu Volk und Staat verbinden, sondern eine naturgegebenene Lebenseinheit, die die einzelnen trägt, sie in ihrer Existenz erst möglich macht, in dessen Zusammenhang das Individuum mit seinen Aufgaben und Pflichten ungefragt nach einem geheimnisvollen Naturgebot sich hineingestellt weiß. Volk ist nach nationalsozialistischer Auffassung eine Kette von Geschlechtern, geknüpft durch die Familien, in deren Schoß die einzelnen Volksangehörigen gezeugt und aufgezogen und in den Zusammenhang des völkischen Lebens eingeordnet werden. Volk greift aus der Gegenwart in die Vergangenheit und Zukunft, zu den Ahnen, deren biologisches Erbe die gegenwärtigen Individuen tragen und das sie wieder den Kommenden weiterzureichen verpflichtet sind, auf daß diese Ungeborenen, durch die Zeugung ins Dasein Gerufenen, auf starken und gesunden Schultern den heiligen Schrein der Erbwerte ihres Volkes zu seiner Erhaltung und Ehre in die Zukunft tragen.

Aus dieser weltanschaulichen Einstellung heraus ist eine Wohlfahrtspflege nationalsozialistischer Prägung grundsätzlich erbbiologisch und rassenhygienisch orientiert. Ihr gilt nicht der Satz von der Gleichheit der Staatsbürger. Sie weiß, daß die Erbanlage die Menschen ungleich in ihrem Wert für das Wohl des Ganzen macht. Die Umweltbedingungen sind nicht das Entscheidende für die Entwicklung der Individuen.

„Unsere Staatsmänner haben bisher ihre Aufmerksamkeit viel zu wenig auf die organischen Erbgüter unserer Nation gerichtet. Sie haben sich damit begnügt, die Sachgüter und die kulturellen Güter zu pflegen, ohne sich dessen bewußt zu werden, daß diese nur allein von dem rassischen und erbbiologischen Erbwert unseres Volkes abhängen. Nicht die Nationalökonomie, nicht das geldwirtschaftliche liberalistische Denken sind entscheidend, sondern die Nationalbiologie, die Beschaffenheit unserer organischen Erbwerte."

Mit diesen Worten zeichnet treffend Ministerialdirektor Dr. A. Gütt in

„Dienst an der Rasse als Aufgabe der Staatspolitik" den erb- und rassepflegerischen Charakter nationalsozialistischer Wohlfahrtspflege. Die Fürsorge des Liberalismus und Marxismus ging von der irrigen Anschauung des entscheidenden Einflusses der Umwelt und namentlich der wirtschaftlichen Verhältnisse für das Wohlergehen der Individuen aus und bewirkte durch den Mangel an erbpflegerischen Gesichtspunkten in ihrer Arbeit eine für das Ganze sich ungünstig auswirkende Erhaltung und Vermehrung der erblich Minderwertigen, wobei die Tüchtigen zugunsten der Untüchtigen belastet und vernachlässigt wurden.

Eine Wohlfahrtspflege, die auf das Wohl des Volkes ausgerichtet ist, wird im Gegensatz hierzu die Minderwertigen in einer ausmerzenden Erbpflege zurückdrängen. Durch das Gesetz zur Verhütung erbkranken Nachwuchses hat der nationalsozialistische Staat aus dieser Grundstellung heraus die Ausschaltung der Erbkranken aus dem Erbstrom des Volkes in die Wege geleitet. Die lebenden minderwertigen Individuen selbst sollen nur mit einer Mindestfürsorge bedacht werden, außerdem, soweit notwendig, durch fürsorgerische Bewahrung oder Sicherheitsverwahrung auf strafrechtlicher Grundlage aus dem Volksleben ausgeschieden werden. Dies gilt vor allem auch für die Individuen, deren Eigenschaft als Träger von Erbkrankheiten nicht feststeht, deren asoziales Verhalten dies aber vermuten läßt. Ausdrücklich sei darauf hingewiesen, daß die Träger erblicher Minderwertigkeiten nicht ohne weiteres selbst als minderwertig angesehen werden dürfen. Ihr Wert bemißt sich nach ihrem persönlichen Verhalten gegenuber der Volksgemeinschaft. Opfervoller Verzicht auf eine voraussichtlich minderwertige Nachkommenschaft kann unter Umständen ein Beweis einer besonderen sozialen Wertigkeit sein.

Alle Sorge nationalsozialistischer Volkswohlfahrt dient aus grundsätzlicher Erwägung heraus dem Erbtüchtigen. Sie übt keine aussichtslose, das Volksvermögen verschleudernde Fürsorge der Erbkranken, sondern eine aufbauende Vorsorge für die Erbgesunden. Keine noch so günstigen Umweltbedingungen (Milieu) vermögen bei fehlenden gesunden Erbanlagen die Schäden erbkranker Individuen zu beseitigen. Von welcher Bedeutung die erbbiologische Grundlegung nationalsozialistischer Wohlfahrtspflege ist und von welcher Tragweite für die Gestaltung des Lebensschicksals nicht die Umweltbedingungen, sondern die Erbanlagen der Menschen sind, zeigt mit beispielhafter Eindringlichkeit der Vergleich der Geschichte zweier Siedlungsdörfer. Auf Grund des Urbarmachungsediktes Friedrichs des Großen aus dem Jahre 1765 waren in einem Moordorf Ostfrieslands 1766 neben einigen friesischen Bauern ausgediente Soldaten und Zigeuner angesetzt worden. Die erbtüchtigen friesischen Menschen leben nach 150 Jahren in bescheidenem Wohlstand. Die Nachkommen der Landfremden und in der Erbmasse Geringwertigen sind heute noch nicht selbständig. 88 Prozent der ungewöhnlich hohen Armenlasten des Dorfes mußten schon vor dem Kriege von der Provinz getragen werden. 1933 bezogen von den 3000 Einwohnern des Dorfes 1100 Personen Wohlfahrtsunterstützung. Dazu waren 150 sogenannte Hausarme vorhanden. In einem niedersächsischen Dorf in der Nähe von Verden waren um 1780 Träger besten deutschen Erbgutes, Bauernsöhne der Nachbarorte, angesiedelt worden. Die Nachkommen dieser Siedler sind heute freie Erbhofbauern. Aufgabe einer völkischen Wohlfahrtspflege kann es nur sein, unter grundsätzlicher Ablehnung einer aussichtslosen Befürsorgung Lebensuntüchtiger die vorhandenen guten Erbanlagen zu entfalten bzw. sie vor Verkümmerung zu bewahren. Zu einer solchen aufbauenden Wohlfahrtspflege für die Erbtüchtigen gehören alle Maßnahmen der Staatsführung und in deren Auftrag der Volkswohlfahrt, die eine Vermehrung der erblich wertvollen Schichten unseres Volkes bewirken.

Wie notwendig eine solche aus bevölkerungspolitischen Gedanken genährte Wohlfahrtspflege im Deutschen Volke ist, hat deutlich die erschütternde Feststellung unseres ersten Reichsstatistikers, daß das deutsche Volk aufgehört hat, ein wachsendes zu sein, gezeigt.

Durch eine falsche, nur auf das Individuum abzielende Fürsorge, ohne Berücksichtigung seiner Erbwertigkeit würde aber durch die ungleich stärkere Vermehrung der Minderwertigen als der Erbtüchtigen eine erbbiologisch ungünstige Zusammensetzung unseres Volkes bewirkt, so daß wir in einigen Generationen ein Volk der Minderwertigen sein würden. Auf Grund reichsstatistischer Berechnungen betrug die Durchschnittskinderzahl

  bei Verbrechern 4,9
  bei Straffälligen 4,4
  bei Eltern von Hilfsschulkindern 3,5
  bei normalen Familien 2,2
  bei Familien führender Schichten 1,9

Für minderwertige Erwachsene oder deren Kinder beliefen sich die Anstaltskosten auf 4 bis 11 RM. Das bedeutet eine Summe, die einer erbgesunden Arbeiterfamilie von 5 bis 6 Köpfen nicht zur Verfügung steht. Bei 70 000

Hilfsschulkindern im Jahre 1931 betrugen die Kosten je Kind und Jahr 1078 RM. im Reichsdurchschnitt. Das ist ein Dreifaches der durchschnittlichen Kosten für einen normalen Volksschüler in Höhe von 378 RM.

Um der Gesunderhaltung unseres Volkes willen muß darum eine nationalsozialistische Volkswohlfahrt eine Befürsorgung Minderwertiger ablehnen bzw. auf ein Mindestmaß einschränken unter gleichzeitiger Abdrosselung des kranken Erbstromes. Eine um so intensivere Betreuung wird sie aus ihrer erbbiologischen und rassenhygienischen Orientierung den Gesunden zukommen lassen. Namentlich wird ihr Hilfswerk „Mutter und Kind" mit seinen einzelnen Einrichtungen und Maßnamen der Sorge um die Erbtüchtigen gewidmet sein.

DIE VERBUNDENHEIT VON BLUT UND BODEN ALS SYMPTOM DER VOLKSWOHLFAHRTSPFLEGE.

Aus seiner naturhaft-organischen Lebensauffassung bekennt sich der Nationalsozialismus zum Bauerntum; er besinnt sich damit auf die gesunde, Staat und Volk erhaltende Grundlage des altgermanischen Bauernreiches, wo wertvolles Blut noch an den Boden gebunden war. Die später einsetzende Verstädterung, namentlich die Entwicklung der Großstädte unter der Herrschaft der liberalistisch-kapitalistischen Ideologie hat volkszersetzend gewirkt. Mit der Trennung des deutschen Menschen von Grund und Boden begannen die Notzustände zu wachsen, die mit einer noch so gut durchorganisierten und finanzierten Fürsorge nicht hätten überwunden werden können. Bevölkerungspolitisch gesehen wurden die Großstädte zum Grabe der Nation. Kostbares Erbgut, in die Großstädte verpflanzt, ging in ein bis zwei Generationen unter. „Unsere Großstädte sind die Verzehrer und Zerstörer unserer Volkskraft, denn in ihren Strudel gerissen, mag sich das ländliche Element in der ersten Generation in der Stadt halten, in der zweiten wird es bereits in der Substanz angegriffen, um im Wirbel der großstädtischen Zivilisation langsam zermahlen zu werden," lautet ein fachmännisches Urteil. Hier muß im Interesse des Volkswohles eine Umkehr stattfinden. Der Bauernstand ist der Lebensquell der Nation, aus dem sie sich immer wieder erneuert. Denn Grund und Boden schaffen die Möglichkeit zur Erzeugung und Aufzucht erbgesunder kinderreicher Familien. Zugleich erlebt der auf dem Lande aufwachsende Mensch seine Abhängigkeit von höheren Gewalten und Gegebenheiten; das weckt in ihm Ehrfurcht und Sinn für Ein- und Unterordnung. Darum wertet aus ihren ideologischen Voraussetzungen heraus auch nationalsozialistische Wohlfahrtspflege den Bauern besonders; sie entwickelt neben der städtischen eine ländliche Wohlfahrtspflege, um dem in der früheren Fürsorge oft vernachlässigten Bauernstand hilfreich zu sein, namentlich durch Hilfsmaßnahmen für die Bauernfrau und das Bauernkind, z.b. durch Erntekindergärten oder Haushaltshilfe für Siedlerfrauen und durch besondere ländliche Beratungsstellen für gesundheitliche und erzieherische Fragen. So wie der Staat zur seelischen wie praktisch-beruflichen Zurückführung weiter Volksschichten aufs Land und in die Natur seine Maßnahmen trifft, z. B. in Arbeitsdienst, Landhilfe und Landjahr, tut dies in ihrem Wirkungsbereich die nationalsozialistische Volkswohlfahrtspflege z. B. durch die Erholungspflege, die neben der gesundheitlichen Seite die Begegnung des Kindes und des Jugendlichen und auch des Erwachsenen mit dem ländlichen Leben und der Natur bezweckt. Durch Erholung in ländlicher Umgebung und durch Landarbeiten soll der deutsche Mensch den Wert eines einfachen, arbeitsamen und naturnahen Lebens erfahren, und in vielen wird die Sehnsucht zur Rückkehr aufs Land zum Besten des Gesamtvolkswohles geweckt werden. Die Überwindung der Notlage der Landarbeiter ist aus gleichen Grundsätzen heraus eine vordringliche Sorge der nationalsozialistischen Volkswohlfahrt.

NATIONALSOZIALISTISCHE WOHLFAHRTSPFLEGE DIENT DER GESUNDEN FAMILIE ALS DER URZELLE DES VOLKES.

Bedingt durch seine biologische Schau der Dinge stellt der nationalsozialistische Staat die Familie in den Mittelpunkt seines Interesses. Die Familie ist, wie schon der griechische Staatslehrer Plato wusste, die Urzelle des Staates und des Volkes, biologisch wie auch soziologisch. Aus dem Schoß der erbgesunden, kinderreichen Familien erneuert und erhält sich das Volk durch die Generationen hindurch. Nicht auf den einzelnen Individuen, wie es liberalistisch-marxistische Auffassung ist, sondern auf Familien baut sich der Staat und sein Volk auf. Die Familie ist „das soziale Leben des Menschen im kleinen". Neben der Erbanlage bedeutet die Kinderstube den wichtigsten Faktor im gesunden Aufbau eines Volkes. In der Familie lernt der junge Mensch auf der gefühlsmäßigen Grundlage der bluthaften Bindungen die Rücksicht auf den anderen und die Einordnung in ein Ganzes. Wer unter der sorgenden Hand und dem sinnenden Herzen von Vater und Mutter ins Leben wuchs, seine Abhängigkeit und Förderung durch sie dankbaren Herzens erfuhr, der wird auch leichter die engere mütterliche Heimat lieben und das weitere Vaterland; er wird vor der Entartung in einen entwurzelnden Individualismus behütet sein. Darum ist Familienpflege der Zentralpunkt nationalsozialistischer Volkswohlfahrt. Durch den Geist des Liberalismus und Marxismus war die Familie in ihrer Grundlage gefährdet worden. Industrialisierung und Verstädterung mit den ihnen folgenden Notständen, wie Wohnungselend, Arbeitslosigkeit, zu geringes und unsicheres Einkommen, vor allem die gewerbliche Arbeit der der Frau hatten die Familie zersetzt und auch geistig bedroht. Man besaß nicht mehr die Kraft, Familien zu bilden und zu erhalten; der Individualismus und Egoismus wirkten sprengend; Ehe und Familie waren nicht mehr Aufgabe und Pflichterfüllung gegenüber der völkischen Gemeinschaft, sondern nur noch Befriedigung eigenen Glückbedürfnisses und Versorgung und Sicherung eigenen Lebens. Der Wille zum Kinde war erstorben. Das Kind wurde nicht mehr als eine Bereicherung des Lebens, als Betätigung und Bestätigung völkischen Lebenswillens betrachtet; es war eine rein rechnerische Größe geworden. Man scheute die Kosten, die die es verursachen würde und befürchtete die Einschränkung eigener Lebensansprüche. Um der zivilisatorischen Bedürfnisse willen wurde auch dort die Familie klein gehalten, wo wirtschaftliche Gründe nicht vorlagen. Die Frau war zur Individualistin entartet. Sie wollte lieber, ungebunden durch Ehe und Kind, in gewerblicher Arbeit stehen; politische und sportliche Leistungen hatten den Vorrang vor der mütterlichen Aufgabe. Nationalsozialismus und aus seinen Gedankengängen heraus nationalsozialistische Volkswohlfahrt bejahen eine die Familie rettende Politik und Fürsorge. Ehe und Familie sollen wieder ihren völkischen Sinn erhalten. Nicht als ungebundenes und unverantwortliches Einzelwesen, sondern im Bunde mit dem Manne soll die Frau ihre naturgegebene Aufgabe im Hause und als Mutter erfüllen. Der Mann baut das große Haus des Staates, die Frau gestaltet die kleine Welt der Familie. Eine Mutterschaft für viele Kinder soll wieder der Ehrentitel der Frau werden. Die altgermanische, Ehe und Kind bejahende Auffassung wird im nationalsozialistischen Staat erneut ihre Geltung haben, und das Wort eines Denkers der deutschen Romantik wird wieder Richtmaß deutschen fraulichen Strebens werden:

„Ihr wollt stark geliebt sein, Frauen, recht lange und bis in den Tod. Nun, so seid Mütter eurer Kinder!"

Die Frau ist in der Erfüllung ihrer Mutterpflichten die Quelle des Lebens der Nation. Nicht nur sichert ihre leibliche Mutterschaft den Bestand des

Volkes, auch die Mütterlichkeit als seelische Seite der Mutterschaft ist von
entscheidender Bedeutung für das Wohl und Wehe des Volkes. Der Geist
der selbstlosen und hingebenden Mutterliebe ist die Grundlage der seelisch
vertieften Gemeinschaftskräfte im Volk. Das Beispiel der Mütter erzieht die
Kinder und mittelbar auch die Väter der Kinder zu opferbereiten Volksgenossen.
Man begreift daher, warum der Führer die Frau und Mutter die wichtigste
Staatsbürgerin nannte und der große Volkserzieher Pestalozzi die nationale
Bildung in die Hände der Mutter gelegt wissen wollte. Der Ausspruch Nietz-
sches: „Ehe heiße ich den Willen zu Zweien, das Eine zu schaffen, was mehr
ist, als die es schufen", spricht die Wahrheit aus, daß Ehe sich sinngemäß in
einer möglichst kinderreichen Familie vollenden soll.

DIE HILFE FÜR MUTTER UND KIND SICHERT DIE ZUKUNFT DER NATION.

„Das Kind ist zum kostbaren Gute des Staates zu erklären." In dieser Losung
des Führers ist die große Wertschätzung ausgesprochen, die der nationalsozialistische Staat und die nationalsozialistische Volkswohlfahrt dem Kinde als
dem Träger der nationalen Zukunft entgegenbringen. „Mutter und Kind"
heißt die Zusammenfassung aller Einzeleinrichtungen einer völkischen Familienfürsorge zu dem großen Hilfswerk nationalsozialistischer Volkswohlfahrt.
Alle Maßnahmen, wie: Eheberatung, Erziehung des weiblichen Nachwuches
zur Ehe, Sorge für die werdende und gewordene Mutter, für Säugling und
Kleinkind, Erholungspflege für Mutter und Kind, Mütterschulung, Woh-
nungsbeschaffung, in förderndem Sinne auch Wohnungsbau und Siedlung,
sind auf das eine Ziel ausgerichtet, recht viel erbgesunde kinderreiche Familien
begründen und erhalten zu helfen. Die nationalsozialistische Staatsführung
entlastet die von ihr beauftragte Volkswohlfahrtspflege mit ihren umfassenden
Maßnahmen. Durch das Gesetz über Ehestandsdarlehen ermuntert und er-
möglicht sie die Gründung von Familien. Für kinderreiche Familien gewährt
sie unter gleichzeitiger stärkerer Belastung der Kinderlosen und Kinderarmen,
vor allem der Ledigen, große steuerliche Erleichterungen. Die umfangreichen
Arbeitsbeschaffungsmaßnahmen sollten durch Behebung der Arbeitslosigkeit
den Haupthinderungsgrund für Gründung und Erweiterung der Familie
beseitigen. Sein besondere Arbeitsplatzhilfe für kinderreiche Väter wirkt in
derselben Richtung. Auch wohnungs- und siedlungspolitische Maßnahmen
wollen kinderreichen Familien den notwendigen Wohnraum und die hinreichen-

de Ernährungsgrundlage verschaffen. Eine starke Verschiebung der Einkommensverhältnisse zugunsten derer, die die Erzeugung und den Aufwuchs der nationalen Nachkommenschaft und sich nehmen, liegt im völkischen Interesse. Durch zentrale Lohnausgleichskassen würde dieses Ziel erreichbar sein, und vor allem die für die kinderreiche Familie ungerecht wirkende Mehrbelastung durch die indirekten Steuern ausgeglichen werden. Wirtschaftliche Gründe dürfen nie der Anlaß zur Kleinhaltung der Familie werden; der lebendige Mensch ist der Schöpfer der Sachwerte und nicht ihr Knecht. Eine nationale Wirtschaft hat sich, wie alle Betätigungen innerhalb des völkischen Lebens, dienend dem Zwecke des allgemeinen Volkswohles einzufügen.

Nationalsozialistische Wohlfahrt wird aus ihrer Wertschätzung des Familiengedankens auch in ihrer äußeren Form immer Familienfürsorge sein. Nicht mehr wird unter dem trennenden Gesichtspunkte der einzelnen Notstände durch Sonderfürsorge-Maßnahmen in einer Zeit, Kraft und Mittel vergeudenden Weise die Betreuung des Hilfsbedürftigen erfolgen. Die persönliche Seite des Menschen erfordert als wirksame Hilfe eine Behandlung vom ganzen Menschen her und von möglichst einer betreuenden Person aus; und da der einzelne nicht alleinsteht, sondern als Glied einer naturgegebenen Gemeinschaft, der Familie, aufwächst, so wird auch die Behebung der Not des einzelnen, sowohl des Kindes wie des Erwachsenen, im Zusammenhang mit seiner Familie geschehen. Alle Sonderfürsorge z. B. in Gesundheits- oder Erziehungsfragen wird soweit wie möglich im Anschluß an die familienpflegerischen Maßnahmen stattfinden. Weil aus der lebendigen Gemeinschaft der Familie heraus der völkische Sozialismus verwirklicht werden soll, so ist die Sorge um die Familie der Mittelpunkt völkischer Wohlfahrtspflege. Auch die uneheliche Mutter, wenn sie sich zu ihrem Kinde bekennt, findet die Hilfe der nationalsozialistischen Volkswohlfahrt. Aber immer wird es das Bestreben sein, die unvollständige Familie der unehelichen Mutter durch Heranziehen des Vaters zur vollständigen Familie zu machen. Die festgefügte Ehe, nicht ein zufälliges oder vorübergehendes Verhältnis betrachtet der Nationalsozialismus als die günstigste Form, in der der nationale Nachwuchs erzeugt und erzogen werden soll. „Alle Sozialpädagogik mündet in die Zurückführung des Kindes in das Elternhaus," ist ein Grundsatz nationalsozialistischer Volkswohlfahrt. Darum soll auch das familienlose Kind, wenn irgend möglich, einer Familie eingebaut werden. Dies gilt für die Waisen, die Pflegekinder und die unehelichen Kinder. In der Fürsorgeerziehung hat die Familienerziehung den Vorzug vor der Anstaltserziehung, die selbst nach Möglichkeit familienähnlich gestaltet werden und in fortwährender Beziehung zur eigenen Familie des Zöglings stehen soll. Erbgesunden elternlosen Kindern wird möglichst durch Adoption das Glück einer Familienzugehörigkeit vermittelt. Familienhaft sind in großem Umfange die Maßnahmen und Einrichtungen der nationalsozialistischen Volkswohlfahrt zu gestalten. Darum die Werbung von Freitischen und Patenschaften, darunter die Erholungspflege in ländlichen Familien für Kinder und Erwachsene. Lebendige, familienartige Begegnung der deutschen Menschen zur Herbeiführung einer innerlichen und seelischen Gemeinschaft des Volkes ist allenthalben das Ziel nationalsozialistischer Volkswohlfahrt.

DIE SCHULUNGSFRAGE DER HELFER UND HELFERINNEN.

Von entscheidender Bedeutung für die Erreichung des hohen Zieles, das sich die völkische Wohlfahrtspflege gesetzt hat, ist die Arbeit der beruflichen wie der ehrenamtlichen Arbeitskräfte, denen die Betreuung der notleidenden Volksgenossen im Interesse der Erhöhung des Volkswohles anvertraut ist. Die lebendige Arbeit von Mensch zu Mensch, die eine wirksame Volkswohlfahrt erfordert, wird immer den Gesichtspunkt der ehrenamtlichen und freiwilligen Tätigkeit in den Vordergrund stellen. Aber die Schwierigkeit der Verhältnisse, die namentlich Kriegs- und Nachkriegsnot verursacht haben, sowie die Größe und Bedeutung der zu leistenden Aufgaben machen den Einsatz zahlreicher beruflicher Kräfte auch in einer völkisch orientierten Wohlfahrtspflege notwendig. Die Ausrichtung der praktischen Arbeit wird durch den gleichermaßen politisch-weltanschaulich wie fachlich geschulten Sozialarbeiter bzw. die Sozialarbeiterin gewährleistet, während die ehrenamtlichen Kräfte zur persönlichen Vertiefung und Belebung der Arbeit den Vorrang haben und behalten. Auch diese bedürfen neben der inneren Bereitschaft für ihre Arbeit immer ergänzender Schulung durch Vorträge, Arbeitsgemeinschaften, Wochenendkurse und ähnliche Veranstaltungen. Die Schulung der ehrenamtlichen Kräfte muß ebenfalls eine politisch-weltanschauliche wie sachlich-wohlfahrtspflegerische sein.

In früheren Zeiten wurde in Beachtung der altgermanischen Tradition der Notleidende innerhalb der engeren Familie oder des größeren Familienverbandes, der Sippe, betreut; später, zur Zeit der Zünfte, half der Berufsverband seinen notleidenden Mitgliedern; was nicht durch Familie oder Zunft erfaßt wurde, betreute die kirchliche Liebestätigkeit. Als die Notstände in der neueren Zeit unter dem Einfluß des technischen Industrialismus und des liberalen Kapitalismus sich mehrten und zu Massennotständen entwickelten, mussten öffentliche Stellen, der Staat mit seiner Sozialpolitik und vor allem die Gemeinde mit ihrer Armenpflege, eintreten. Letztere bediente sich im sogenannten Elberfelder System (genannt nach der Stadt, in der diese Form der Arbeit kommunaler Armenpflege zuerst organisiert wurde) in weitem Umfange ehrenamtlicher Kräfte, der sogenannten Bezirksarmenpfleger. Als die zunächst rein ordnungspolizeilich orientierte Armenpflege sich im Laufe der Zeit und unter dem Druck der Verhältnisse immer mehr zur Wohlfahrtspflege entwickelte, wurden neben dem ehrenamtlichen Bezirkspfleger auch der Berufsarmenpfleger und die Fürsorgerin eingesetzt. Diese Berufskräfte arbeiteten im sogenannten Straßburger System in Verbindung mit den ehrenamtlich Tätigen. Die Heranbildung und Schulung der Berufskräfte geschah durch die freien Verbände der Wohlfahrtspflege. Der Staat hatte für die Ausbildung der weiblichen Berufskräfte 1920, der männlichen 1927 Richtlinien erlassen. Eine vorbeugend und durchgreifend arbeitende völkische Wohlfahrtspflege bedarf, wie schon bemerkt wurde, neben den ehrenamtlichen Kräften, der beruflich vorgebildeten Sozialarbeiter in erhöhtem Maße. Diese sollen in Wohlfahrtsschulen, die von nationalsozialistischem Geiste getragen sein müssen, ihre Ausbildung erhalten, damit sie nach den Grundsätzen nationalsozialistischer Volkswohlfahrt tätig werden können. Neben und vor aller fachlichen Schulung wird entsprechend dem Wesen völkischer Wohlfahrtspflege die weltanschauliche Vertiefung der Arbeit stehen. Auch systematisch gepflegte Leibesübungen werden die für die Volkswohlfahrtspflege bestimmten Kräfte für ihren Dienst stählen. Nicht allein auf eine hinreichende intellektuelle Vorbildung, sondern vor allem auf die charakterlich-persönliche Eignung zum Beruf eines Volkswohlfahrtspflegers bzw. einer Volkswohlfahrtspflegerin wird bei der Aufnahme in die Wohlfahrtsschule zu achten sein. Wer Kleinarbeit in der Wohlfahrtspflege zu leisten und damit gleichsam an einem der schwierigsten Frontabschnitte für den Aufbau des deutschen Volkes zu kämpfen hat, bedarf gründlicher Sachkenntnisse und vor allem auch immer wieder der Aufrichtung und Ermunterung durch zeitweiliges Hingewiesenwerden auf die großen weltanschaulichen Gesichtspunkte der im Alltag zu leistenden Arbeit. Diesem letzteren Zwecke dienen Nachschulungsvorträge und Tagungen für berufliche und ehrenamtliche Kräfte in der Wohlfahrtspflege. Vor allem gilt dies auch für die in der behördlichen Fürsorge tätigen Kräfte, die bestimmt sind, durch eigene lebendige Arbeit immer wieder den nationalsozialistischen Geist in die behördlichen Maßnahmen hineinzutragen. Zur Erreichung dieses Zieles wird eine verständnisvolle Zusammenarbeit des büromäßigen Innendienstes und der eigentlichen wohlfahrtspflegerischen Arbeit des Außendienstes von entscheidender Bedeutung sein.

NATIONALSOZIALISTISCHE VOLKSWOHLFAHRT ALS MITTELPUNKT ALLER WOHLFAHRTSARBEIT.

Aus der ganzheitlichen Sicht nationalsozialistischer Weltanschauung folgt der Anspruch auf Totalität, d. h. auf Durchdringung und Erfassung aller Dinge und Verhältnisse völkischen Lebens. Auch nationalsozialistische Volkswohlfahrt als Hauptamt für Volkswohlfahrt erhebt von diesem weltanschaulichen Hintergrund her den Anspruch, als die aus der nationalsozialistischen Bewegung gewachsene Wohlfahrtspflege alle Bestrebungen wohlfahrtspflegerischer Art innerhalb Deutschlands zusammenzufassen und auf das nationalsozialistische Ziel auszurichten. Dies gilt vor allem den Verbänden der freien Wohlfahrtspflege gegenüber (Innere Mission, Caritasverband und Rotes Kreuz). Hierbei ist es von Bedeutung, sich des Wesensunterschiedes nationalsozialistischer Volkswohlfahrt und kirchlicher Liebestätigkeit bewusst zu werden. Die Wichtigkeit der Erkenntnis dieses Unterschiedes betont der Leiter des Hauptamtes für Volkswohlfahrt mit folgenden Worten:

„Wir (die NSV.) werden vor die Aufgabe gestellt, ein zwei Jahrtausende altes Denken umzubiegen und der Arbeit einen anderen, einen neuen Geist zu geben. Dabei stehen wir vor dem sehr schweren Problem, uns mit der Wohlfahrtsidee der christlichen Religionsbekenntnisse auseinandersetzen zu müssen und kommen hierbei gleich an einen Punkt, der das Leben unserer Zeit auch erfüllt, an den Punkt, wo wir erkennen, daß zwischen der christlichen Weltanschauung oder der christlichen Idee, die die Kirche lehrt, und der nationalsozialistischen Weltanschauung eine Spannung besteht, die uns in Konflikte bringt, mit denen wir ringen und mit denen wir uns auseinandersetzen müssen. Wir können niemals erfolgreich arbeiten, wenn wir diese Fragen nicht zuvor geklärt haben."

Nationalsozialistische Volkswohlfahrt sieht und übt die Pflege des Individuums vom Standpunkt des Gesamtwohles des Volkes aus; kirchliche Liebestätigkeit aber richtet sich wesensmäßig an das notleidende Individuum aus dem Glauben an den einmaligen persönlichen Wert desselben vor Gott.

Aus dieser Einstellung bejaht sie nicht nur den Erbgesunden, sondern auch den Erbkranken. Dieses Wesen kirchlicher Liebestätigkeit erhellt sich aus den Worten eines ihrer Vertreter:

„Was in der I.M. (Innere Mission) wie Wohlfahrtspflege und Fürsorge aussieht, ist nicht Wohlfahrtspflege im üblichen Sinn, hat eine andere Wurzel, hat ein anderes Ziel. Wohlfahrtspflege im üblichen Sinn nimmt ihren Ausgangspunkt immer vom Interesse des Volksganzen, von seiner Gesundheit und Gesundung, von seiner Aufwärtsentwicklung, von seinem Schutz vor störenden und ansteckenden Elementen … An diesem Punkt wird deutlich, wie I.M. ihrem Wesen nach etwas völlig anderes ist, ihre Wurzel ist die Barmherzigkeit und Liebe. Eine Barmherzigkeit, die um so tiefer und inniger sein muß, je tiefer und elender das Elend ist, das Unglück, die innere Verlassenheit, der sie begegnet. Und ihr Ziel? Der I.M. geht es um die Barmherzigkeit mit der Seele. Sie ist auch da, gerade da doppelt am Platz, wo jede körperliche Hilfe, wenigstens jede Besserung und Heilung aussichtslos ist, denn hier ist die Last, die auf der Seele liegt, die größte. Eine Last, die Menschen nicht alleine mehr tragen können; auch dann nicht, wenn helfende und barmherzige Menschen sich zu ihnen gesellen, sie werden erst fertig damit, wenn ihnen von der eigenen Last bewusst wird: Gott legt uns diese Last auf, aber er hilft uns auch, wenn sie ihre Last von ihm nehmen lernen, wenn sie sie vor ihn bringen, damit er hilft."

Aus diesem unterschiedlichen Wesen kirchlicher Liebestätigkeit und völkischer Wohlfahrtspflege bestimmt sich das Verhältnis beider und die Verschiedenheit ihrer Aufgabengebiete und ihrer Arbeitsweise. Nationalsozialistische Volkswohlfahrt wird die Sorge für alle Erbgesunden, die durch ihre Leistungsfähigkeit von Bedeutung für die Gesamtheit des Volkes sind, beanspruchen, während die Betreuung der Erbkranken und Asozialen aus dem Barmherzigkeitsmotiv heraus eine Aufgabe der kirchlichen Liebestätigkeit in Verbindung mit der Mindestleistungen gewährenden behördlichen Fürsorge sein wird. Es wird notwendig sein, daß die Kirche ihren seelsorgerischen Dienst am Erbgesunden ablöst von der wohlfahrtspflegerischen Betreuung, zumal sie mit ihm an eine größere Gesamtheit gewesen ist. Kirchliche Liebestätigkeit entfremdet sich ihrem innersten Wesen, aus religiösem Motiv Sorge für die Einzelseelen zu sein, wenn das Organisatorische der Arbeit sich ausweitet und die Erfüllung ihrer Aufgaben sich zu sehr auf das Gebiet irdischer Wohlfahrt verlagert; hier muß ein Abbau in dem Maße stattfinden, als eine völkische

Wohlfahrtspflege aus der ihr entsprechenden Zielsetzung heraus mit ihren Einrichtungen und Maßnahmen diese Aufgaben erfüllen imstande ist. In solchen Fällen wird der Akt christlicher Liebestätigkeit , die mit der seelsorgerischen Betreuung verbundene Hilfe am notleidenden Glaubensgenossen, nicht mehr Betreuung in eigenen Veranstaltungen, sondern Überweisung an die Einrichtungen nationalsozialistischer Volkswohlfahrt sein. In der unter der Führung der nationalsozialistischen Volkswohlfahrt und ihres Organs, des Hauptamtes für Volkswohlfahrt, stehenden Arbeitsgemeinschaft der Verbände der freien Wohlfahrtspflege soll sich die im Interesse des Volkswohles notwendige Vereinheitlichung aller Wohlfahrtspflege immer mehr durchsetzen, unter Beachtung der Eigenart der Verbände, aber ebenso auch mit der unbedingten Ausrichtung auf die Ziele nationalsozialistischer Wohlfahrtspflege. Auch die aus Barmherzigkeit geleistete Hilfe für die aussichtslosen Fälle wird sich insofern völkischen Gesichtspunkten unterstellen müssen, als nicht eine zu starke materielle Betreuung der Fälle zu einer Mittelverschwendung zuungunsten der Erbgesunden ausarten darf. Eine Mittel-, Kräfte- und Zeitvergeudung überwindende Planmäßigkeit in der Wohlfahrtspflege ist das volkswirtschaftlich wichtige Ziel einer Zusammenarbeit aller Wohlfahrtspflegeeinrichtungen freier und behördlicher Art.

Auch die behördliche Fürsorge wird eng mit der nationalsozialistischen Volkswohlfahrt zusammenzuarbeiten haben. Dies folgt aus dem Wesen nationalsozialistischer Volkswohlfahrt, die ein Teil der nationalsozialistischen Bewegung ist und durch Anordnung des Führers zur parteiamtlichen Organisation erklärt wurde mit dem Ziel, auf wohlfahrtspflegerischem Gebiet der Garant für die Durchführung nationalsozialistischer Grundsätze zu sein. Nach dem Prinzip der Einheit von Staat und Partei, wonach die Partei aus der nationalsozialistischen Idee heraus immer wieder den Staat in seiner Tätigkeit zu beeinflussen und zu unterstützen hat, wird auch die Zusammenarbeit nationalsozialistischer Volkswohlfahrt mit der behördlichen Fürsorge stattfinden. Dies geschieht durch ehrenamtliche Mitarbeit in der praktischen Pflegearbeit als Bezirksvorsteher und Armenpfleger, als Vormund, Fürsorger in der Fürsorgeerziehung oder Helfer in der Schutzaufsicht usw., weiterhin auch durch Tätigkeit in den beratenden Ausschüssen. Ob eine Personalunion zwischen dem Amtsleiter der NSV. und dem Leiter des Wohlfahrtsamtes, ebenso zwischen Bezirksvorstehern und Amtswaltern der NSV. Zweckdienlich erscheint, hängt in den einzelnen Fällen von den Umständen örtlicher und persönlicher Art ab.

Durch Ausnutzung der gesetzlichen Möglichkeiten wird nationalsozialistische Volkswohlfahrt amtliche Aufgaben sich zur Erledigung übertragen lassen, so u.a. auf dem Gebiet der Vormundschaft, der Schutzaufsicht und des Pflegekinderwesens. Die amtliche Wohlfahrtspflege selbst wird aber unentbehrlich bleiben mit ihrer auf Gesetz und exakter Verwaltungsarbeit aufgebauten Mindestfürsorge, während neben ihr die ergänzende Arbeit nationalsozialistischer Volkswohlfahrt steht, die eine durchgreifende und auch vorbeugende Hilfe zu gewähren bestrebt ist, auch auf vielen Gebieten der Wohlfahrtspflege aus ihrer nicht an Gesetz und Verwaltungsvorschrift gebundenen Arbeitsweise Pionierdienst zu leisten imstande ist.

Für die unter Führung der nationalsozialistischen Volkswohlfahrt stehende Zusammenarbeit behördlicher und freier Wohlfahrtspflege zum Wohle des Gesamtvolkes gilt als Losung das Wort des Leiters der NSV.:

„Es wird immer so sein, daß, weil es so sein muß, eine Spannung besteht zwischen Kirche, Bewegung und Staat. Das müssen wir klar erkennen, und hier ist es Aufgabe der einzelnen Führer von Kirche, Bewegung und Staat, wenn sie nur ihrem Volk dienen wollen, ihre Kräfte klar zu sehen und sie nach Möglichkeit so zu lenken, daß sie dem Ganzen dienen."

Quelle: Althaus, Herrmann 1937[3] (1935): Vom Wesen nationalsozialilstischer Volkswohlfahrt. In: Nationalsozialistische Volkswohlfahrt, Wesen, Aufgaben, Aufbau. Schriften der Deutschen Hochschule für Politik, Heft 2. Berlin, S. 7-26.

Gordon Hamilton

Grundbegriffe des Casework

Wenn wir von Grundbegriffen sprechen, scheint es so, als dächten wir an eine feste Grundlage für unsere Praxis. Tatsache ist, daß unsere Begriffe sich ständig entwickeln – sie wandeln sich, wachsen, werden geformt durch neue Erfahrungen und nettes Wissen. Wissen ist von Bedeutung, indem es uns Einsichten vermittelt, aber neue Einsichten wachsen auch aus der Erfahrung. Die grundlegenden Begriffe im Casework sind in einer langen Entwicklung geformt, und sie wandeln sich weiter. Jede Wandlung ist von Einfluß auf die Grundbegriffe der Behandlung.

Casework hat sich immer mit menschlichen Nöten befaßt, Menschen brauchen materielle Dinge, und das soziale Gewissen der westlichen Länder hat sich endlich darauf besonnen, wirtschaftlichen Nöten in der Form zu begegnen, die der gesellschaftlichen Verpflichtung elementarer Gerechtigkeit entspricht. Menschen brauchen aber auch Erlebnisse und Erfahrungen, die Befriedigung geben. Wenn es ihnen nicht gelingt, solche Erfahrungen zu sammeln oder ihre Tätigkeit so zu ordnen, daß sie ihnen Befriedigung verschafft, dann suchen sie aus solcher Not die Hilfe des Sozialarbeiters und werden zu seiner Aufgabe.

Casework hat sich zuerst in dem Gewebe der Caritas entwickelt. Es war zuerst mit der Gewährung materieller Hilfe und der Sorge für Kranke verbunden. Es war immer und ist immer auf Nöte – wirtschaftliche, gesellschaftliche, persönliche und seelische – ausgerichtet. In seinen Grundbegriffen umschließt es Liebe des Nachbarn, Mittragen von des andern Lasten und Hilfe zur Selbsthilfe.

Weil jede caritative Bewegung so stark mit Besitz verbunden ist und die Gewährung von Unterstützung so leicht Macht und Bevormundung oder politische Beeinflussung bedeutet, haben Kritiker des Casework gelegentlich versucht, den Begriff des Anspruchs auf Hilfe zu unterstreichen, im Gegensatz zu dem Begriff der Not, als ob diese beiden Begriffe sich gegenseitig ausschlössen. Wir sollten uns hier nicht irreführen lassen. Menschliche Nöte sind nicht weniger wichtig geworden, weil Menschenrechte uns heute klarer sind und weil wir stärker entschlossen sind, sie anzuerkennen.

Menschenrechte schließen in sich Begriffsbildung, Klassifizierung und

Gleichwertigkeit der Behandlung aller. Anerkennung menschlicher Nöte schließt in sich die Erkenntnis der persönlichen Unterschiede in den heutigen Gegebenheiten und die Verpflichtung zu Hilfe in voller Anerkennung solcher Unterschiede. Die Grundsätze des Casework sind heute zum Glück nicht mehr länger an die Praxis des Unterstützungswesens gebunden. Sie sind überall anwendbar, wo immer Menschen nicht ganz fähig sind, die Angelegenheiten ihres täglichen Lebens allein zu ordnen, oder wenn sie in ihren menschlichen Beziehungen unbefriedigt sind. Unfähigkeit, Verstörtheit, Angst sind immer persönliche Nöte und müssen als solche verstanden werden.

In den Mittelpunkt der nachfolgenden Ausführungen sollte der Gedanke gestellt werden, daß Notstände ebenso persönlich wie gesellschaftlich sind, daß jeder „Fall" eine Verbindung von inneren und äußeren Faktoren darstellt.

Wir wissen, daß es Dinge gibt, die sich der Behandlung und Änderung entziehen, und kein Versuch der Einzelhilfe wird daran etwas ändern können. Nur gesellschaftliche Maßnahmen umfassender Art können sie beeinflussen. Auf der anderen Seite gibt es zahllose Fälle, in denen ein Mensch mit Umweltsfaktoren in Konflikt ist, oder in denen ein Mangelzustand durch organisierte Hilfeleistung der Gemeinschaft gelindert oder ausgeglichen werden kann. In anderen Fällen ist der Konflikt die Not im Wesen des Menschen. Der Klient ist im Zwiespalt mit sich selbst und mit seiner Umwelt. Auch wenn solche persönlichsten Notstände nicht allzuoft rein in Erscheinung treten, müssen wir in jeder Lage immer enge Wechselwirkungen zwischen Innen- und Außenwelt bedenken. Einen Menschen in seiner Umgebung wirklich zu verstehen, ist schwer. Es fordert vom Sozialarbeiter eine ständige Entwicklung seiner diagnostischen Fähigkeiten. Es ist wichtig und grundlegend, stets daran zu denken, daß wir mit sozialen Wirklichkeiten arbeiten müssen und mit der Anpassung zwischen Mensch und Umwelt, auch wenn unsere Bewertung der persönlichen, im Gegensatz zu den gesellschaftlichen Faktoren sich im Laufe der Jahre ändert, wie dies während der letzten Jahre mit ziemlicher Geschwindigkeit geschehen ist. Wir können den Einzelmenschen von der Gesellschaft nicht trennen, und je mehr der Mensch fähig ist, sich zu entfalten, um so mehr sucht er einen sozialen Ausdruck für seine Kräfte und Fähigkeiten. Anthropologie und Psychiatrie haben im Laufe der letzten Jahre viel zu unserer klaren Erkenntnis in dieser Beziehung beigetragen, Benedikt hat dies so ausgedrückt: „Die Gesellschaft empfängt mit Freundlichkeit Menschen, deren Betragen dem am nächsten kommt, was dem derzeitigen kulturellen

Betragen der Gesellschaft entspricht. Ebenso erleben andere Enttäuschungen und verstörende Verneinungen, deren persönliche Ausdrucksform von ihrer kulturellen Umwelt nicht angenommen wird."

Menschen, deren natürliche Triebe in eine Richtung drängen, für die in ihrer derzeitigen Umwelt und Kulturstufe keine Vorsorge getroffen ist, sind schlecht daran, ganz besonders aber, wenn die Gesellschaft ihre Bestrebungen und Wünsche scharf ablehnt. Casework hat sich immer um das Verstehen der Familie als der Urzelle der Gesellschaft bemüht. In ihr formen sich unsere Begriffe, unser Betragen, die ihrerseits innerhalb unserer Umwelt auf unsere Möglichkeiten gesellschaftlicher Anpassung von stärkstem Einfluß sind. Dieses Interesse ist weiter voll gerechtfertigt, und wir können kaum verstehen, was in unserer Kultur, in unserer Gemeinschaft gesellschaftlich annehmbar ist, wenn wir nicht gleichzeitig die Rolle der Eltern in der Familie voll erkennen. Die Elternrolle kann aber ohne ein tiefes Verständnis unserer Zivilisation, unserer derzeitigen Kulturstufe nicht ganz verstanden werden. Solch Verständnis ist eine zwingende Notwendigkeit für jeden Sozialarbeiter.

Psychiatrie hat uns geholfen, die menschliche Natur nicht nur nach Instinkten und Trieben zu verstehen, sondern auch nach Umwelt und dem kulturellen Druck auf jeden einzelnen Menschen. Dieses Verständnis ist besonders notwendig, wenn Zwiespalt sich in seinem Innern verborgen hält, so daß eine bloße Änderung von Umweltsbedingungen ihn wahrscheinlich kaum zu einer Lösung oder erträglichen Anpassung verhelfen kann...

Die Sozialarbeiter haben begonnen, zwischen solchen Notständen, die eine vernünftige Änderung von Umweltsfaktoren erfordern, und jenen anderen, die innerhalb jeder Wirtschaftsordnung und jeder sozialen Lage eine andere Form persönlicher Hilfe brauchen, klarer zu unterscheiden.

Wir wissen heute, daß die Entfaltung des Menschen zuerst von einem Mindestmaß an wirtschaftlicher Sicherung abhängt, dann von der Gelegenheit zur Entfaltung, schließlich auch davon, daß der Mensch lernt, die gegebene Wirklichkeit mit Wirklichkeitssinn anzunehmen und nicht gegen ihre Schranken anzurennen, sondern innerhalb gezogener Grenzen und unter ihrer Verwertung das Höchstmaß seiner Entwicklung zu erreichen.

Wir wenden uns nun dem nächsten Grundsatz zu. Jeder Klient hat ein Recht zu seiner eigenen Persönlichkeit; ein Recht, seine eigenen Entscheidungen zu treffen und seine eigenen Probleme auszuarbeiten. Dies ist eine dramatische Ausweitung des tiefbegründeten Glaubens an Selbsthilfe. Unsere früheren Deutungen von Selbsthilfe waren fast ganz wirtschaftlich entwickelt. Wir glaubten, daß der Klient so weit wie möglich seine eigenen Hilfsmittel, seine Arbeitsfähigkeit, die Hilfsmittel seiner Familie und seiner engeren Nachbarschaft anwenden sollte. Unsere fürsorgerische Hilfe war im wesentlichen darauf gerichtet, ihn in solchen Betätigungen zu stärken. Ein wachsendes Verständnis der Bedeutung und der Möglichkeiten der „helfenden Beziehung" hat denselben Gedanken neu aufgegriffen, so daß er jetzt die Gefühlswelt des Klienten mit einschließt. Die Ärzte haben seit Jahren Diabetiker angewiesen, ihre Behandlung selbst in die Hand zu nehmen. Die ärztliche Hilfe ist darauf gerichtet, den Patienten zu lehren, wie er mit und innerhalb seiner Krankheit leben kann, nicht nur ärztlichen Anweisungen zu folgen.

Die Menschen denken häufig, daß ihre inneren Konflikte sehr privat sind und daß dies ein Bereich der Selbstbestimmung ist, in das sie niemand Einlaß gewähren können. Es fällt ihnen verhältnismäßig leicht, Hilfe für „greifbare" Probleme zu beantragen, und viel weniger leicht für Probleme des Gefühlslebens, es sei denn, daß sich solche Schwierigkeiten in mehr handgreiflicher und äußerer Form ausdrücken, z.B. im Verlust einer Arbeitsstelle oder im Betragen eines schwierigen Kindes. Diese Art der Projektion ist sehr häufig in der Antragstellung. Immerhin sind viele Klienten bereiter, um Hilfe für ihre inneren Nöte zu fragen, wenn sie entdecken, daß der Sozialarbeiter nicht im leisesten versucht, den Klienten zu warnen, zu retten oder ihn mit Vorschlägen zu überwältigen.

Die meisten von uns haben eine angeborene Abneigung gegen das Gerettetwerden. Die Parabel von der Undankbarkeit des Ertrinkenden seinem Retter gegenüber beruht auf einer tiefen psychologischen Wahrheit. Die Zurückhaltung des Fürsorgers in der Besprechung, oft Passivität genannt – tatsächlich aber ein Ausdruck der großen Selbstbeherrschung gegenüber seiner Neigung zur Neugier und zum Rettungstrieb – mag es dem Klienten möglich machen, langsam eine heilende Selbsteinsicht zu entwickeln. Wir wissen, daß es dem Klienten nicht ohne weiteres helfen wird, wenn er glaubt und fühlt, verstanden zu werden, aber solch ein Erlebnis macht es eher möglich, die Unterhaltung von Dingen hinübergleiten zu lassen zu menschlichen Gefühlen und Beziehungen, zu sich selbst und anderen.

Der nächste Schritt mag zu der wachsenden Fähigkeit führen, seine Probleme so zu besprechen, daß er die Umweltfaktoren von jenen, die in seinem eigenen Wesen liegen, zu trennen beginnt. In der wachsenden Sicherheit, verstanden zu werden, mag er weniger Gefühle projizieren und stärker gewillt sein, etwas aus eigenen Kräften zu unternehmen.

Sozialarbeiter haben oft Schwierigkeiten, zu erkennen, daß Klienten auch unter drückendsten äußeren Umständen und in einer Wirtschaftsordnung, die von gerecht weit entfernt ist, selbst etwas tun können, um ihre eigenen praktischen Nöte zu lindern. Sie nehmen auch oft an, daß Klienten, die durch Krankheit schwer behindert sind, solch ein Schicksal nur als restlos negativ erleben. Vielleicht am schwersten ist es zu verstehen, daß ein Mensch frei sein muß, nicht nur seine eigenen Kräfte zu verwerten. Wir müssen ihm auch die Freiheit lassen, seine Kräfte in seiner Eigenart in seinem eigenen Tempo zu verwerten, wenn er sich erfolgreich und befriedigt fühlen soll.

Wenn wir uns zurückhalten müssen, nicht zu drohen oder zu strafen, Belohnungen weder zu verweigern noch anzubieten, wieviel schwerer ist es für uns, abzuwarten und anzuerkennen, daß jeder Mensch seine eigene Entscheidung treffen muß. Das heißt nicht, daß er selbstherrlich und mit Gewalt sich durchsetzen muß, auch wenn er blind und trotzig gegen harte Wirklichkeiten anrennt, sondern daß wir seine Ziele und seinen Lebenssinn als einzig in seiner Art, als Teil seines persönlichen Seins anerkennen.

Wir können hoffen, daß unsere Gesellschaft sich in der Richtung weiterer und tieferer Freiheit entwickeln wird, auf der Ebene größerer Sicherheit und Zusammenarbeit und weniger Wettbewerb, so daß die Wahl unseres Klienten weniger durch Ängste und Enttäuschungen bedingt wird. Seine Wahl muß jedoch die seine sein, nicht die unsere. Der Sozialarbeiter, der versucht, eine Haltung zu erreichen, die weder moralisierend noch zwingend ist, muß vor allem lernen, sich selbst zu verstehen. Er muß seine eigenen Gefühlserregungen und Triebe verstehen, bevor er in Wahrheit beginnen kann, die bösen Empfindungen und Feindseligkeiten und die Angriffslust in anderen vorbehaltlos anzunehmen. Sozialarbeiter sind langsam von Unduldsamkeit gegenüber gewissen Betragensformen zur Duldsamkeit und schließlich zu einem Verstehen vorgedrungen, das auf einer ganz anderen Ebene liegt als Duldsamkeit und Unduldsamkeit. Diese Einstellung – Abgelöstheit – ist eines der Ergebnisse des Wachsens der wissenschaftlichen Erkenntnis des 19. Jahrhunderts, und nicht, wie man manchmal glaubt, eine Erfindung der neueren Psychiatrie.

Wir hatten bereits festgestellt, daß der Sozialarbeiter auch die kulturelle und wirtschaftliche Umwelt verstehen muß, innerhalb derer sich unser Betragen formt, ebenso wie die inneren Triebe und Spannungen jedes einzelnen

Klienten. Eng verbunden mit der Erkenntnis, daß der Sozialarbeiter seine eigenen Empfindungen verstehen muß, um die der andern zu verstehen, ist die Wandlung in unserer Einstellung gegenüber der Anwendung von Autorität, Suggestion und Überzeugung in der helfenden Beziehung. Wir wissen heute klarer, daß Kontrollen nicht von persönlicher Autorität ausgehen dürfen, obwohl die Umwelt einen gewissen Druck ausüben kann und muß. Lincoln, der die menschliche Seele so gut verstand, hat gesagt: „Es liegt nicht in dem Wesen des Menschen, zu irgend etwas getrieben zu werden, am wenigsten, wenn es gegen sein eigenes Urteil geht."

In der öffentlichen Wohlfahrtspflege ist in den letzten Jahren eine interessante Entwicklung zu verzeichnen. Der Antragsteller auf Unterstützung wird jetzt ermutigt dazu, aktiven Anteil zu nehmen an der Feststellung seiner Zuständigkeit und seines Anspruchs, und persönlich weitgehende Verantwortung für die Beibringung und Klärung der Unterlagen zu übernehmen. Genau so wie auf Arbeitsgebieten der Fürsorge, die sich im wesentlichen mit Gefühlen und nicht mit wirtschaftlicher Hilfsbedürftigkeit beschäftigt, ist hier Casework weniger autoritär, dafür unpersönlicher geworden. Es wurde zurückhaltender und gleichzeitig verstehender. Wenn wir gelegentlich für andere Menschen zu handeln haben, und dies ist manchmal nötig, so erfordert dies Weisheit, Geschick und Mut. Aber wir sollten nicht gewöhnlich oder gar meist für andere Menschen handeln, wir sollten nur ganz ausnahmsweise Ermittlungen anstellen ohne Zustimmung der Klienten, oder Vorkehrungen treffen hinter ihrem Rücken, oder ihnen zureden, um sie zu Entschlüssen und Entscheidungen zu drängen, die sie ganz gut für sich allein treffen können.

Wir müssen es ertragen können, wenn Menschen ihre Vorurteile genießen, wir müssen zusehen und ihnen die Freiheit geben, ihrem Gewissen zu folgen. Wir verpflanzen nicht alternde Menschen gegen ihren Willen in Heime. Ebensowenig regen wir uns auf, wenn die Witwen als unsere Unterstützungsempfänger eine plötzliche Vorliebe für Feste entwickeln und wenn unsere Arbeitslosen Arbeitsstellen ablehnen. Aber wir nehmen auch nicht an, daß alle Arbeitslosen grundsätzlich Helden der Arbeit sind oder alle Eltern immer gut für ihre Kinder. Wenn Spannungen bestehen im Leben der Jugendlichen, sollten wir auch nicht automatisch auf der Seite der Jugend sein....

Wir müssen uns gelegentlich selbst daran erinnern, daß Autorität, wenn sie angewandt wird, nicht nur in der rechten Beziehung zu der Fähigkeit des Klienten, zu den Wirklichkeiten seiner Umwelt stehen muß, sondern auch zu der inneren Entwicklung des Sozialarbeiters, seiner Eigendisziplin. Er muß es überwunden haben, sich ganz naiv mit seiner eigenen Vorliebe und seinen eigenen Vorurteilen, seinem Mitleid und seiner Weltanschauung mit dem Klienten zu identifizieren. Nur dann kann er seinem Klienten wirklich helfen, die Einsicht zu gewinnen, die ihn instandsetzt, seine Probleme selbst in die Hand zu nehmen. Immer besteht die Gefahr, daß er zwar dem äußeren Druck nachgibt, dem Rat seines Fürsorgers, daß er sich aber ihnen verweigert, ja rächt durch Flucht in negatives Benehmen, Abhängigkeit oder Loslösung von der Familie.

Der Gedanke, daß die persönliche Beziehung zwischen Helfer und Klienten von wesentlicher Bedeutung dafür ist, daß wir anderen helfen können, sich selbst zu helfen, ist einer der ältesten im Casework. Wir haben alle von Kindheit an das Sprichwort gehört, „Nicht Almosen, sondern ein Freund“; das ist heute immer noch wahr. Wir wissen heute nur besser, oder wir glauben es zu wissen, was diese Freundbeziehung einschließt. Virginia Robinson hat in ihrer steten gedanklichen Klarheit und ihrem schöpferischen Empfinden in einem ihrer letzten Bücher eine sehr interessante Diskussion über die Entwicklung der Wesenheit des Berufshelfers gegeben. Sie weist darauf hin, daß seine Persönlichkeit ein wesentlicher Faktor in der Theorie und Wirklichkeit der helfenden Beziehung ist, und daß sie in berufenem Können die Begriffe der Selbstverantwortung und der Selbsthilfe als Teil der helfenden Beziehung einschließt.

Im Jahre 1915 gab uns Dr. Abraham Flexner seine Deutung der Kriterien des wissenschaftlichen Berufes. Er zeigte uns, daß unser Beruf zusammengesetzt ist aus intellektuell bedingten Handlungen und Maßnahmen, die immer verbunden sind mit einem starken Maß persönlicher Verantwortung. Er ging von der so viel älteren Berufsarbeit des Arztes aus mit ihrer starken Tradition eines bestimmten Ethos, ihrer Betonung einer wesentlichen Beziehung zwischen Arzt und Patienten, ihrer Freiheit in der Wahl eines ärztlichen Helfers, ihrem vertraulichen Charakter, ihrem Zurücktreten des Arztes außerhalb der helfenden Beziehung. Er nahm es wohl als selbstverständlich an, daß wir Sozialhelfer während der langsamen Reifung unseres Berufes unweigerlich das hohe Maß von Selbstdisziplin erkennen wurden, das in solchem Beruf eingeschlossen ist. Wir sind noch am Anfang dieser Kenntnis.

Wir haben immer gewußt, daß die eigene Darstellung des Klienten, die Geschichte seiner Schwierigkeiten wichtig ist. Der bekannte Psychiater Dr. Adolf Meyer hat uns immer aufs neue darauf hingewiesen, daß wir die Leidensgeschichte in den Mittelpunkt unseres Interesses stellen müssen, denn sie ist der Mittelpunkt für den Patienten. Während der Zeit der großen Arbeitslosigkeit haben wir zunehmend die Bedeutung und die Wirklichkeit der Leidensgeschichten erkannt, wenn wir auch wenig mehr tun konnten, überwältigt von der Fülle der Anträge, als geduldig des Klienten Darstellung von Zusammenbruch und Verzweiflung anzuhören und ihm ein wenig materielle Hilfe anzubieten. Neu war in dieser Lage nur unsere wachsende Erkenntnis von Faktoren, die einerseits den Klienten hemmen in seiner Darstellung, andererseits ihn erleichtern und befreien. Wir haben gelernt, daß der Klient in einer Atmosphäre der Mißbilligung sich nicht sachlich ausdrücken kann. Überraschender war für uns, daß er dies oft auch in einer Atmosphäre der Billigung nicht kann. Wir wußten schon immer, daß es gewisse Persönlichkeiten gab, die intuitiv den Menschen helfen konnten; aber wir fingen nun an, uns zu fragen, was das Wesen dieser Hilfe war und warum einige unserer Hilfeversuche so gefährlich, ja schädlich wurden im Rahmen der sich entwickelnden menschlichen Beziehung zwischen Helfer und Hilfesuchenden.

Wir haben langsam erkannt, daß folgende Dinge u.a. die Helfer-Klienten-Beziehung beeinflussen:

– Selbsteinsicht und Selbstkenntnis sind grundlegend für die berufliche Verwertung der menschlichen Beziehungen.

– Der Helfer muß mit sich selbst in Frieden leben, sein eigenes Wesen akzeptieren können, um andere Menschen in ihrer Wesenheit anzunehmen.

– Die Fähigkeit, mit sich selbst in Frieden zu leben, unter Einschluß unserer eigenen Gefühlswerte, so wie sie sind, ist von Bedeutung für unser Verständnis der Gefühlswerte anderer Menschen.

Nur wenn wir unsere eigenen Gründe bis zu einem gewissen Grade verstehen, können wir dem Klienten die Freiheit lassen, sich selbst in eine ruhige und gesicherte Beziehung zu uns zu versetzen, und ihm damit eine neue Möglichkeit geben, in ähnliche ruhige Beziehungen zu anderen zu treten.

ANMERKUNG

1 Basic Concepts in Social Casework, in: The Family, Juli 1937, S. 147-155
   Übersetzerin: Dr. Hertha Kraus

Quelle: Hamilton, Gordon 1950 (1937): Grundbegriffe des Casework. In: Kraus, Hertha: Casework in USA. Theorie und Praxis der Einzelhilfe. Frankfurt/M., S. 56-64.

Klaus Mollenhauer

Zur Bestimmung von Sozialpädagogik und Sozialarbeit in der Gegenwart[1]

I.

Die Vieldeutigkeit des Ausdrucks „Sozialpädagogik" ist alles andere als fruchtbar; sie ist in hohem Maße lästig und verwirrend, sie fördert nicht eine sinnvolle Diskussion, sondern verhindert sie. Unter solchen Umständen wäre es wünschenswert, daß das Wort verschwände und nicht mehr über dies, sondern nur noch über die Sache geredet werden müßte.

Um diese Lage zu illustrieren und zugleich eine Begründung des Unbehagens zu geben, sollen einige Zitate aus der jüngeren Literatur hier folgen und kritisch betrachtet werden. In einem Lexikon der Pädagogik steht: Sozialpädagogik sei „Erziehung zu gesellschaftlichen Gebilden wie Dorfgemeinschaft, Volk (...) Sie bezweckt (...) eine bestimmte Gestalt der Gemeinschaft und ein dementsprechendes Verhalten ihrer Glieder" (vgl. Kleinert, 1950-1952); in einem anderen, Sozialpädagogik sei „die Lehre vom sittlichen Sozialverhalten", sie beabsichtige die „Wiedererweckung echter sozialer Gesinnungen und Haltungen" (vgl. Roloff, 1952). In einer anderen Neuerscheinung (vgl. Rünger, 1964) heißt es, Sozialpädagogik sei zu verstehen als „inhaltlich bestimmte Gegenwartsaufgabe in einem umfassenden Sinn, als besondere Gestalt der Erziehung in unserer Zeit, als Bildungsideal"; im Vorwort des Handbuches der Sozialerziehung steht: „Sozialpädagogik war eine der neuen zukunftverheißenden Wissenschaften", die allerdings nach dem 2. Weltkrieg ihre einstmalige Bedeutung nicht wiedererlangt habe, weil die Methoden der Sozialarbeit sich verändert hätten; infolgedessen sei „eine Neubesinnung notwendig"; mit einem neudurchdachten Begriff der Sozialerziehung werde deshalb versucht, „die vielfältigen Bestrebungen der praktischen Sozialerziehung zusammenzufassen und in dem System einer Wissenschaft zu vereinigen" (vgl. Bornemann, 1963). Lattke schließlich will das Wort nur adjektivisch verwendet wissen, und zwar – im Anschluß an Aloys Fischer – zur Bezeichnung all jener Erziehungsfelder, in denen „die Gemeinschaft als Erziehungsmittel" auftritt, in denen eine „Arbeit mit sozialen Beziehungen und Prozessen in sozialen

Gebilden im Interesse der Erziehung" (vgl. Lattke, 1962) stattfindet. „Soweit der Sozialarbeiter also erzieherisch wirkt oder wirken will, sind sein Bemühen und sein Tun im engeren Sinne und im Kern Sozialpädagogik"; das gleiche gelte für den Lehrer, sofern er die „vielgestaltigen sozialen Beziehungen im Schulleben planmäßig als Mittel benutzt, z.B. im Gruppenunterricht oder in der Schülerselbstverwaltung" (vgl. Lattke, 1962: 46).

Ordnet man dieses etwas unerfreuliche Bild, dann zeigen sich offenbar vier Vorstellungen, die jeweils mit dem Wort „Sozialpädagogik" verbunden sind:

1. Sozialpädagogik als eine Lehre von besonderen Erziehungszielen oder sogenannten Bildungsidealen. Abgesehen von dem Unsinn einer Formulierung wie „Erziehung zum Volk" und deren barbarischen Folgen, ist eine solche Lehre natürlich denkbar. Aber sie ist völlig überflüssig, denn es gibt schlechterdings kein Erziehungsziel, das mit dem sozialen Zusammenhang, in dem es verwirklicht werden soll, nicht unauflöslich verwoben wäre. Jede andere Meinung wäre nicht nur „Individualpädagogik", wie oft gesagt wird, sondern sie wäre entweder ideologisch oder einfach falsch. Da aber auch die Allgemeine Pädagogik nichts Ideologisches oder Falsches zu sagen beabsichtigt, ist nicht einzusehen, warum für das allein Richtige – in der Beschreibung Richtige – das Wort Sozialpädagogik herangezogen werden soll.

2. Sozialpädagogik als die Anwendungslehre einer bestimmten Sozialethik. Wenn behauptet wird, Sozialpädagogik sei diejenige Erziehungslehre, in der die „Wiedererweckung echter sozialer Gesinnungen und Haltungen" beabsichtigt werde, dann ist zunächst zu fragen, was denn inhaltlich mit dem eher verschleiernden als klärenden Beiwort „echt" gemeint sein soll. Handelt es sich hier um eine besondere, von einer oder einigen gesellschaftlichen Interessengruppen vorgetragene Sozialethik, wäre es genauer, diese Ethik deutlich zu bezeichnen, als einen Ausdruck zu verwenden, der sich den Anschein gibt, ein allgemeiner pädagogischer Begriff zu sein. Ist aber *nicht* eine besondere Ethik gemeint, sondern der Komplex von Problemen und Wegen, der mit dem Zustandekommen sozialer „Gesinnungen und Haltungen" überhaupt zusammenhängt, dann ist wiederum nicht einzusehen, warum es dafür eines besonderen Wortes bedarf, denn es gibt schlechterdings *keine* Erziehung, in der „Gesinnungen und Haltungen" – was immer die Verfasser solcher Formeln sich dabei gedacht haben mögen

– keine Rolle spielen, wie es keine Theorie der Erziehung gibt, in der sie nicht berücksichtigt werden.

3. Sozialpädagogik bzw. Sozialerziehung als „System einer Wissenschaft". Wie das unter solchem Anspruch verfaßte Handbuch der Sozialerziehung zeigt, entsteht auf diese Weise nicht das „System einer Wissenschaft", sondern, geleitet von einer praktischen Frage, eine geordnete Sammlung von Beiträgen aus verschiedenen Wissenschaften und nichtwissenschaftlichen Theorien. Wenn man überdies sieht, welche methodologische Schwierigkeit die Erziehungswissenschaft selbst mit sich hat, kann man kaum vermuten, daß es einer sich von der Erziehungswissenschaft abtrennenden „Sozialpädagogik" besser ergehen wird. Und schließlich zeigen die vorliegenden Bände des zitierten Handbuches, daß sie als nichts anderes verstanden werden können, denn als eine allgemeine Erziehungslehre, in der lediglich einige Akzente spezieller verteilt sind, als es in der Allgemeinen Pädagogik gewöhnlich geschieht. Damit ist bereits das vierte Verständnis des Wortes Sozialpädagogik angedeutet:

4. Sozialpädagogik als ein spezieller Aspekt des Erziehungsgeschehens, der überall dort hervortritt, wo das Erziehungsfeld durch Gruppenstrukturen bestimmt wird, wo – wie Lattke sagt – eine „Arbeit mit sozialen Beziehungen und Prozessen in sozialen Gebilden im Interesse der Erziehung stattfindet". Wir können hier die gleiche Art von Kritik anwenden, wie angesichts der drei anderen Bedeutungsgehalte des Ausdrucks Sozialpädagogik: Nehmen wir den Autor beim Wort, dann zeigt sich, daß sich auch hier ein besonderer Terminus für das Gemeinte erübrigt, denn es wird kaum irgendeine Form von Erziehung geben, die ohne soziale Beziehungen und außerhalb sozialer Gebilde sich vollzieht. Allerdings variiert in der Praxis das Maß, in dem die im Erziehungsfeld auftretenden sozialen Vorgänge bewußt werden; diese Varianten aber konstituieren keinen eigenen Praxisbereich, sondern lediglich eine besser oder schlechter reflektierte Erziehung oder Erziehungstheorie. Solche künstlichen Abstraktionen dienen weder der Praxis, noch machen sie die Theorie besser, weil sie von dem in jedem Fall höchst komplexen Charakter aller Erziehungsvorgänge ablenken und damit die Sache verfälschen.

Noch unter einem anderen Gesichtspunkt versucht Lattke, dem Adjektiv „sozialpädagogisch" eine brauchbare Bedeutung abzugewinnen. Er schreibt: „Wenn der Sozialarbeiter ... pädagogisch wirkt, dann tut er das vornehmlich

‚sozialpädagogisch', nicht wie der Lehrer in der Schule ‚sachpädagogisch'"
(Lattke, 1962: 47). So plausibel diese Unterscheidung auf den ersten Blick
erscheint, so sinnlos wird sie nach genauerer Überlegung. Was hier unterschieden
wird, sind zwei Faktoren des Erziehungsprozesses: die sozialen Prozesse, in
denen die Erziehung verläuft, und die in den Bildungsplänen vorformulierte
Informationsmasse, die die Schule zu vermitteln hat. Neben diesen beiden
Faktoren gibt es jedoch noch eine Reihe weiterer, die ihnen nebengeordnet
sind: die im Erziehungsfeld auftretenden Normen, die Reize der materiellen
Umwelt, die erziehenden Personen, die Institutionen usw. Mit dem gleichen
Recht, mit dem sich Sach- und Sozialpädagogik unterscheiden läßt, ließe sich
auch eine Norm-, Personal-, Institutions- etc. Pädagogik konstituieren. Die
Sinnlosigkeit solchen Unternehmens wird hier deutlich: die Faktoren lassen
sich nur in der theoretischen Abstraktion voneinander trennen. Im konkreten
Erziehungsgeschehen aber sind sie *alle* an den Vorgängen beteiligt.

Nur in der wissenschaftlichen Analyse, zur methodischen Erleichterung
der Forschung, bietet sich das Entwickeln solcher Aspekte an, so daß dort,
in Anwendung auf ein gegebenes Erziehungsfeld, nacheinander die sozialen,
didaktischen, normativen, personalen, institutionellen Komponenten des
Geschehens hervorgehoben werden können.

Schließlich steckt in der Unterscheidung von sozial- und sachpädagogi-
schen Vorgängen noch ein bemerkenswertes Mißverständnis. Die besondere
Bedeutung, die das Zur-Kenntnis-Nehmen von Sachverhalten in der Schule
spielt, verleitet dazu, diesen Aspekt pädagogischer Vorgänge außerhalb der
Schule gering zu achten, so, als wären hier die Sachen und Informationen
gleichgültig. Daß diese Annahme falsch ist, zeigt sich z.B. in der Analyse von
Gruppenprozessen so gut wie in der von Beratungsvorgängen. Informationen
haben hier zwar einen anderen Stellenwert, sie sind im Prozeß anders lokalisiert
als in der Schule, sie sind aber ebensowohl ein selbstverständlicher Bestandteil
des Geschehens wie in *allen* Erziehungsverhältnissen. Es ist vielleicht Schuld
der Erziehungswissenschaft, daß sie ihre didaktischen, also auf die Inhalte,
die Sachen der Erziehung und Bildung gerichteten Untersuchungen bisher
auf den Unterricht beschränkt hat.

II.

Das Ergebnis unserer Kritik ist unbefriedigend. Woran liegt es, daß auch in
neueren Veröffentlichungen immer wieder so unzureichende Bestimmungen des

Begriffs Sozialpädagogik gegeben werden? Hier ist ein unglückliches Bedürfnis nach Theorie am Werk, unglücklich deshalb, weil das gewählte Objekt ungeeignet ist. Bemerkenswerterweise wird in allen Bedeutungsbestimmnugen der Versuch unternommen, das „Wesen" der Sozialpädagogik zu bestimmen, einer Sache also, der man nur mit Hilfe des Ausdrucks „Sozialpädagogik" ansichtig zu werden hofft. Man meint, da es das Wort gebe, müsse sich auch die Sache finden lassen, und zwar durch eine Analyse der Bedeutung beider Wortteile: Sozial und Pädagogik. Die entscheidende Schwierigkeit dabei macht das Wort „sozial". Alle Bedeutungsbestimmungen sind Versuche, diesem Wort einen deutlichen Inhalt zu geben; sie können mehr oder weniger gescheit ausfallen: da es aber, wie ich zu zeigen versuchte, die in diesen Bedeutungsbestimmungen gemeinte Sache nicht gibt, es sei denn, schlicht als „Erziehung", ohne Zusatz, müssen sie vergeblich bleiben. Auch dazu noch einmal, statt vieler anderer, Herbert Lattke: „Was die Sozialarbeit als eigenes Gebiet der Menschenhilfe konstituiert, das ist eben das Soziale, die Arbeit mit dem Sozialen in den Menschen und zwischen ihnen" (Lattke, 1962: 48). Was hier vermutlich gemeint ist und sich nur in eine merkwürdig substantivische Form des Ausdrucks verirrt hat, ist, daß sowohl in der Sozialen Arbeit wie auch in der Sozialpädagogik Beziehungen zwischen Menschen eine besondere Rolle spielen. Nun, das ist sicher richtig, wenn man vorweg, ohne das Wort, schon weiß, wovon die Rede sein soll, und es gilt zudem für alle Erziehung. Andere Versuche, die Bedeutung von „Sozialpädagogik" vom Wortsinn her festzulegen, beziehen sich auf den mit der „Sozialen Frage" des 19. Jahrhunderts zusammenhängenden Problemkomplex, auf das, was man im alltäglichen Sprachgebrauch als „Soziale Nöte" bezeichnet oder darauf, daß wir bestimmte Tugenden als „soziale" zusammenfassend bezeichnen.

Diese letzten Hinweise führen – so scheint mir – nun doch aus der terminologischen Sackgasse, in die wir geraten sind, wieder hinaus. „Soziale Frage", „Soziale Notstände", die Aufmerksamkeit, die die Beziehungen der in einer Gesellschaft miteinander verbundenen Menschen erheischen, die formulierte Hervorhebung aller sozialen Aspekte des Erziehungsgeschehens weisen auf gesamtgesellschaftliche Grundlagen dieser einzelnen Symptome hin. Diese Grundlagen haben für das Erziehungswesen in unserer Gesellschaft zweierlei bewirkt: Sie haben dazu geführt, daß nach und nach eine Reihe von neuen Institutionen entstanden, die den Sozialisierungsprozeß der heranwachsenden Generation sichern und fördern sollen: von den altershomogenen Gesellungen junger Menschen bis zur Erziehungsberatung oder Bewährungshilfe. Sie haben andererseits gesellschaftliche Zustände hervorgebracht, die an die Soziabilität des Menschen ein erhöhtes Maß an Anforderungen stellen, also auch von dem Erziehungswesen im Ganzen eine größere Differenziertheit und Leistungsfähigkeit verlangen. Es ist nicht zufällig, daß dieser Zusammenhang, wenn auch mit anderen Worten, bereits von Gertrud Bäumer bei den Beratungen zum Reichsjugendwohlfahrtsgesetz formuliert wurde: bei dieser Gelegenheit wurde zum erstenmal unmißverständlich klar, daß sich unser Erziehungswesen um einen neuen institutionellen Bereich erweitert hatte. Seitdem gliedert sich das Erziehungswesen in Familienerziehung, Schule, Berufsausbildung und Jugendwohlfahrt bzw. – mit dem neueren Ausdruck – Jugendhilfe. Entsprechend differenziert sich die allgemeine Pädagogik in einzelne Theorien, die jeweils die Theorien eines dieser institutionellen Komplexe sind, nicht von der allgemeinen Pädagogik abgelöst, sondern diese im Hinblick auf die Aufgaben der einzelnen Bereiche konkretisierend. Weil die allmähliche Entwicklung und Ausgestaltung der Jugendhilfe-Institutionen in besonders intensiver Auseinandersetzung mit den Prozessen gesellschaftlicher Veränderung geschah, da die Jugendhilfe selbst den Schattenseiten dieses Veränderungsprozesses gleichsam näher war, die sozialen Probleme aller Erziehung deutlicher sah, geschah es, daß auch sie – neben den anderen Wortbedeutungen – den Ausdruck Sozialpädagogik für sich verwendete.

Das ist ein glücklicher Umstand. Er gestattet es nämlich, den Ausdruck als Kunstwort zu verwenden, d.h. zur Bezeichnung eines bestimmten definierbaren institutionellen Zusammenhangs innerhalb unseres Erziehungssystems. Es ist dann müßig, nach dem „Wesen" der „Sozialpädagogik" zu fragen, da sich die Einrichtungen der Jugendhilfe recht gut ohne solche Wesensfrage beschreiben lassen. Der Ausdruck „Sozialpädagogik" wäre demnach gleichbedeutend dem Ausdruck „Theorie der Jugendhilfe". Der Wortbestandteil „sozial" wäre nur geschichtlich motiviert; der Sache nach ist seine Wahl nicht geboten. Es ist, wenn man will, eine Verlegenheitslösung, nur dadurch motiviert, daß sich der Terminus den schon vorhandenen Bezeichnungen Familienpädagogik, Schulpädagogik, Berufspädagogik einreihen läßt.

Indessen bleibt doch ein entscheidendes Problem noch zu klären: Sind die in der Sozialpädagogik zusammengefaßten Einrichtungen und Maßnahmen wirklich derart zusammenhängend, daß eine zusammenfassende Theorie auch sinnvoll bleibt, und welcher Art ist dieser Zusammenhang? Auf die

Schwierigkeit der Beantwortung dieser Frage hat Furck schon hingewiesen:
„Während die Bereiche von Familie und Schule verhältnismäßig leicht beschrieben und institutionell abgegrenzt werden können, ist dies für den der
Sozialpädagogik noch nicht in gleicher Weise möglich; schon deshalb nicht,
weil hier sehr verschiedenartige Formen der Erziehung vorgefunden werden"
(vgl. Furck, 1966). Diese Verschiedenartigkeit der Formen oder Institutionen
legt es in der Tat nahe, ihre Zusammenfassung in einem vereinheitlichenden
Begriff gewaltsam zu finden, sei dieser nun Jugendwohlfahrt, Jugendhilfe,
Sozialpädagogik oder Soziale Arbeit. So scheinen etwa die Arbeit der Jugend-
verbände, die Familienberatung, die Bewährungshilfe und die Altenhilfe sehr
weit voneinander entfernt zu sein. Aber ist wirklich die Zusammenfügung
des Verschiedenen im Gesetz, im Jugendamt, in den Ausbildungsstätten,
nur vom Prinzip verwaltungsmäßiger Zweckmäßigkeit diktiert? Ist es nur
eine Verlegenheitslösung unseres Erziehungssystems, die in dem Augenblick
revidiert wird, in dem ein Bereich der Jugendhilfe, z.B. die Jugendarbeit oder
Jugendpflege, so an Umfang gewonnen hat, daß er sich neben der Schule als
eigener, von den anderen Jugendhilfemaßnahmen unabhängiger institutioneller
Zusammenhang etablieren kann?

Mir scheint, daß es keine Verlegenheitslösung ist und daß diejenigen gute
Gründe haben, die seit langem die hartnäckigen Differenzen zwischen den
verschiedenen Jugendhilfe-Bereichen zu beseitigen trachten, weil ihnen aller
Jugendhilfe eine gleiche pädagogische Struktur zugrundezuliegen scheint.
Die Beschreibung und Analyse dieser Struktur ist, neben den vielen Einzel-
problemen, eine der Hauptaufgaben einer Theorie der Jugendhilfe bzw. der
Sozialpädagogik.

Eine solche Analyse kann ich hier nicht vorlegen, nicht nur, weil der be-
schränkte Raum dazu nicht ausreichen würde, sondern weil die Theorie noch
nicht so weit ist. Deshalb möchte ich mich auf Andeutungen beschränken:

Die Institution Schule, das pädagogische Geschehen in ihr wie ihre Theorie,
stützt sich auf den für sie konstituierenden Sachverhalt des gemeinschaftlichen
Unterrichts. D.h., sie geht aus von gesellschaftlich objektiven Leistungsan-
forderungen, die der augenblicklichen Bedürfnislage des jungen Menschen
gegenüber indifferent sind; ihr Gegenstand ist das kanonisierbare Wissen,
dessen es, nach Meinung der Gesellschaft, bedarf, damit diese weiterexistieren
kann, dieses Wissen und die Techniken zu ihrem Erwerb werden mitgeteilt
oder vermittelt in der Form einer kollektiven Lehre. Das im Vergleich zur

Schule Charakteristische aller von der Sozialpädagogik ins Auge gefaßten Erziehungsfelder liegt demgegenüber darin, daß hier

1. nicht eine gesellschaftlich objektive Leistungsanforderung, sondern ein Konflikt den Anlaß aller Maßnahmen darstellt,

2. nicht ein kanonisierbares Wissen, sondern die subjektive Erfahrungs- und Schicksalslage eines einzelnen den Gegenstand der Erziehungstätigkeit bilden und

3. das Erziehungsgeschehen nicht die Struktur der kollektiven Lehre hat, sondern, aus der Struktur der Beratung sich entwickelnd, jede beliebige Form annehmen kann, ja gerade durch die Vielfalt und den methodisch eingesetzten Kombinationsreichtum ausgezeichnet ist.

Nicht die Versuche, die leidige Vieldeutigkeit des Wortes „sozial" zum Ausgangspunkt der Theorie zu machen, sondern allein die Analyse der Struktur des Geschehens scheint mir erfolgversprechend zu sein. Wie man den Bereich, in dem solches Geschehen dann stattfindet, bezeichnet und die dazugehörende Theorie überschreibt, ist ein relativ unwichtiges Problem und mir nahezu gleichgültig, sofern nur über die in Rede stehende Sache Einigkeit erzielt und deutliche Vorstellungen entwickelt werden können. Aber gerade das stößt auf eine Schwierigkeit besonderer Art, die an den genannten drei Merkmalen des sozialpädagogischen Feldes hervortritt. Sie wird bezeichnet durch die Frage, ob das, was die drei Merkmale umschreiben, nicht über den gewollten Bedeutungsumfang des Wortes Erziehung und des Wortes Jugendhilfe hinausgeht und infolgedessen auch in einer pädagogischen Theorie keinen legitimen Ort mehr habe.

III.

In der Tat: reichert man die gegebene formale Charakterisierung mit Inhalten an und denkt sie im Hinblick auf die praktischen Formen durch, in denen sie sich konkretisiert, dann zeigt sich, daß der Bedeutungsumfang des Wortes „Sozialpädagogik" größer ist als der des Ausdrucks „Theorie der Jugendhilfe; daß die entsprechenden Gegenstände im JWG nicht erschöpfend aufgezählt sind; man befindet sich im Felde dessen, was in der Regel als „Soziale Arbeit" bezeichnet wird. Aber: Die Fürsprecher des Begriffs „Soziale Arbeit" legen viel Wert auf die Feststellung, daß Soziale Arbeit *nicht* gleich Erziehung sei, der Ausdruck also auch nicht gleichbedeutend mit dem Ausdruck „Sozialpädagogik" sein dürfe, wenngleich nicht geleugnet wird, daß auch innerhalb der

Sozialen Arbeit Erziehung geschähe. Ein – wie man immer wieder bemerken kann – tiefes Mißtrauen dem Worte Erziehung gegenüber ist hier am Werk, und dies, wenigstens in einer Hinsicht, zu Recht.

In der Regel wird von Erziehung nur dort gesprochen, wo es sich um den Umgang mit Unerwachsenen handelt, wo überdies der zu Erziehende sich in einer persönlichen Abhängigkeit dem Erziehenden gegenüber befindet und wo die Autorität des Erwachsenen sich u.a. darin bekundet, daß er eine deutliche Vorstellung von dem Ergebnis seiner Bemühungen hat und diese Vorstellung nachdrücklich zu realisieren trachtet. Erziehung ist eine Form direkter Beeinflussung und vollzieht sich in personaler Abhängigkeit: Dies ist der Alltagssprachgebrauch nichtprofessioneller Erzieher wie auch die Vorstellung, die bei vielen Sozialarbeitern ihr Unbehagen angesichts der Versuche, ihre Tätigkeit als Erziehung zu bezeichnen, motiviert. (...)

So wie jede Gesellschaft das ihr angemessene System sozialer Aufzucht des Nachwuchses entwickelt, entwickeln die mit der Aufzucht befaßten Erwachsenen auch die entsprechenden Vorstellungen von dem Charakter ihrer Tätigkeit. Mit den gesellschaftlichen Veränderungen verändern sich nicht nur diese Aufzuchtsysteme, sondern auch die Inhalte derjenigen Ausdrücke, die auf diese Systeme Bezug nehmen. Die Worte bleiben zwar häufig gleich, sie verändern aber – wenn das auch langsamer geschieht als die Veränderung der gesellschaftlichen Praxis selbst – ihre Bedeutung. Tun sie das nicht, dann bezeichnen sie eben nicht mehr das, was sie bezeichnen sollten.

Ein Stück der damit angedeuteten Problematik steckt auch im gegenwärtigen Erziehungsbegriff. Die Veränderungen, die durch die gesamtgesellschaftlichen Vorgänge auch im System sozial-integrierender Institutionen, also auch in dem ganzen „Erziehung" benannten Bereich hervorgerufen wurden, sind sowohl der Menge wie der Art nach erheblich. Es würde ein falsches Bewußtsein verraten, wollte man nach wie vor hier von Erziehung sprechen in eben dem Sinne, in dem das 18. oder das bürgerliche 19. Jahrhundert diesen Ausdruck gebrauchte. Verschiedene Vorgänge in der Praxis und in der wissenschaftlichen Theorie haben das deutlich gemacht.

Das Gesamtsystem erzieherischer Institutionen hat sich um Einrichtungen neuer Art erweitert: Einrichtungen der Gesellung Gleichaltriger, Einrichtungen der Beratung, der Unterstützung der erziehenden Generation selbst, Einrichtungen, in denen der als Person gegenwärtige und unmittelbar Einfluß nehmende Erzieher zurücktritt zugunsten eines methodischen Arrangements von Erziehungsbedingungen, wie in Freizeitheimen, Kinderspielplätzen; Veränderungen im pädagogischen Verfahren wie indirekte Methoden, Gruppenpädagogik, Selbstverwaltungstechniken; Mißtrauen gegen autoritäre Stile; das Eindringen der Beratungsstruktur in die verschiedensten Erziehungsfelder; Einrichtungen der erzieherischen Planung. Parallel zu dieser Entwicklung der Praxis schlägt die Veränderung sich auch in den Problemen der wissenschaftlichen Theorie nieder: Das Interesse, das die Probleme des Stils und der Atmosphäre finden: die Diskussion des Begriffs der „funktionalen Erziehung"; die Erweiterung des Begriffs der „Erziehungswirklichkeit", die Einführung des Begriffs der „erzieherisch bedeutsamen Wirklichkeit"; die Einführung des Begriffs des „Erziehungsfeldes".

Diese Aufreihung soll andeuten, wie erheblich die Strukturveränderungen innerhalb des Erziehungssystems sind und wie stark durch sie auch der Inhalt unseres traditionsreichen Wortes „Erziehung" mitbetroffen wird; so daß man sich fragen mag, ob dieses Wort überhaupt noch geeignet ist, das Ganze der uns interessierenden und die Praxis bewegenden Probleme zu beschreiben. Indessen gilt auch hier, was ich über das Verhältnis des Ausdrucks „Sozialpädagogik" zu dem genannten Praxiszusammenhang sagte: Die strukturelle Verflochtenheit der Probleme und Prozesse scheint unabweisbar zu sein.

Wie ich dann dieses Ganze benenne, ist eine nichts mehr entscheidende Frage. Oder anders formuliert: Die Alltagsbedeutung des Wortes Erziehung reicht nicht mehr aus, um den Umkreis dessen, auf das sich die von ihm ausgegangene Theorie bezieht, zu umschreiben. Das hat die Erziehungswissenschaft schon immer empfunden und deshalb von Erziehung und Bildung gesprochen. Aber auch diese Erweiterung erweist sich heute schon als unstatthafte Beschränkung: Mehr und mehr verwendet auch die Erziehungswissenschaft den Begriff des Lernens, der von allen heute gebräuchlichen und auf unseren Gegenstand anzuwendenden sich durch die größte Allgemeinheit auszeichnet. Diese Veränderungen in der erziehungswissenschaftlichen Theorie muß derjenige berücksichtigen, der es unternimmt, seine Tätigkeit gegen „Erziehung" abzugrenzen. So richtig solche Abgrenzung angesichts der Alltagsbedeutung dieses Ausdrucks ist, so fragwürdig wird sie, wenn sie damit zugleich den Gegenstand derjenigen Wissenschaft meint, die sich Erziehungswissenschaft nennt.

Damit ist aber auch der Punkt erreicht, an dem eine Antwort auf die Frage nach dem Verhältnis von Sozialpädagogik und Sozialer Arbeit erfolgen müßte. Wir möchten die Frage hier *nicht* beantworten, um nicht einen verfrühten und damit gewaltsamen Schluß zu ziehen. Lediglich einige Probleme sollen abschließend formuliert werden, die die Frage ihrer Beantwortung näherbringen könnten:

1. Mir scheint die Frage nicht durch Hinweise auf Altersgrenzen beantwortet werden zu können, so, als müsse bis zu einem festgesetzten Alter von Sozialpädagogik – danach aber von Sozialer Arbeit geredet werden. Entschieden werden könnte die Frage lediglich von einem Nachweis struktureller Andersartigkeit des Praxisbereiches. Alle bisher unternommenen mir bekannten Versuche dieser Art scheinen darauf hinauszulaufen, daß ein solcher Nachweis nicht gelingt, wenn man die von mir angedeutete Veränderung des Erziehungssystems und seines Begriffs in Rechnung stellt.

2. Es ist vielleicht ein meist verborgenes, aber in der Diskussion dennoch wirksames Moment, das die Lösung des Problems erschwert: die unterschiedliche Geschichte, auf die sich die Soziale Arbeit einerseits und die Sozialpädagogik andererseits bezieht: Jene ist eng verbunden mit der Geschichte des Fürsorgewesens aus der sog. christlichen Liebestätigkeit und der Armenpflege herkommend – diese entstand ganz aus dem Erziehungssystem und Erziehungsdenken heraus, sich erst allmählich erweiternd und umstrukturierend. Die Geschichte erklärt zwar die Verschiedenheit der Begriffe, ist aber ungeeignet, gegenwärtige Praxis zu begründen. Solche Begründung kann allein aus dem Zusammenhang des gesellschaftlichen Systems, dessen Praxis beide sind, gegeben werden.

3. Diejenigen Praktiken der Sozialarbeit, die kaum noch als pädagogische Phänomene interpretiert werden können, sind verschwindend gering. Es ist zu fragen, ob sie dennoch so ins Gewicht fallen, daß eine ausdrückliche Unterscheidung sinnvoll ist. Der Katalog eines amerikanischen Lehrbuchs der Sozialarbeit birgt nur zwei Tätigkeiten des Sozialarbeiters unter insgesamt mehr als 15, bei denen der pädagogische Charakter fraglich ist: materielle Unterstützung und Altenhilfe.

4. Auch bei der wissenschaftlichen Begründung und Erforschung der Praxis unterscheiden sich – wenn ich recht sehe – Soziale Arbeit und Sozialpädagogik nicht. Hier sind die gleichen wissenschaftlichen Disziplinen am Werk, die gleichen Forschungseinrichtungen, ja es sind sogar die gleichen Veröffentlichungen, Forschungen und Theoreme, die bei der Ausbildung und dem Ausbau der Praxis herangezogen werden.

Nicht daß die beiden Ausdrücke „Sozialpädagogik" und „Soziale Arbeit" das Wort „sozial" enthalten, würde eine gemeinsame Theorie rechtfertigen können, sondern nur die Tatsache, daß die Tätigkeiten in beiden „Bereichen" mit gleichen Problemen zu tun haben, vor gleichen, der Sache nach zusammengehörigen Aufgaben innerhalb ein und desselben gesellschaftlichen Horizontes stehen.

ANMERKUNG

1 Gekürzter Wiederabdruck eines unter gleichem Titel in dem Band „Mollenhauer, K. u.a.: Zur Bestimmung von Sozialpädagogik und Sozialarbeit in der Gegenwart", Weinheim 1966 publizierten Aufsatzes.

LITERATUR

Bornemann, E. (Hrsg.) 1962: Handbuch der Sozialerziehung, Freiburg

Furck, C.-L. 1966: Die Aufgaben der Sozialpädagogik in der Gegenwart. In: Mollenhauer, K. (Hrsg.): Zur Bestimmung von Sozialpädagogik und Sozialarbeit in der Gegenwart, Weinheim, S. 46-66

Kleinert, H. (Hrsg.) 1950-1952: Lexikon der Pädagogik, Bern

Lattke, H. 1962: Sozialpädagogische Gruppenarbeit, Freiburg

Roloff, M. (Hrsg.) 1952-1955: Lexikon der Pädagogik, Freiburg

Rünger, H. 1964: Einführung in die Sozialpädagogik, Witten

Quelle: Mollenhauer, Klaus 1998: Was heißt Sozialpädagogik? In: neue praxis, 5/98, S. 429-435.

Walter Hollstein

Sozialarbeit im Kapitalismus

Kritik der Sozialarbeit

Der entscheidende Impuls zur Kritik der Sozialarbeit ging in allen Ländern von der antiautoritären Protestbewegung aus, die die Differenz, welche die Theorie von der Praxis des ‚Sozialstaats' trennt, sah und ortete. Dabei ließ sich für die Protestbewegung die Unmenschlichkeit des kapitalistischen Systems am augenfälligsten am miserablen Leben der Armen und Ausgestoßenen beweisen: Gleichzeitig verfolgte die Protestbewegung in Anlehnung an die Sozialphilosophie *Herbert Marcuses* die Strategie, über die Politisierung der Randgruppe und Marginalexistenzen das bestehende System zu verändern.

Wiewohl diese Absicht scheiterte, hatte sie doch den sekundären Erfolg, daß öffentlich über Zustand und Funktion der Sozialarbeit nachgedacht werden konnte. Dabei würde weithin „einem traditionellen Selbstverständnis der Sozialarbeit, das darauf beruhte, auf der Grundlage einer vorausgesetzten ‚heilen Welt' ‚Abgeglittenen' und ‚Verwahrlosten' Hilfe zu gewähren, der Boden entzogen"[61]. Aus dieser Diskussion, die sich um das Selbstverständnis der Sozialarbeit entspann, ergaben sich divergierende Konsequenzen: Die einen glaubten, den Graben zwischen Armut und Wohlstand dadurch schließen zu können, daß sie eine *größere Effizienz* der Sozialarbeit (Professionalisierung, Verwissenschaftlichung, Verbesserung der Interventionstechniken u.a.) forderten[62]; die anderen verlangten, daß Sozialarbeit nicht die unkritische Anpassung des Klienten an die bestehenden Zustände, sondern dessen Emanzipation zu erwirken habe; der Sozialarbeiter müsse sich als Anwalt und Organisator der Armen und nicht als Agent der Obrigkeit verstehen.[63]

In der Folgezeit versuchte die eine Seite, sich zu organisieren. So entstanden beispielsweise in Frankreich das ‚Mouvement du 10 mars des travailleurs sociaux', das ‚Comité de Coordination des animateurs' und die ‚Groupe d'information sur les prisons' (GIP). In Deutschland formierten sich ‚Arbeitskreise Kritischer Sozialarbeiter' (AKS); Randgruppenprojekte mit Fürsorgezöglingen und Obdachlosen wurden in allen größeren Städten lanciert; die *Organisationsfrage* beschäftigte von der Arbeiterwohlfahrt-Tagung 1968 in Braunschweig über den 4. Jugendhilfetag 1970 in Nürnberg bis zu den lokalen Diskussionen alle Veranstaltungen, wo immer sich die Vertreter sozialer Berufe trafen. Diese Organisationsdebatte mit ihren parteipolitischen und gewerkschaftlichen Zielvorstellungen ist nach wie vor in vollem Gange. Dagegen postulierte die andere Seite eine größere Effizienz der Sozialarbeit, wobei – pauschal beschrieben – die ‚technokratische' Richtung auf die Modernisierung der Apparatur sozialer Interventionen setzte, während die ‚humanistische' Richtung darauf verwies, daß „die Sozialarbeit um so weniger ein Instrument der herrschenden Kräfte zur Dämpfung von sozialen Spannungen sein wird, je mehr sie sich ihre Aufgaben selbst zuweist"[64].

Beide Vorstellungen gestehen der Sozialarbeit im Kapitalismus einen Grad von Autonomie zu, der es erlaubt; eigene Konzeptionen darüber sinnvoll zu entwickeln, welche Aufgaben sich die Sozialarbeit selber stellen und alsdann verwirklichen kann. Solches beinhaltet, daß die Sozialarbeit über sich selbst bestimmen könnte, falls sie nur wollte, und daß sie nicht von externen Kräften an ihrer eigendynamischen Entfaltung gehindert wird. Legitim kann das aber nur behauptet werden, wenn die Autoren die Frage nach Position und Funktion der Sozialarbeit im sozio-ökonomischen Herrschaftsgefüge der Bundesrepublik beantworteten. Genau diese Antwort steht indessen aus. Um sich ihr anzunähern, müßte geklärt werden, welche Einflüsse auf den Tätigkeitsbereich der Sozialarbeit wirken.[64a]

Sozialarbeit und Herrschaftssystem

Die Hilfeleistung der Sozialarbeit realisiert sich nicht in einem pädagogischen Feld, das ‚sachfremden' Eingriffen nicht zugänglich wäre; vielmehr gehört jeder Sozialarbeiter einem Träger an, der, ob es sich nun um Staat, Kirche oder Privatinstitution handelt, jeweils über komplexe organisatorische Strukturen verfügt. Seit *Max Weber* ist es kein Geheimnis mehr, wie sehr der Prägungsdruck von Organisationen die Arbeit der einzelnen Funktionsträger in bürokratischen Gebilden beeinflußt. Leistungsdruck, Hierarchie, Kontrolle, Rollenverteilung und Vorschriften zwingen auch die Hilfeleistung der Sozialarbeit in ihren spezifischen Rahmen und den Sozialarbeiten zu organisationskonformem Verhalten.[65] Die Hilfe, die der Sozialarbeiter dem Klienten anbietet, ist damit von vornherein in bestimmte Beschränkungen eingebunden.

Entgegen den Intentionen der meisten Sozialarbeiter wird ihre Beziehung

zum Klienten jedoch nicht nur durch die Pressionen der bürokratischen Gebilde ‚versachlicht‘, sondern vor allein auch durch die Notwendigkeit, den
individuellen Hilfefall je als Rechtstatbestand zu klassifizieren. Richtig merkt
Hans Achinger dazu an: „Entscheidend ist die Umschmelzung der Tatbestände
und der Intentionen, sobald die Sprache des Rechts gesprochen wird. Die
Formenwelt des juristischen Denkens hat sich als weit genug erwiesen, um
alle nur möglichen Feststellungen und Handlungen im sozialen Bereich zu
erfassen. Verwaltungsrecht, Beamten- und Arbeitsrecht regeln den Aufbau der
Dienststellen und ihrer Personalverhältnisse. Ein mehr oder weniger kasuisti-
sches Leistungsrecht regelt den gesamten Inhalt der möglichen sozialen Aktion;
Arbeitsgerichtsbarkeit und Sozialgerichtsbarkeit regeln den Vollzug, soweit es
sich um die Einhaltung der Gesetze handelt. Für den Leistungsbetroffenen
ergibt sich daraus, daß er Anträge stellen muß, daß er dabei bestimmte Formen und Formeln zu beachten, Fristen zu wahren, Beweisstücke zu liefern
hat. Das ganze soziale Geschäft erhält einen juristischen Charakter, und die
Folgen für die sozialpolitische Aktion sind eingreifend und mannigfaltig. Das
Recht liebt die Dauer, die Wiederkehr desgleichen. Die Geschwindigkeit,
mit der man Gesetze wirksam verändern kann, ist begrenzt. Das Recht liebt
den Präzedenzfall. Daher das ewig Gestrige im Recht; man möchte, ja, man
muß das Neue subsumieren können, um eine rechtliche Entscheidung zu
treffen. Daher verstärkt das Recht die Vorliebe für die ‚gängigen Risiken‘,
für die bereits ‚deklarierten Kategorien. Das Recht braucht objektive Be-
weismittel. An die Stelle der persönlichen Überzeugung, daß ein Notstand
gegeben, eine Abhilfe erforderlich sei, tritt die ‚Aktenlage‘ im Hinblick auf
den möglichen Rechtsstreit. Daher die Vorliebe für materielle Tatbestände,
für meßbare Fakten. Das Recht stabilisiert das Denken, es schafft Sicherheit
und Gleichmäßigkeit des Ablaufs, aber es vereinfacht und simplifiziert auch,
es opfert die größtmögliche Annäherung an die tatsächliche Situation, um
Durchschnittsergebnisse sicher zu haben. Das Recht entfremdet oft die Partner
des sozialpolitischen Geschäfts […].“[66]

Der ‚Sozialatlas Berlin‘ problematisiert die Folge dieser Einbindung der
Hilfe in Rechtstatbestände: „Die Akten des Sozialarbeiters sind noch zu sehr
bestimmt durch das Interesse an juristischer Absicherung und am Nachweis
bestimmter Leistungen. Pädagogische Alternativen werden in den Akten
nicht vermerkt. Die Schilderung von Symptomen scheint mehr mit dem
Blick auf das Vormundschaftsgericht zu erfolgen, um von ihm leichter eine

Sorgerechtsentziehung zu erwirken, als daß verwertbare Daten für gezielte Erziehungshilfen und Elternberatung aufgeführt werden."[67]

Die von der Sozialarbeit als individuell vorgestellte Hilfe zeigt sich damit bürokratisch-juristischer versachlicht. Das ‚persönliche Problem' verwandelt sich in administrativer Regie zum Fall. Für den Klienten bedeutet solches nicht zuletzt, daß ihm ein Etikett zuteil wird, das freilich nicht hilft, sondern stigmatisiert: „Die in den Aktenstücken zum Vorschein kommenden Definitionen und Beurteilungen scheinen vorwiegend den Informationsbedürfnissen der Instanzen zu dienen, weniger aber für entsprechende Hilfsmaßnahmen geeignet zu sein. Ein großer Teil der Berichte besteht aus der Aneinanderreihung von diskriminierenden Etikettierungen, die offenbar nur der Beschimpfung und der Degradierung des Beurteilten dienen."[68]

Nun erweisen sich Definitionen wie ‚kriminell', ‚asozial', ‚liederlich', ‚unordentlich' u.a. nicht als zufällig; in sie gehen, wie vorgängig bezeichnet, die Normen der Gesellschaft ein, die hinwiederum auf jene sozio-ökonomischen Verhältnisse verweisen, deren materiellen Erhalt sie ideologisch abstützen sollen. Wenn Sozialarbeit im bürokratischen Verband also stigmatisiert, tut sie solches nicht zweckfrei. Vielmehr handelt sie im Auftrage des Staates, der sich als Organisator, Ordnungsgarant und Leistungsträger des gesellschaftlichen Systems versteht. Aber welchen Systems?

Alfred Pressel antwortet allgemein: „Die Struktur der Gesellschaft der Bundesrepublik ist nach wie vor gekennzeichnet durch den Gegensatz von Kapital und Arbeit; das heißt, auf der einen Seite stehen die wenigen mit einer weitgehend unkontrollierten Profitmaximierung, auf der anderen Seite viele, die von ihnen abhängig sind und fremdbestimmte Arbeit leisten."[69] Die starke Konzentration in der westdeutschen Industrie hat die konstatierte Kluft zwischen den wenigen, die über die Produktionsmittel verfügen bzw. an ihrem Besitz partizipieren, und den vielen, die von der Arbeit für die wenigen leben müssen, noch verstärkt. Aufgrund einer diskriminierenden Einkommensstruktur sieht sich die große Mehrzahl der Bevölkerung von jedweder Vermögensbildung ausgeschlossen. „Die einkommens- und vermögensmäßige Schichtung der westdeutschen Gesellschaft beruht auf einer dreifachen Benachteiligung der Bezieher niedriger Einkommen, die sich zum größten Teil aus Arbeitern und Nichterwerbstätigen rekrutieren. *Erstens:* Ihr Einkommen, und damit ihr Lebensstandard, ist erheblich niedriger als das der Selbständigen, der Beamten und der höheren Angestellten. *Zweitens:* Dieses niedrige Einkommen zwingt sie, einen relativ großen Teil hiervon zu verbrauchen, so daß ein relativ (und selbstverständlich auch absolut) geringer Teil für das Sparen, d.h. für die Bildung von Geldvermögen, zur Verfügung steht. *Drittens:* Die kleineren Einzelbeträge, die von Arbeitern und Nichterwerbstätigen der Vermögensbildung zugeführt werden, bringen einen nicht nur absolut, sondern auch relativ geringeren Ertrag als größere Beträge, wie sie von Beziehern höherer Einkommen gespart werden können."[70]

Mithin ist die Arbeiterschaft nach wie vor gezwungen, den Großteil aller Einkünfte für die Reproduktion ihrer Arbeitskraft auszugeben. Gemessen am Reichtum der Gesellschaft, wie er sich im Bruttosozialprodukt manifestiert, und am Überfluß der Besitzenden, der die Möglichkeiten allgemeiner Bedürfnisbefriedigung im Extrem veranschaulicht, ist der Lebensstandard einer Vielzahl unter kapitalistischen Produktionsbedingungen durchaus noch als relative Armut zu kennzeichnen. „Das rasche Wachstum des produktiven Kapitals ruft ebenso rasches Wachstum des Reichtums, des Luxus, der gesellschaftlichen Bedürfnisse und der gesellschaftlichen Genüsse hervor. Obgleich also die Genüsse des Arbeiters gestiegen sind, ist die gesellschaftliche Befriedigung, die sie gewähren, gefallen im Vergleich mit den vermehrten Genüssen des Kapitalisten, die dem Arbeiter unzugänglich sind, im Vergleich mit dem Entwicklungsstand der Gesellschaft überhaupt. Unsere Bedürfnisse und Genüsse entspringen aus der Gesellschaft überhaupt. Wir messen sie daher nicht an den Gegenständen ihrer Befriedigung. Weil sie gesellschaftlicher Natur sind, sind sie relativer Natur."[71] In Verhältnis gesetzt zu diesem Entwicklungsstand unserer Gesellschaft, muß festgestellt. werden, daß eine Mehrzahl der Arbeitenden unter kapitalistischen Produktionsbedingungen nicht nur zeitadäquat die Bedürfnisse *nicht* befriedigen kann, sondern darüber hinaus jederzeit von Deklassierung bedroht ist.

Im kapitalistischen Produktionsprozeß wird der Arbeiter notwendig als minderer Kostenfaktor angesehen und dementsprechend entlohnt. Da er sich Besitz und damit Sicherheit nicht schaffen kann, besteht für den Arbeiter stets die Gefahr, aufgrund einer ungünstigen Wirtschaftslage oder mißlicher persönlicher Umstände wie Krankheit und Unfall der absoluten Armut zu verfallen. Diese Möglichkeit der *Deklassierung* ist dem kapitalistischen System als solchem immanent, da die Akkumulation von Reichtum auf der einen Seite die Akkumulation der Beschränkungen auf der anderen Seite bedingt. Der Tatbestand, daß der Arbeitende innerhalb der kapitalistischen Logik der

Profitmaximierung nur als minimaler Kostenfaktor behandelt wird, verlangt auch die „Verschwendung am Leben und der Gesundheit des Arbeiters", seine geistige „Verkrüppelung" und seine „Verwandlung [...] in den selbstbewußten Zubehör einer Teilmaschine"[72] mit ihren pathologischen Folgen. Kapitalistische Produktion erscheint so als Destruktion des Menschen.

Mit einem Frustrationsindex hat *S. Kätsch* denn auch festgestellt, daß die Unzufriedenheit mit der sozialen, physischen, psychischen und intellektuellen Situation je größer sich zeigt, desto tiefer die Schichtenzugehörigkeit der Betroffenen ist.

DURCHSCHNITTLICHER FRUSTRATIONSINDEX DER VERSCHIEDENEN SOZIALEN SCHICHTEN[73]:

Soziale Schicht	Bei Männern 1.	Bei Frauen 2.	Insgesamt (Durchschnitt aus 1. und 2.)
Obere Mittelschicht	1,1	2,0	1,55
Mittlere Mittelschicht	1,6	1,6	1,6
Untere Mitteischicht (industriell)	2,0	1,8	1,9
Obere Unterschicht (industriell)	2,1	2,0	2,05
Untere Unterschicht	2,3	2,6	2,45

Aus dieser Frustration als Folge der bestehenden Produktionsverhältnisse erklärt sich auch das aggressiv-delinquente bzw. kriminelle Verhalten, das vor allem in den unteren Schichten besonders häufig zutage tritt. In bezug auf die Jugendkriminalität schreibt *T. Moser:* „Ein breites empirisches Forschungsmaterial stützt die These, daß Jugendkriminalität in ihren schweren und dauerhaften Formen in der Unterschicht lokalisiert ist. Die Untersuchungen über die innerfamiliären Ausgangsbedingungen delinquenter Charakterentwicklung haben gezeigt, daß sozialstruktureller Druck auf die Sozialisationsfähigkeit der Familie und die Kumulation seelisch gestörter Menschen die Unterschicht in erhöhter Weise belasten. Diese Belastung wird nicht erst, wie die Anomietheoretiker annahmen, wirksam als Mangel an objektiven ökonomischen Chancen für Jugendliche beim Eintritt in die Erwachsenenwelt. Sie beeinflußt ihre psychische Entwicklung in frühester

Kindheit dadurch, daß sie Reifung und Entfaltung der Eltern einschränkt, aufhält oder zerstört. Und selbst diese Eltern mögen ihrerseits Deformationen ihrer Persönlichkeitsstruktur ausgesetzt gewesen sein in einem über mehrere Generationen hinwegreichenden Prozeß der Icheinschränkung, der Verkümmerung von seelischen Funktionen, der Brutalisierung des Verhältnisses zum eigenen Selbst, zur Familie und zur Gesellschaft. Vom Teufelskreis der Potenzierung der Abweichungstendenzen durch den Ausfall gegenwirkender Kräfte wurde an mehreren Stellen gesprochen."[74]

So läßt der Kapitalismus nach wie vor Menschen elend werden. Verelendung bedeutet freilich nicht mehr im gleichen Ausmaße wie weiland die totale Unmöglichkeit zu existieren, aber doch die Unmöglichkeit, unter kapitalistischen Produktionsverhältnissen *sinnvoll* zu existieren. In diesem Sinne ist *André Gorz* recht zu geben, wenn er „die spätkapitalistische Gesellschaft als *Gesellschaft* zutiefst barbarisch" nennt – „und dies in einem Maße, in dem sie nicht eine Zivilisation der gesellschaftlichen Existenz und der gesellschaftlichen Beziehungen zum Ziel hat und nicht eine Kultur des gesellschaftlichen Individuums [...]. Die wirtschaftliche, kulturelle und soziale Entwicklung zielt nicht vordringlich auf die Entfaltung der Menschen und auf die Befriedigung ihrer gesellschaftlichen Bedürfnisse, sondern zunächst auf die Herstellung derjenigen Gegenstände, die mit dem größten Profit verkauft werden können, seien sie nun nützlich oder nicht. Die schöpferischen Tätigkeiten werden gemäß den Kriterien der finanziellen Rentabilität und der gesellschaftlichen Stabilität beschnitten, während Millionen von Arbeitsstunden verschwendet werden, um im Rahmen der monopolistischen Konkurrenz oft nur geringfügige, aber stets kostspielige Änderungen an Konsumgütern vorzunehmen, die jedoch keineswegs dazu dienen, (den ästhetischen oder) den Gebrauchswert des Produkts zu erhöhen."[75]

Entfremdung wird diagnostiziert. Je mehr indessen die kapitalistischen Produktionsverhältnisse alle Lebensbereiche des Menschen infiltrieren, desto deutlicher betrifft die Dynamik der Profitmaximierung nicht nur die Arbeiterklasse, sondern auch die Mittelschichten. Als aktuelles Beispiel wären die jugendlichen Drogenabhängigen zu nennen: „Die pubertären Rauschgiftsüchtigen sind bisher meist Gymnasiasten, Kinder von höheren Angestellten, Selbständigen, Intellektuellen, die fast alle kleinbürgerlichen Autonomie-Illusionen anhängen und zur Gesellschaft das Verhältnis wie die Maus zur Falle haben. Da diese Jugendlichen das frustrierende Erlebnis so einer Fremdgesellschaft noch nicht objektivieren können, brennen sie lieber mit Hilfe von Heroin in zwei Jahren wie Wunderkerzen ab, als daß sie sich in Jahrzehnten von Großfirmen anstellig verheizen lassen – nur um sich dadurch irgendwelche miesen Befriedigungen leisten zu können. Gott stinkt, die Farbfernseher zeigen die Scheiße nur noch farbig, und mit Sportwagen kommt man nur schneller dorthin, wo man eigentlich doch gar nicht sein wollte. ‚Freiheit ist Konsumzeit', dekretieren die Soziologen der Industrie. Freiheit wird so zum Gegenteil von Freiheit. Die Superindustrie macht so den Menschen zum Kakozephagen, der die Scheiße auch noch frißt, die er produzieren muß – Werbung und Presse üben den Konsum ein. Da die Industrie kein echtes Produkt mehr bietet (der Gebrauchswert wurde zu Sozialprestige pervertiert), sucht der Konsument danach, bis er nichts als *Nichts* findet, dann ist seine Suche zur Sucht geworden. Statt fündig zu werden, fand er bloß Ersatz, und Ersatz ist nichts anderes als schön eingewickelte Frustration: Alle Industrie ist heute Verpackungsindustrie, der Fernsehapparat ist ein unendlich großer Karton; diese ganze Industrie, das merkt selbst der blödeste Gesunde, ist für Süchtige gemacht (in Spraydosen, kann man sich jetzt den Duft frischer Wäsche kaufen). Während sich die Masse des Volkes mit Pharmaka, Betäubungsmitteln, Müdemachern und Wachhaltern abwiegeln läßt, genießt der Fixer den anarchischen Reiz explosionsartiger Selbstzerstörung."[76]

Wenn Sozialarbeit also, wie angeführt, die Normen der bestehenden Gesellschaft verteidigt und jene Menschen stigmatisiert, die sie verletzen, handelt sie im Sinne der vorgegebenen Machtverhältnisse, die wenigen zugute und vielen nicht zupaß kommen. Auf dem Hintergrund der gesellschaftlichen Situation in der Bundesrepublik kann sich das karitative Selbstverständnis der Sozialarbeit mithin nur als sich selbst täuschende Ideologie enthüllen.

(...)

DIE DOPPELTE AUFGABE DER SOZIALARBEIT

Dem Sozialarbeiter fällt in der gegenwärtigen Gesellschaft die Rolle zu, Agent und Repräsentant des herrschenden Staates zu sein. Seine Aufgabe ist es – vorerst nur grob bezeichnet –, bei seinen Klienten sowohl für die *materielle* wie für die *ideologische Reproduktion* des bestehenden Systems zu sorgen.

Das bedeutet zunächst, daß Sozialarbeit dazu beitragen muß, kranke oder delinquente Arbeitskräfte wieder an die Anforderungen des Produktionsprozesses anzupassen. Partiell oder völlig Deklassierte werden von der Sozialarbeit versorgt, damit keine breite Unzufriedenheit mit dem System aufzukommen vermag. Für alle Schaffenden stellt Sozialarbeit überdies eine Garantie dar, daß ihnen im möglicherweise auftretenden Notfall Hilfe zur Verfügung stünde. Sozialarbeit hat damit eine kompensatorische Funktion: Sie muß die Mängel und Folgen ausgleichen, die die kapitalistischen Produktionsverhältnisse alltäglich hervorbringen. Damit versucht sie, der Kritik und Kontestation des kapitalistischen Systems die Überzeugungskraft zu nehmen; ihre Hilfeleistung soll alle Ungerechtigkeiten verdecken und die bestehende Gesellschaft als letztendlich doch noch gerecht und fürsorgend in öffentliche Erscheinung treten lassen. Solches verweist auf die historischen Wurzeln der Sozialarbeit, die als Antwort auf die proletarische Herausforderung gegenüber dem kapitalistischen System entstanden ist.[86]

Gleichzeitig wacht die Sozialarbeit darüber, daß die herrschenden Normen der Gesellschaft aufrechterhalten bleiben. Ihre Aufgabe ist es dabei, die Beachtung der Normen zu kontrollieren und allfällige Verstöße zu bestrafen. „Aus beidem ergibt sich, daß Fürsorge in der Regel von der Arbeitshypothese ausgeht, daß der einzelne zu adjustieren sei, daß es darum zu tun sei, ihn in eine Gesamtheit einzufügen, deren Anforderungen er zur Zeit infolge irgendwelcher Handikaps nicht entspricht. Bei einer Methode, bei der alles auf die Erkenntnis und die Veränderlichkeit der individuellen Situation ankommt, wird also stillschweigend vorausgesetzt, daß sich die Anpassung an Durchschnittsverhältnisse lohne."[87]

Diese Funktion, Anpassung und Integration zu gewährleisten, hat sich für die Sozialarbeit in unseren Tagen aus materiellen und ideologischen Gründen noch erhöht. Zunächst bedingt die Nachfrage nach Arbeitskräften eine Intensivierung sozialarbeiterischen Bemühens um die Reproduktion der ersteren. „Die Notwendigkeit, jedes für die Gesellschaft nur irgendwie nützliche Glied heranzuziehen, bringt eine Ausdehnung der Hilfstätigkeit auch auf solche Menschen, von denen sich der Hilfswille noch vor einigen Jahren, wenn nicht ganz abgewendet, so doch zurückgehalten hat. Die halben, die Viertel-Arbeitskräfte, die vielfach in normalen Zeiten, weil sie die Produktion mehr belasten als fördern, aus dem Wirtschaftsleben (zugunsten von voll arbeitsfähigen Arbeitsuchenden) ausgeschieden und nur noch als Gegenstand einer Versorgung betrachtet wurden, werden jetzt durch Anlernung und Umschulung, also durch besondere fürsorgerische Hilfsaktionen, in den

Arbeitsprozeß eingegliedert. Sobald normale Verhältnisse eintreten, werden sie wieder abgestoßen und unter Umständen ihrem Schicksal überlassen.[88]

Fernerhin wächst für die Sozialarbeit die systembedingte Notwendigkeit, ihre soziale Kontrolle zu verstärken. Mit der starken Zunahme des gesellschaftlichen Reichtums erweisen sich nämlich die emanzipatorischen Möglichkeiten für die Menschen als immer größer und die sozio-ökonomischen Notwendigkeiten, Zwang, Unterdrückung und Beschränkungen aufrechtzuerhalten, als zunehmend ungerechtfertigter. Damit die Differenz zwischen der Möglichkeit zur Freiheit und der Wirklichkeit der Repression nicht zu augenfällig sich zeigen mag, müssen die sozialen Kontrollen über die Bürger verstärkt werden. „Gewöhnlich garantiert schon das normale Funktionieren des Sozialprozesses die notwendige Anpassung und Unterwerfung (Furcht vor Verlust des Arbeitsplatzes oder des sozialen Status, gesellschaftliche Ächtung usw.); ein besonderes Vorgehen, um zusätzlichen psychischen Druck auszuüben, erübrigt sich. Aber es besteht in der modernen Überflußgesellschaft eine derartige Diskrepanz zwischen den gegenwärtigen Existenzformen und den erreichbaren Möglichkeiten menschlicher Freiheit, daß die Gesellschaft, will sie zu starkes Unbehagen vermeiden, eine wirksamere Koordination der Individuen vornehmen muß. So wird die Psyche in ihrer unbewußten Dimension einer systematischen Kontrolle und Manipulation zugänglich gemacht und unterworfen."[89]

Der Fall der französischen Familie G. ist ein – freilich vorläufig noch extremes, aber für Kommendes vielleicht symptomatisches – Beispiel dafür, wie sich die Kontrollfunktion der Sozialarbeit verstärkt. Bei den G.s kümmert sich eine Sozialarbeiterin um die Familie, eine zweite Sozialarbeiterin um die Organisation des Haushalts, eine dritte Sozialarbeiterin übt beratende Tätigkeit aus, eine vierte ist mit den Gesundheitsproblemen der G.s beschäftigt, eine fünfte sorgt sich um die Geburtenkontrolle, eine sechste um den Schulbesuch der Kinder, ein Sozialarbeiter betreut die Finanzen der G.s, ein zweiter überwacht die Verbesserung der Wohnverhältnisse, ein dritter den Alkoholkonsum und ein vierter die psychischen Probleme.[90] Gleichfalls aus Frankreich kommt die Meldung, daß Neubauquartiere von Paris nach Sektoren eingeteilt und je mit einem Team von Sozialarbeitern, Psychiatern und Polizisten als „Element der sozialen Kontrolle"[91] ausgestattet werden. Auch in Deutschland soll „Systemrationalität [...] durch wirkungsvolle Sozialtechnik (‚Social Engineering') gesichert werden", wobei „ein rein technisch-rationaler Ansatz in dem Wunsch nach Berechenbarkeit menschlichen Verhaltens"[92] dominiert.

Uniformierung und Homogenisierung sollen damit in einem Moment vorangetrieben werden, in dem sie *eigentlich* nicht mehr nötig wären. Doch was, gemessen an den Möglichkeiten der Gesellschaft, nicht mehr erforderlich scheint, verlangt die Logik des Kapitals, die den programmierten Konsumenten braucht, will sie expandieren und sich nicht selber widerlegen. So muß der einzelne stärker denn je auf *ein* Leben, *ein* Verhalten und *eine* Vernunft festgelegt werden. Das Kapitalinteresse hat sich zum Maßstab erhoben und versucht, alles seinem normierenden Einfluß unterzuordnen. In solcher Konstellation offenbart ,abweichendes Verhalten' ein Lebens- und Entfaltungspotential des Menschen, der sich auflehnt, seine Existenz als ganze der Fremdbestimmung durch das Kapitalinteresse unterwerfen zu lassen. Krankheit, Devianz, Delinquenz und Wahnsinn veranschaulichen dabei nur als Antwort und Symptom die Anomalität des Systems und den „Wahnsinn des Kapitals" *(K. Marx);* sie sind Ausdruck der *pathogenen* Struktur der Gesellschaft. Daß diese Gesellschaft dann bekämpft, was ihre eigene Mechanik schafft, trägt im 20. Jahrhundert kaum zu ihrer Rationalität bei und kann nur mit den Interessen der Herrschaft erklärt werden.

MÖGLICHKEITEN NICHT-SYSTEMSTABILISIERENDER SOZIALAREIT[93]

Sozialarbeit als systemsprengende Kraft kann angesichts ihres Auftrags nicht konzipiert werden. Solches darf nicht heißen, daß kritische Sozialarbeiter sich damit begnügen sollen, der Gesellschaft verbal alle Schuld für jene Mißstände anzulasten, denen sie alltäglich begegnen. Wie Verbalismus auf der einen Seite ist „revolutionäre Ungeduld" *(Wolfgang Harich)* auf der anderen kein probates Mittel, Änderung zu erbringen. Die Experimente insbesondere der Studentenbewegung mit Obdachlosen, Arbeiterkindern und Fürsorgezöglingen haben gezeigt, daß der Sprung der Unterdrückten in die Emanzipation nicht *unvermittelt* appellativ geschehen kann. Auch der missionarische Glauben, die Arbeiter, die Deklassierten, die Kinder das ,richtige' ,revolutionäre' Bewußtsein und Verhalten lehren zu müssen, fiel verständlicherweise auf wenig fruchtbaren Boden.[94]

Sinnvoller zeigen sich in der Praxis jene Versuche, die bei den Klienten nicht missionieren wollten, sondern ihnen die materiellen Möglichkeiten zur *Selbstorganisation* offerierten. Dabei erzielten in Frankreich das GIP, in den USA die ,Anti-Poverty'-Kampagne und in England Initiativen wie die ,Mothers in Action' beträchtliche Erfolge.[95] In Deutschland begannen beispielsweise „Fixer

und Exfixer ihre Selbstorganisation. Die hoffnungslosen Fälle erarbeiten sich
selbst eine Perspektive. Statt sich kriminalisieren zu lassen, sind sie dabei, sich
durch die Analyse der individuellen und gesellschaftlichen Bedingungen der
Sucht zu politisieren."[96] Heim- und Fürsorgezöglinge organisierten sich in
Wohngemeinschaften. „In den Kollektiven ergibt sich für die Jugendlichen (für
nicht wenige vielleicht zum erstenmal) die Möglichkeit, aus der Rolle des ohn-
mächtigen Ausbeutungsobjektes zeitweilig herauszutreten, sich als selbständig
handlungsfähiges Subjekt mit eigenen Bedürfnissen zu erfahren, bislang latente
Fähigkeiten zu erproben und sich dieser bewußt zu werden und schließlich
Fähigkeiten zur Kommunikation und Kooperation mit Klassengenossen
zu entwickeln. Die Erfahrung divergierender Bedürfnisse und subjektiver
Interessen und der Notwendigkeit, die daraus resultierenden Konflikte selber
und gemeinsam lösen zu müssen (und zu können), schafft erste subjektive
Grundbedingungen auch für die politische Organisationsbildung."[97]

Allen diesen Versuchen ist eigen, daß sich die Menschen aus der ihnen vom
System aufgezwungenen Passivität (Konsum- und Erwartenshaltung) lösen und
selbsttätig werden. Diese Stoßrichtung der Aktivität zeigt an, daß dazu die
Initiative nicht von der institutionalisierten Sozialarbeit ausgehen kann. Ihre
Aufgabe ist die Administrierung der Mißstände, nicht deren *grundsätzliche*
Aufhebung. So zeigen Experimente, bei denen der Wille zur Veränderung.
von der Sozialbürokratie kanalisiert wurde, nur das Scheitern.[98] Offenbar kann
der Anspruch der Betroffenen derzeit nur gegen die offiziellen Institutionen
durchgesetzt werden. Das bedeutet als Konsequenz, daß die Impulse zum
Wandel nicht von der institutionalisierten Sozialarbeit ausgehen können,
sondern von den Opfern ausgehen müssen.

ANMERKUNGEN

62 Ebd., S. 158
63 vgl. dazu: Peter Paulsen, Zum Problem der Organisation von Sozialarbeitern,
   in: Erziehung und Klassenkampf 4/1971; Richard Gombin, Action politique
   et action sociale, in: Pourquoi le travail social?, a.a.O.
64 T. Moser, zit. nach: Lothar Bönisch, Bedingungen sozialpädagogischen Handelns im Jugendamt, in: Zeitschrift für Pädagogik 2/1972
64a Vgl. dazu meinen Beitrag ‚Zur Funktionsbestimmung der Sozialarbeit‘
65 Vgl. dazu den Beitrag des AKS Berlin
66 Hans Achinger, a.a.O., S. 105; vgl. Zur Bürokratisierung der Sozialarbeit:
   Wolfgang Bäuerle, a.a.O.; Hans Braun, a.a.O.; Alfred Pressel, a.a.O.

67 Sozialatlas Berlin, a.a.O., S. 52

68 Manfred Brusten, Siegfried Müller, Kriminalisierung durch Instanzen sozialer Kontrolle – Analyse von Akten des Jugendamtes, in: Neue Praxis 1/1972

69 Alfred Pressel, a.a.O.

70 Jörg Huffschmid, Die Politik des Kapitals – Konzentration und Wirtschaftspolitik in der Bundesrepublik, Frankfurt/M. 1969, S. 28

71 Karl Marx, Lohnarbeit und Kapital, in: Marx, Engels, Werke (MEW), Bd. 6, Berlin 1957, S. 411 f

72 Karl Marx, Friedrich Engels, Das Kapital III, S. 96, MEW, Bd. 25; Das Kapital I, S. 509 und 508, MEW, Bd. 23, a.a.O.

73 S. Kätsch, Teilstrukturen sozialer Differenzierung und Nivellierung in einer westdeutschen Mittelstadt, Köln und Opladen 1965

74 Tilmann Moser, a.a.O., S. 289; vgl. Sozialatlas Berlin, a.a.O., Gefesselte Jugend, a.a.O.

75 Andre Gorz, Zur Strategie der Arbeiterbewegung im Neokapitalismus. Frankfurt/M. 1967, S. 87 und 86

76 Autorenteam, Helft Euch selbst! Der Release-Report gegen die Sucht, Reinbek 1971, S. 45

(...)

86 Vgl. dazu den Beitrag von Michael Nowicki

87 Hans Achinger, a.a.O., S. 109

88 Hans Scherpner, Theorie der Fürsorge, Göttingen 1962, S. 134

89 Herbert Marcuse u.a., Aggression und Anpassung in der Industriegesellschaft, Frankfurt/M. 1968, S. 11

90 Auszug aus der Rede von Staatssekretär Pavard 1971 in Bordeaux, zit. n. Pourquoi le travail social?, a.a.O.

91 Le Monde vom 31. 10. 1972

92 Sozialatlas Berlin, a.a.O., S. 4

93 Vgl. dazu den Beitrag von Prodosh Aich **in diesem Band**

94 Vgl. Autorenkollektiv, Sozialistische Projektarbeit im Berliner Schülerladen Rote Freiheit, Frankfurt/M. 1971; insbes. das Nachwort von W. F. Haug

95 Vgl. zu diesen Beispielen ausführlich: Pourquoi le travail social?, a.a.O.; Jules Klanfer, a.a.O.; Brian J. Heraud, a.a.O.

96 Helft Euch selbst!, a.a.O., S. 39

97 Gefesselte Jugend, a.a.O., S. 238

98 Vgl. Prodosh Aich, Otker Bujard, a.a.O.

Quelle: Hollstein, Walter 1973: Sozialarbeit im Kapitalismus. Themen und Probleme. In: Hollstein, Walter/Meinhold, Marianne /Hrsg.): Sozialarbeit unter kapitalistischen Produktionsbedingungen. Frankfurt/M., S. 27-35 und S. 39-43.

MARIANNE MEINHOLD

KRITIK DER SOZIALEN EINZELHILFE

Im ersten Teil dieses Beitrags sollen mittels kritischer Darstellung der theoretischen Grundlagen und methodischen Prinzipien der sozialen Einzelhilfe die Zielvorstellungen von Sozialarbeit einerseits sowie das dahinterstehende Menschenbild[1] herausgearbeitet werden. Dabei wird nachzuweisen sein, daß die dargestellten Probleme und Widersprüche nicht als spezifisches Merkmal der Sozialarbeit zu verstehen sind, sondern Ausdruck eines Verständnisses vom Menschen sind, das *Hiebsch* und *Vorwerg* als „Menschenbild der kapitalistischen Gesellschaft"[2] charakterisieren.

In einem zweiten Teil wird anhand von Fällen aus der Praxis dargestellt werden, an welchen Normen und Werten sich Sozialarbeiter bei ihrer Arbeit tatsächlich orientieren. Bei allen bis ins Detail gehenden methodischen Anweisungen wird kaum etwas über inhaltliche Ziele der zu praktizierenden Technik ausgesagt. Es wird so getan, als herrsche über die Kriterien für das ‚Wohl des Klienten', seine ‚Ichstärke', seine ‚ausgeglichenen zwischenmenschlichen Beziehungen' bei allen Beteiligten, vor allem bei Klient, Sozialarbeiter und Behörde, von vornherein Einigkeit. So sehr der Sozialarbeiter in allen einschlägigen Werken zur Reflexion über sein *methodisches* Vorgehen angehalten wird, so wenig wird von ihm Reflexion über die vermittelten Normen und deren Funktion verlangt.

Weiterhin wird untersucht, ob und welche Unterschiede in den Zielsetzungen und dem methodischen Vorgehen der Sozialarbeiter bei Klientengruppen gefunden werden, die zu unterscheiden sind hinsichtlich ihrer Verwertbarkeit im Produktionsprozeß.

Die Entscheidung für das Beispiel ‚Einzelhilfe' wird vor allem durch die starke Verbreitung dieser Methode begründet. Nach einer Befragung von *I. Helfer* nennen zwischen 66 und 75 Prozent aller Sozialarbeiter die soziale Einzelhilfe als praktizierte Methode, gegenüber ca. 15 Prozent Gruppenarbeit und ca. 11 Prozent Gemeinwesenarbeit.[3] Eine Reihe kritischer Anmerkungen zu den methodischen Grundlagen der Einzelhilfe dürfte auch für gruppenpädagogische Methoden Gültigkeit haben. So wird z.B. in beiden Methoden nicht primär eine Beseitigung der Probleme des Klienten angestrebt, sondern eine Veränderung der Einstellung des Klienten zu seinen Problemen, um diese besser ertragen zu können.

(...)

Zur Helferrolle des Sozialarbeiters

Ziel aller sozialfürsorgerischen Bemühungen ist es, dem Klienten Hilfe zu geben, neueren Ansätzen zufolge „Hilfe zur Selbsthilfe"[27]. Der Wunsch zu helfen wird auch von einem Großteil der Sozialarbeiter als Motiv für die Berufswahl wie auch als Aufgabe der Sozialarbeit genannt.[28] Bei Definitionen zum Begriff Sozialarbeit wird als wesentliches Kriterium ‚Hilfe leisten' genannt.[29] Hier werden dem Sozialarbeiter auch gleich jene Berufsgruppen vorgegeben, in denen ähnliche Hilfeleistungen erbracht werden: „So helfen z.B. Eltern ihren Kindern, Lehrer ihren Schülern, Ärzte ihren Patienten, Geistliche ihren Pfarrangehörigen, Vorgesetzte (!) ihren Untergebenen (!) [...]."[30] In der Tat identifizieren sich Sozialarbeiter über das Merkmal ‚Hilfeleistung' zu großen Teilen mit diesen Berufen höheren Sozialprestiges.[31]

Das Bild vom ‚helfenden Sozialarbeiter' trägt also wesentlich zur Stabilisierung des Selbstbewußtseins bzw. zur Identitätsfindung des Sozialarbeiters bei. Wie wenig dieses Bild der Realität des Sozialarbeiters betreffs seiner Funktionen und Möglichkeiten standhält, verdeutlicht die Tatsache, daß die meisten Klienten nicht freiwillig den Sozialarbeiter im Amt aufsuchen, sondern von anderen Kontrollinstanzen (z.B. Polizei) gemeldet werden. Aus der Sicht des Klienten dürften für das Image des Sozialarbeiters weniger Berufe wie Lehrer, Arzt, als vielmehr Begriffe wie Polizei, Behörde, Kontrolle, Strafe bestimmend sein (z.B. drohen Eltern ihren Kindern mit der Fürsorge, mit Erziehungsheimen). Ein solches Image des Klienten über den Sozialarbeiter scheint wenigstens im Bereich des Jugendamtes realitätsnah zu sein. Wie *Brusten* und *Müller*[32] in einem ersten Versuch einer Analyse von Akten des Jugendamtes nachweisen, trägt die fortlaufende Beschreibung (‚Etikettierung', ‚Typisierung', ‚Beschimpfung') des Jugendlichen in einer Akte zur Kriminalisierung des Betroffenen bei. Die Kontroll- und Disziplinierungsfunktion wird also noch erweitert durch die Kriminalisierungsfunktion: der Sozialarbeiter ist (wissentlich oder unwissentlich) an der Erzeugung jener Symptome beteiligt, zu deren Beseitigung er eingesetzt wird.

Eine weitere Funktion des Bildes vom helfenden Sozialarbeiter besteht darin, Maßnahmen über den Kopf des Klienten hinweg zu rechtfertigen. Dem Klienten wird durch die helfende Attitüde des Sozialarbeiters dessen Kontroll- und Reglementierungsfunktion weniger deutlich, und Möglichkeiten zur Auflehnung werden erschwert. Persönliche Kritik gegenüber dem Sozialarbeiter – und nur solche wird der Klient häufig äußern können – wird von vornherein durch die helfende Haltung des Sozialarbeiters unterlaufen. Der Klient wird verunsichert und schuldbewußt nicht wissen, gegenüber wem er sein diffuses Unbehagen äußern soll. Gänzlich orientierungslos wird der Klient, wenn der ‚helfende‘, ‚verständnisvolle‘ Sozialarbeiter ihn seinerseits um Verständnis bittet, angesichts von Schwierigkeiten bei der Auseinandersetzung mit der ihm vorgesetzten Behörde.

Der Slogan ‚Hilfe zur Selbsthilfe‘ – ursprünglich sicher formuliert, die aus Bevormundung resultierende Passivität des Klienten aufzuheben – wird zu einem weiteren Instrument, das Scheitern der Hilfsmaßnahmen dem individuellen, persönlichen Versagen des Klienten zuzuschreiben, wenn es z.B. heißt, „daß in der Mehrzahl der Klienten Kräfte vorhanden sind, die ihn befähigen, mit seinen Schwierigkeiten fertig zu werden“.[33] Ein Beispiel für die Art, solche inneren Kräfte zu mobilisieren, bringt Bratt[34]: da sollen Bewohner einer „Resozialisierungssiedlung“, bevor sie eine eigene Wohnung erhalten, erst einmal beweisen, daß sie eine Wohnung sauberhalten können. Die zuständige Sozialarbeiterin übt mit ihnen Fußböden schrubben, damit sie „wie die Kinder die richtigen (!) Normen lernen“. Die Ursachen für Wohnungsnot werden auf ein falsches Verhältnis des Klienten zur Sauberkeit reduziert.

Die Rolle des Klienten in der sozialen Einzelhilfe

Während bei der Darstellung methodischer Prinzipien sozialer Einzelhilfe sehr ausführlich auf Verhaltensweisen und Haltungen des Sozialarbeiters eingegangen wird, fehlen entsprechend präzise Hinweise für das zu erreichende Verhalten beim Klienten. Formeln wie die beschriebenen, ‚Hilfe zur Selbsthilfe‘, ‚Ich-Stärke‘, ‚Verbesserung zwischenmenschlicher Beziehungen‘, bleiben relativ diffus und werden kaum auf die Person des Klienten operationalisiert: es wird gewöhnlich nur gesagt, wie der Sozialarbeiter sich zum Erreichen dieser Ziele zu verhalten habe. Hierin unterscheiden sich die methodischen Handlungsanweisungen für Sozialarbeiter beträchtlich von entsprechenden Handbüchern zur nicht-direktiven Therapie. In letzteren Büchern werden große Teile der exakten Beschreibung von nachprüfbaren

Verhaltens- und Einstellungsänderungen des Klienten gewidmet. Als Ziele der
nicht-direktiven Therapie werden u.a. genannt: Erhöhung der Fähigkeit des
Klienten, sich selbst zu explorieren, seine Gefühle zu reflektieren, sich selbst
zu akzeptieren. Erst angesichts solcher Ziele erfährt jeder einzelne methodische Hinweis für das Verhalten des Therapeuten seine Rechtfertigung.[35] Die
Vernachlässigung entsprechender Hinweise für die Person des Klienten im
Rahmen von Anleitungen zur sozialen Einzelhilfe scheint mehrere Gründe
und Funktionen zu haben. Zunächst drückt sie unmittelbar die Bedeutung
aus, die den Bedürfnissen und Einstellungen des Klienten in der Einzelhilfe
tatsächlich zukommt: kaum eine. Trotz aller Hinweise auf die Notwendigkeit
zu ‚individualisieren‘, ‚die Person des Klienten als einmalige zu verstehen‘,
fehlen Anleitungen, um dem Klienten zu einer optimalen Artikulation seiner
Bedürfnisse zu verhelfen und seine zunehmende Fähigkeit, Bedürfnisse zu
formulieren, zu überprüfen.

Während der Therapeut in der nicht-direktiven Therapie im Anschluß an
die Sitzungen kontrolliert, wieweit es dem Klienten gelungen ist, zunehmend
Klarheit über sich zu gewinnen, erfüllt die Aufgabe des Berichtschreibens beim
Sozialarbeiter gänzlich andere Zwecke: hier ist das Vokabular der Therapie
nicht länger erwünscht und wird durch juristische Formulierungen ersetzt
(‚Verwahrlosung‘, ‚schädliche Neigungen‘).[36] Auf eine kurze Formulierung
gebracht: für den Sozialarbeiter das Vokabular der Psychotherapie – für den
Klienten das Vokabular des Strafgesetzbuches.

Eine derart verstümmelte Therapie stellt dem Sozialarbeiter lediglich die
notwendigen Kategorien bereit, um die Probleme in die Person des Klienten
zu verlagern. Zur erfolgreichen „Änderung der inneren Bedingungen des
Klienten"[37], d.h. seiner Einstellungen, Wahrnehmungskategorien, Gefühle,
dürfte sie kaum ausreichen.

Eine erfolgreiche Arbeit an Problemen ‚im‘ Klienten wird zum einen verhindert durch die einseitige Orientierung am Verhalten des Sozialarbeiters und
durch die Vernachlässigung der Einstellungen und Bedürfnisse des Klienten
im Rahmen der methodischen Anleitungen. Zum anderen wird auf die Arbeit an Problemen ‚im‘ Klienten offenbar deshalb keine große Anstrengung
verwandt, weil die Probleme wohl primär auch gar nicht in der Person des
Klienten zu suchen sind.

Die Einstellungen des Klienten zu seinen Problemen entstehen aus der
Wechselwirkung zwischen ‚äußeren‘[38] Bedingungen (Arbeitssituation, Woh-

nungsnot etc.) und dem erlebten Erfolg oder Mißerfolg individueller Reaktionen bei der Auseinandersetzung mit diesen Bedingungen. Dabei sind die äußeren Bedingungen bestimmend, d.h. eine veränderte individuelle Einstellung zur Wohnungsnot, ein neues Bedürfnis nach Sauberkeit in der Wohnung schafft noch keine neue Wohnung. Die neue Einstellung bleibt dysfunktional, isoliert im Lebenszusammenhang des Klienten, instabil. Andererseits ändern sich Einstellungen nicht automatisch nach einer Verbesserung der äußeren Bedingungen. Die durch inhumane Arbeits- und Lebensbedingungen erzwungenen Ängste, Kommunikationsschwierigkeiten, mangelnde Flexibilität, Mißtrauen haben sich verselbständigt und bleiben relativ stabil. Erst an dieser Stelle wäre eine ‚psychotherapeutisch' orientierte Arbeit, nun aber in erster Linie auf den Wünschen und Befürchtungen des Klienten basierend, notwendig.

Ob diese Arbeit von einem außenstehenden Sozialarbeiter oder Therapeuten oder besser im Rahmen neu zu schaffender Gruppen von Personen aus der Arbeits- und Lebenssphäre des Klienten erfolgreich geleistet werden wird, kann an dieser Stelle nicht geklärt werden.

Zur Funktion des Sozialarbeiters bei der Fallarbeit

Anhand der bisher erarbeiteten vielfältigen Widersprüche, Auslassungen, realitätsfernen Voraussetzungen der methodischen Grundlagen sozialer Einzelhilfe kann eine Analyse von Fallberichten kaum unter dem Aspekt des Nachweises bestehender oder fehlender Übereinstimmung von methodischem Anspruch und tatsächlichem Vorgehen in der Praxis vorgenommen werden. Eine solche Übereinstimmung dürfte nur selten zu erwarten sein. Um Hinweise zur Funktion des Sozialarbeiters zu gewinnen, wird es interessanter sein, herauszufinden, in welchen Fällen methodisch orientiert vorgegangen wird, bzw. in welchen das unterlassen wird. Es geht bei der Durchsicht der Fälle u.a. darum, ansatzweise zu erarbeiten, welche Ziele bei der Arbeit mit dem Klienten angestrebt und welche Werte vermittelt werden.

Bei den in diesem Kapitel durchgearbeiteten 40 Fällen handelt es sich um Berichte, zum Teil tagebuchartige Aufzeichnungen, zum Teil wörtliche Gesprächswiedergaben von Praktikanten, die diese Fälle selbst betreut und bearbeitet oder aber in Hospitationen kennengelernt haben. Die Durchsicht dieser Fällen ist nicht als methodisch abgesicherte Fallanalyse zu verstehen, Sie soll vielmehr dazu dienen, Ansatzpunkte, Fragestellungen, Hypothesen für spätere Fallanalysen zu liefern.

Ein erster Überblick legt die Formulierung folgender Hypothese nahe:

Die Funktionen und Aufgaben des Sozialarbeiters in der Einzelhilfe sind abhängig von der Bedeutung des Klienten für den Produktionsprozeß. Je gröber der Wert eines Klienten für den Produktionsprozeß ist, desto mehr wird die Funktion des Sozialarbeiters eine kontrollierende, disziplinierende sein (z.B. bei jugendlichen Klienten, besonders bei männlichen Jugendlichen). Dagegen kann der Sozialarbeiter bei relativ geringer Verwertbarkeit eines Klienten im Produktionsprozeß eine verständnisvolle ‚helfende' Haltung einnehmen, selbst bei kleineren Delikten des Klienten (z.B. bei einer 50jährigen Hausfrau mit fünf Kindern).

Nach dieser Hypothese lassen sich etwa drei Funktionsbereiche abgrenzen, die folgenden Klientengruppen entsprechen:
- jugendliche Klienten,
- ältere und kranke Klienten (mittlere Altersgruppen, Klienten in der Gesundheits- und Altenfürsorge),
- Kinder (Mütter mit Kleinkindern, Kindern).

Die größte Unterscheidung zwischen den Klientengruppen hinsichtlich der Zielsetzung, der Bewertung der Probleme sowie dem methodischen Vorgehen muß zwischen der Gruppe der Jugendlichen und den übrigen Klientengruppen getroffen werden. Betreffs der restlichen Gruppen ließen sich bei einer größeren Anzahl von Fällen u.U. noch andere Gruppen oder Untergruppen bilden.

Selbst bei der geringen Anzahl der von uns durchgesehenen Fälle wird bei einem Vergleich der ersten beiden Klientengruppen deutlich: nicht das jeweilige Problem oder Delikt bestimmt die Zielsetzung und das methodische Vorgehen des Sozialarbeiters, sondern der Wert des Klienten für den Produktionsprozeß. Die ablehnende Unentschlossenheit einer 50jährigen alleinstehenden Frau, eine Arbeit anzunehmen, weil sie das Gefühl hat, „ausgenutzt zu werden", „keine Befriedigung bei der Arbeit zu finden", wird in zahlreichen Sitzungen behutsam, quasi therapeutisch durchgearbeitet. Der ähnlich „fühlende" Jugendliche wird nach einmaligem vergeblichen Zureden bei der Arbeitssuche „an die Hand genommen", bis er eine Stelle gefunden hat. Methodische Techniken verkümmern hier zu Tricks, um das Vertrauen des Jugendlichen zu gewinnen. So berichtet der Sozialarbeiter nach der ersten Zusammenkunft: „Da ich sein Vertrauen gewonnen hatte, beschloß ich, ihn nächstes Mal hart anzupacken." Während der genannten älteren Frau beim Scheitern aller Bemühungen eine „psychische Krankheit" zugebilligt wird, erhält der betreffende Jugendliche das Etikett „arbeitsscheu", das ggf. eine Heimeinweisung rechtfertigen kann.

ANMERKUNGEN

1 Unter dem Begriff ‚Menschenbild' sind all jene Anschauungen, Sätze, Meinungen über den Menschen zusammengefaßt, die als selbstverständlich ungeprüft das Denken der Menschen, insbesondere auch Fragestellungen und Forschungen der Wissenschaftler beeinflussen. ‚‚Menschenbilder' erhalten als Selbstverständlichkeiten die Funktion, den Status quo der Gesellschaft zu erhalten." (Hiebsch und Vorwerg: Einführung in die marxistische Sozialpsychologie, Berlin 1971, S. 44)

2 Ebd., S. 44

3 Inge Helfer, Die tatsächlichen Berufsvollzüge der Sozialarbeiter – Daten und Einstellungen, Arbeitshilfen, Heft 3, hrsg. vom Deutschen Verein für öffentliche und private Fürsorge, Frankfurt 1971

(...)

27 R. Bang, a.a.O.

28 I. Helfer, a.a.O.; allerdings fehlt in dieser Befragung eine Kategorie wie ‚Kontrolle ausüben'

29 H. Lattke, Das helfende Gespräch, Freiburg 1969

30 Ebd., S. 26

31 I. Helfer, a.a.O., S. 83; vor allem werden die Berufe ‚Arzt' und ‚Lehrer' genannt

32 M. Brusten und S. Müller, Kriminalisierung durch Instanzen sozialer Kontrolle – Analyse von Akten des Jugendamtes, in: neue praxis 1/1972, S. 174 ff

33 R. Bang, a.a.O., S. 20

34 N. Bratt, a.a.O., S. 71

35 R. Tausch, Gesprächspsychotherapie, Göttingen 1970

36 Vgl. M. Brusten u. S. Müller, a.a.O.

37 Vgl. Hiebsch und Vorwerg, a.a.O.

38 Vgl. ebd.

Quelle: Meinhold, Marianne 1973: Zum Selbstverständnis und zur Funktion von Sozialarbeitern. Am Beispiel von Theorie und Praxis der sozialen Einzelhilfe. In: Hollstein, Walter/Meinhold, Marianne (Hrsg.): Sozialarbeit unter kapitalistischen Produktionsbedingungen. Frankfurt/M., S. 208-242.

HANS THIERSCH

ALLTAGSHANDELN UND SOZIALPÄDAGOGIK[1]* (1978)

1. VORBEMERKUNG

Alltag ist z.Z. eine der Leitformeln progressiver sozial-pädagogischer Praxis und Diskussion. Alltag wird thematisiert, der der Kinder, der Schüler, der Drogenabhängigen, der der Familie, der Jugendgruppe; Gemeinwesenarbeit und Bürgerinitiativen kämpfen für Voraussetzungen eines menschenwürdigen Alltags und versuchen, Alltag zu politisieren und strukturieren; sozialpädagogische Beratung versucht alltagsorientiert zu sein; der Alltag von Sozialpädagogen, das Tagesgeschäft wird analysiert und diskutiert; Handlungsforschung will am Alltag der Betroffenen partizipieren und in ihm aufklärend und aktivierend agieren – Alltagsorientierung – so scheint es – ist Indiz einer Sozialpädagogik, die Lebenswirklichkeit so, wie sie gegeben ist, ernst nimmt und sich von da aus orientiert.

Alltagsorientierung aber nur in diesem Kontext zu sehen, wäre voreilig und vereinfachend; Alltag ist Leitformel auch für eine Sozialpädagogik, die nach den Ansprüchen, Versuchen und Beunruhigungen der letzten 20 Jahre wieder auf die schlichte Erledigung von Tagesgeschäften drängt; Alltag, das tägliche Geschäft im Amt, die Kleinarbeit im Heim, das Zupacken da, wo es nötig ist, scheint die Aufgabe – nicht Diskussion, Theorie oder Politik; dazu dürfen Mitarbeiter sich nicht zu schade, zu – wie es heißt – arrogant oder zu verbildet sein; „Laien" werden oft wegen ihres gesunden Menschenverstands den Professionellen gegenüber ausgespielt; sie stärker in sozialpädagogische Arbeit hereinzuziehen, wird gefordert.

Was also meint das Reden vom Alltag? Wenn der Ruf nach Alltagsorientierung von so unterschiedlichen und gegenläufigen Interessen aus vorgetragen werden kann, ist er zweideutig und missverständlich –, es scheint gefährlich, sich auf ihn einzulassen; es scheint mir um so gefährlicher im Sog von Tendenzwende und restaurativen Interessen, wie sie z.Z. so mächtig sind, im Sog, in dem sich nicht eindeutige, selbstkritisch-differenzierte Argumente leicht gegen ihre eigene Intention kehren, wenn sie ihm nicht insgeheim schon sich öffnen – eine Selbstgefährdung, die z. Z. abzuleugnen töricht Ware.

Ich möchte im folgenden die These verfolgen und belegen, daß Alltagsorientierung ein notwendiges Moment progressiver Sozialpädagogik sein muß, also die erste der beiden gerade genannten Interessen an Alltagsorientierung weiterführen. Im zweideutigen Gelände aber des Redens von Alltäglichkeit ist eine solche These nur dann sinnvoll, wenn das Gegen- und Ineinander der Aspekte von Alltäglichkeit ausgehandelt wird. Dazu will ich

- zunächst – im Anschluß an die beiden schon angeführten Positionen – Interessen an einer Alltagsorientierung genauer darstellen, indem ich ihre Entstehung und Stellung im Zusammenhang der pädagogischen Entwicklung der letzten 15 Jahre skizziere (2.), und

- zum zweiten – einige Bestimmungen und Unterscheidungen zum Begriff der Alltäglichkeit selbst erörtern.

2. Derzeitige Interessen an Alltagsorientierung

Verschiebungen in den Produktionsbedingungen und Lebensstrukturen unserer spätkapitalistischen Industriegesellschaft, Verschiebungen vor allem auch im Legitimationssystem, bedingten die für die letzten 20 Jahre bestimmende Entwicklung des Bildungs- und Jugendhilfewesens, ihre Expansion, ihre Differenzierung. Im Zeichen von Produktionszwang, Legitimationsnötigung und der Hoffnung, sozialstaatliche Forderungen auf Chancengleichheit und Selbstrealisierung besser einlösen zu können, entstanden Bildungsplanung ebenso wie eine an sozialwissenschaftlich-empirischen Standards orientierte „realistische" Erziehungswissenschaft. Statt der traditionellen eher zufälligen, unverbundenen und beschränkten Angebote im Bildungs- und Jugendhilfewesen plante und schuf man erweiterte, allgemein zugängliche und durchlässige Institutionen; statt individueller, subjektiver pädagogischer Meisterkunst zielte man auf methodisch gesicherte, prüfbare Handlungsstrategien. Pädagogische Aufgaben spezialisierten sich; Ausbildung und Training in wissenschaftlich reflektierten Handlungsstrategien; z.Z. in Unterrichtsplanung oder Beratungsmethoden, gingen einher mit der Entstehung eines neuen wissenschaftlich professionellen Selbstbewußtseins. Diese neuen pädagogischen Ansätze bestimmten die pädagogisch politische und öffentliche Diskussion ebenso wie die private bis in die Familien hinein. – „So ergibt sich eine Perspektive, in der die Entwicklung des gesellschaftlichen Systems durch die Logik des wissenschaftlich-technischen Fortschritts bestimmt zu sein scheint" (Habermas, 81). „Erfahrung wird als Handlungsregulativ immer mehr auch aus jenen Bereichen durch systematisches Wissen verdrängt, in denen sie vormals unverzichtbar

erschien" (Weingart, 222). „Einfacher gesagt: der ‚Laie' weiß nicht mehr, wie
seine Sinnwelt theoretisch untermauert werden muß, obwohl er allerdings
noch weiß, welche Spezialisten dafür zuständig sind" (Berger/Luckmann, 120).
Diese Umstrukturierung löst – notwendig – Unbehagen aus, Unbehagen, das
dazu führt, Alltäglichkeit wieder neu einzuklagen.

Dieses Unbehagen hat sicher zunächst den gleichsam banalen Grund,
daß die Entwicklung in Bildungswesen und Jugendhilfe rasch, ja überstürzt
verlaufen ist. Nachdem für andere soziale Aufgaben die Verwissenschaftlichung
der Sozialwissenschaften (Soziologie, Psychologie, Psychiatrie z.B.) in den
letzten 100 Jahren sich zunehmend durchgesetzt hatte, war Pädagogik – im
Bann ihrer spezifisch geisteswissenschaftlichen Tradition – dieser Entwicklung
gegenüber abstinent geblieben und nun von ihr überrascht und überfordert
(Münchmeier/Thiersch). Entwicklungsschwierigkeiten waren die notwendige
Konsequenz, die – selbstverständlich – in der aus ihren Verläßlichkeiten und
Verhaltensmustern gleichsam aufgeschreckten Praxis Unsicherheit, Unbera-
tenheit und Unwille erzeugen; solche Reaktionen mußten um so intensiver
sein, als sich pädagogische Fragen für alle (für Eltern, für Pfleger, für Ausbil-
der, für Erwachsene überhaupt) stellen, – und, als gerade im pädagogischen
Feld sehr verschieden ausgebildete Mitarbeiter tätig sind, Mitarbeiter also
mit unterschiedlichem Berufs- und Selbstverständnis (z.B. Volksschullehrer,
Studienräte, Verwaltungsfachleute, Sozialarbeiter, Heilpädagogen usw.). Der
Ruf nach Alltäglichkeit hieße – im Kontext dieser Entwicklungsschwierigkeiten
gesehen –, daß Zeit zur weiteren Entwicklung, Zeit gleichsam zum Lernen der
neuen Aufgaben und Verständigung fehlte und für die weitere Entwicklung
abgewartet werden muß.

Diese Interpretation der derzeitigen Situation ist sicher richtig, aber auch
unzulänglich; im Ruf nach Alltäglichkeit nämlich, so wie er eingangs skizziert
wurde, meldete sich die radikalere, inhaltliche Frage nach Ziel und Sinn der
neueren Entwicklung im pädagogischen Feld an, hier lassen sich – sehr ver-
gröbert – drei Positionen unterscheiden.

Schelsky etwa argumentiert, daß durch die Expansion des Bildungs- und
Jugendhilfewesens der moderne Mensch zur Unmündigkeit verurteilt werde,
geistige Selbständigkeit im Keim erstickt sei, der „betreute Mensch", der
gegen die die Person zerstörende Wirkung von Bildungs- und Wohltätig-
keitseinrichtungen aller Art vergeblich aufzubegehren versuche, erscheine als
eine besonders signifikante Form unmündiger Existenz; Pädagogen, als eine

Gruppe von Intellektuellen, hätten vornehmlich nur das Interesse, sich ihr Machtmonopol zu sichern und zu befestigen durch Ideologien, die letztlich der Unterdrückung derer, die sie sich abhängig machen, dienen. Dagegen gelte es sich zu wehren; die Entwicklung solcher Okkupation, die Erosion von Erfahrung müsse gestoppt werden; im erziehenden, lehrenden, helfenden und therapierenden Umgang brauche es zunächst Sachkenntnis, Erfahrung, Freundlichkeit, Engagement, „gesunden Menschenverstand" – im Alltag also Alltagswissen und Alltagserfahrung. Die Forderung nach Alltagsorientierung ist – so gesehen – der Ruf gegen Neustrukturierung und Verwissenschaftlichung im pädagogischen Bereich, der Ruf gegen das, was man als emanzipatorisch-verwissenschaftlichte Pädagogik der letzten 15 Jahre verstehen könnte; der Ruf nach Alltagsorientierung ist der Ruf zurück. Die Pointe dieser Position liegt – scheint mir –weniger in ihrer historischen und wissenschaftsgeschichtlichen Analyse (über deren evidente Brüchigkeit hier nicht gestritten werden kann), als in ihrer „Brauchbarkeit" in der derzeitigen öffentlichen und pädagogischen Diskussion; als Argumentationsstütze nämlich bietet sie sich vielfältigsten Interessen an, die in ihren Voraussetzungen durchaus unterschiedlich sein können; diese Koalition aber macht diese Position mächtig.

Sie wird vertreten in Politik und Öffentlichkeit, aber auch von Sozialpädagogen, soweit diese den mit der weiteren Realisierung sozialstaatlicher Ziele verbundenen Aufwand z.Z. für nicht erschwinglich (noch auch für wünschenswert) halten; der Argumentationsgang der Thesen des Deutschen Städtetags zu Problemen der Ausbildung in sozialen Berufen ist hier ein eindringlicher Beleg. (Dieser Argumentationsgang reicht bis in die Praxis hinein, wenn hier Neuansätze nicht auf der theoretisch-konzeptionellen Ebene erörtert und abgewiesen werden, sondern mit dem Hinweis auf mangelnde Erfahrung und Fremdheit im Alltag.)

Diese Position wird auch von jenen vertreten, die durch die neue pädagogische Entwicklung nach Herkunft und Ausbildung sich überfordert fühlen – sie benutzen sie gleichsam zur Rationalisierung ihrer Schwierigkeiten. Diese Position ist schließlich – verräterischerweise – weit verbreitet in Berufsgruppen, die traditionellerweise im Bildungs- und Sozialwesen das Sagen hatten, also etwa unter Juristen, Philologen, Medizinern, Theologen; sie insistieren darauf, daß die Fragen des pädagogischen Alltags nebenher und nachgeordnet, nicht aber vor dem Hintergrund einer mit ihren eigenen Handlungskonzepten konkurrierenden wissenschaftlichen Reflexion wahrgenommen werden sollen.

(Sie äußern solche Argumente, gleichsam in der Erfüllung angestammter patriarchalischer Verhaltensmuster, oft als Sorge für jene, die, wie gerade gesagt, durch die neuere Entwicklung sich überfordert wissen.)

Es paßt zu diesen Statusinteressen, wenn der Ruf nach pädagogischer Alltagsorientierung nicht selten einhergeht mit der Forderung nach stärkerer verwaltungstechnischer und juristischer Strukturierung des pädagogischen Feldes.

Mit der Abweisung dieser Position sind aber Fakten des Unbehagens an der neueren Entwicklung nicht abgetan. Hat sich nicht im Zeichen von Emanzipation und Transparenz, von Verwissenschaftlichung und Professionalisierung in gleichsam makaberer Umkehr der ursprünglichen Ziele ein Bildungs- und Sozialwesen ausgebildet, das der Wirklichkeit von Kindern, Heranwachsenden und Ratsuchenden nur noch bedingt entspricht; führen Planung und Organisationssysteme nicht zu einer Dominanz von Verwaltungsstrukturen, zu Unüberschaubarkeit und Verängstigung? Beweist Wissenschaft – und oft auch kritische – sich nicht in einer schwer zugänglichen, einschüchternden Sprache und führt zu Forschungsergebnissen, in denen Realität auf einen engen und ärmlichen Leisten – gleichsam in ein Prokrustesbett – geschlagen wird? Treibt Professionalisierung nicht zu spezifischen Methoden und Handlungsmustern, in denen sich die Wahrnehmung von Lebenswirklichkeit und Lernprozessen reduziert und Pädagogen sich ihren Adressaten gegenüber zunehmend distanzieren?

Diese Fragen oder, anders formuliert, das diese Fragen bestimmende Gefühl ist für die derzeitige progressiv-kritische Diskussion in der Pädagogik wichtig. Mißtrauen in die neuere Entwicklung, Angst davor, in Institutionen oder wissenschaftlichen Verallgemeinerungen vereinnahmt zu werden, führen z.B. zu Theorieangst und Theorieabstinenz, zu einem Pragmatismus, der sich als Pragmatismus gerechtfertigt glaubt, zum Alltagsfeuilleton, führen zugleich aber auch zur Favorisierung offener Arbeitsverhältnisse, also zu den neben- und gegenbürokratischen Initiativen, z.B. in Wohngemeinschaften, offenen Beratungsmodellen, Bürgerinitiativen. – Dieses Mißtrauen nun vermischt sich in der Pädagogik mit einem zweiten Moment, dem Bewußtsein der Normenkrise, wie sie für unsere Gegenwart charakteristisch ist. Normenkrise verstanden als Verbindung eines hohen, generellen, normativen Anspruchs mit leidenschaftlich sensiblen Zweifeln an konkreten normativen Ordnungen und Ansprüchen, – also z.B. an Autorität, an Definitionsmustern für Lebens-,

Leistungs- und Verhaltensansprüche; indem ihre politisch repressive und disziplinierend stigmatisierende Funktion deutlich wird, sind antiautoritäre, nichtstigmatisierende, antikapitalistische Initiativen – die sich alltags- und bedürfnisorientiert verstehen – die Konsequenz. Die mit solchen Intentionen einhergehende Erfahrung von Alltagssolidarität im pädagogischen Handeln scheint mir das wichtigste Erbe aus der Entwicklung der letzten 15 Jahre; solche Alltagssolidarität deckt aber nicht alle Komponenten pädagogischen Handelns.

Eine solche Position nämlich kann – so scheint mir wenigstens – zu Schwierigkeiten im Selbstverständnis des pädagogischen Handelns führen, die sich vielleicht als eine Krise des Pädagogischen verstehen lassen. Pädagogischer Alltag, also der Alltag, in dem Mitarbeiter und Kinder, Heranwachsende und Ratsuchende miteinander auskommen, gilt dann als Alltag der jeweils Betroffenen, als Alltag also der Kinder, der Heranwachsenden, der Ratsuchenden; vom Alltag reden heißt dann, sich mit den Betroffenen identifizieren. Der Pädagoge lebt – um es pointiert zu formulieren – mit den Kindern kindlich, mit den Jugendlichen gleichsam als Genosse, und mit Kranken und Schwierigen als einer, der bei ihnen ist, sie aushält, ihr Leid teilt. – Solche Identifikation kann gesellschaftlich und biographisch vielfältig begründet sein; man hat z.B. Pädagogik als Beruf gewählt weil man in der eigenen Hilfsbedürftigkeit und Schwäche Hilfe braucht (Richter); oder man hat Pädagogik gewählt, weil man mit Kindern, Hilfsbedürftigen und Schwachen zusammen neue Lebensformen erfahren möchte; „im therapeutischen, beratenden, betreuenden, erzieherischen und fürsorgerischen Umfang mit der Klientel erhoffen (sich Sozialpädagogen) tiefe menschliche Verbindung und authentische Erfahrung, in der Gefühle gezeigt werden können ... zugleich weisen sie protestierend auf die sozialen Schandflecken der Gesellschaft hin ..." (Dießenbacher, 57). Pädagogik aber ist immer auch normativ; diese Formulierung scheint traditionell und rigide, sie erzeugt Abwehr. Die Tatsache aber, daß in der pädagogischen Tradition andere, weniger „moralisierende" Aspekte pädagogischen Handelns weithin vernachlässigt wurden (also z.B. das Sich-Begleiten, Sich-Aushalten, Sich-Einlassen, Sich-Interessieren, Für-einander-Dasein, Aspekte, die eher Möglichkeiten einer Freundschaft unter den besonderen Bedingungen von Altersunterschied und „pflichtgemäßem Handeln" entsprechen) ändert, so scheint mir, nichts an der Tatsache, daß im pädagogischen Handeln immer auch ein Moment moralischer Zumutung enthalten ist; die Pädagogen (der

Lehrer, Erzieher, Freund, die Eltern) müssen als schon Erwachsene, Erfahrene oder Zuständige Hilfsbedürftigen, Ratsuchenden helfen, die bei ihnen angelegten und aufgegebenen Möglichkeiten freizusetzen, sie sollen sie im Lernen stützen oder auch provozieren.[2]

Leugnet der Pädagoge diese Komponente seiner Rolle, dann gerät er in Identitätsprobleme. Er versucht, etwas nicht zu sein, was er ist, und etwas zu sein, was er nicht sein kann. Die Konsequenz solcher Verunsicherung kann sein, daß er zu wenig tut; im Umgang mit Schwierigen, im Heim oder in der Beratung, wagt er nicht – aus Angst vor Stigmatisierung und den verformenden Wirkungen von Therapie – Schwierigkeiten als Schwierigkeiten, Unzulänglichkeiten als Unzulänglichkeiten zu definieren und entsprechend zu handeln; im Jugendhaus traut er sich nicht, seine Einsichten, Wertungen und Gefühle zu zeigen, also er selbst zu sein; er übt sich – aus vermeintlich pädagogischen Gründen – in Mimikry; Pädagogik wird dann „laufen lassen".

Die Einsicht in diese Schwierigkeiten aber erledigt nicht das kritische Unbehagen an der neueren Entwicklung, die Angst vereinnahmt zu werden und die Notwendigkeit, sich zu wehren, diese Intentionen aber können interpretiert werden nicht als Abkehr von der fatalen neueren Entwicklung überhaupt, sondern als Hinweise auf Fatal-Formen in dieser Entwicklung, darauf also, daß diese Entwicklung nur – mit Adorno/Horkheimer geredet – im Kontext jener Dialektik von Aufklärung verstanden werden kann, nach der die neuzeitliche Vernunft in ihrer Entwicklung immer in sich selbst gefährdet ist, in ihrer Intention auf Aufklärung und Freiheit gesichert und durchgesetzt werden muß gegen die in ihr angelegte Perversion einer nur effektiven, technologischen Rationalität. Die Forderung nach Alltagsorientierung läßt sich – von hier aus – verstehen als leidenschaftliches Insistieren darauf, daß unter den entfremdenden Gefahren von Unterdrückung Formen von Institutionalisierung, Verwissenschaftlichung und Professionalisierung die Wirklichkeit der je eigenen Erfahrungen, der eigenen Anstrengungen, Enttäuschungen und Hoffnungen aktiviert wird, damit von ihr aus Formen der freien Kommunikation, der Institutionalisierung, Verwissenschaftlichung und Professionalisierung im pädagogischen Handeln gefunden werden, die der Wirklichkeit und den Ansprüchen derer, für die Pädagogik da ist, gerecht werden können.

Was aber ist mit dieser Klärung der Interessen, die hinter der Forderung nach Alltagsorientierung stehen, geworden? Ausgegangen bin ich von der gefährlichen Zweideutigkeit des Alltagsredens; wenn so die Redepositionen bestimmt, gegeneinander abgehoben und – vielleicht – eindeutig gemacht werden können, so bleibt doch die Frage, warum gegenläufige Positionen sich auf dasselbe, die Alltäglichkeit nämlich, berufen können. Eine mögliche Antwort wäre, daß sie mit dem gleichen Begriff sehr Unterschiedliches meinen; diese Antwort aber bleibt billig und unglaubwürdig, solange nicht die schwierigere Möglichkeit erörtert ist, daß die Sache selbst, Alltäglichkeit, in sich zweideutig ist; die Unterschiedlichkeit der Interessen hätte dann einen Grund in dem, worauf sie sich berufen. – Wenn ich im folgenden meine These von den progressiven pädagogischen Möglichkeiten der Alltagsorientierung plausibel machen will, kommt es also darauf an, die in der Alltäglichkeit selbst liegenden Widersprüche herauszuarbeiten, also ihre restaurativen und weiterführenden Momente zu bestimmen und voneinander zu unterscheiden, damit progressives Alltagshandeln gegen seine Verfälschungen in sich geschützt und in seinem Selbstverständnis eindeutig sein kann.

3. EXKURS

Dieses Vorhaben ist schwierig; das wird deutlich, wenn ich die bisher ja nur pädagogisch artikulierte Frage in jenen weiteren gesellschaftlichen und wissenschaftlichen Zusammenhang einordne, in dem sie sich entwickelt hat; ich gebe – ganz knapp zum Ausweis meiner eigenen Überlegungen – einige Hinweise. Gesellschaftstheoretisch steht die Forderung nach Alltäglichkeit im Kontext jener zunehmenden Kritik an Technologie und Bürokratie, in denen sich Herrschafts- und Unterdrückungsmuster unserer Gesellschaft ebenso verfestigen wie verbergen; Illich z.B. hat – in der Wiederaufnahme und Weiterführung des Ansatzes der Dialektik der Aufklärung – für das Bildungswesen ebenso wie für das Sozial- und das Verkehrswesen deutlich gemacht, wie Rationalisierung, Institutionalisierung und Professionalisierung neue Formen einer technokratischen Herrschaft ausbilden und zugleich, nicht zuletzt durch die Entstehung nicht mehr zu bewältigender Folgeprobleme, Lebenswirklichkeit verfremden, ja zerstören; Ansätze zur „Gegentechnik" oder „sanften Technologie" (dazu resümierend Jungk) gehören sicher ebenso in diesen Zusammenhang wie die vielfältigen Initiativen zur Urbanisierung, Dezentralisierung und Demokratisierung in unserer Gesellschaft. – Solchen gesellschaftlichen Entwicklungen parallel liegen wissenschaftsgeschichtliche; die Forderung nach Alltagsorientierung verweist auf die Tradition der Hermeneutik, der Verstehenden Soziologie, der Phänomenologie und – vor allem – der Kritischen Theorie[3]; diese Traditionen haben – ganz abgekürzt und plot formuliert – eine Gemeinsamkeit darin, daß sie thematisieren, wie eine Wissenschaft aussehen müßte, die nicht dem naturwissenschaftlich-technischen Erkenntnisideal verpflichtet ist, sondern dem Gegenstand des menschlichen Lebens, seinen konkreten Interaktionen und Handlungen gerecht wird. Neben und aus diesen Traditionen hat sich – zunächst in den USA jenes interaktionistische Wissenschaftskonzept entwickelt, aus dem sich – gleichsam als eine Konsequenz zunehmender Konkretisierung – die Frage nach der Struktur von Alltäglichkeit herausgebildet hat. – Alltag ist auch Thema der – materialistischen – Praxisdiskussion, die, kritisch-ökonomische Gesellschaftsanalyse konkretisierend, die Frage nach den Lebensverhältnissen in der industriellkapitalistischen Gesellschaft stellt. Da in diesem Konzept die Ansätze der phänomenologisch-interaktionistischen Analyse – jedenfalls tendenziell – aufgehoben und weitergeführt sind, sollen die folgenden Überlegungen vornehmlich an ihm orientiert sein.[4]

Die Frage nach der Alltäglichkeit verweist nicht nur – gleichsam horizontal – auf allgemein gesellschaftskritische und wissenschaftstheoretische Diskussionen, sondern auch – vertikal gesehen – auf spezifisch pädagogische Traditionen. Die sich hermeneutisch-pragmatisch verstehende Erziehungswissenschaft sah in Praxis, Verstehen, Sinn, Handeln und Verantwortung zentrale Kategorien einer pädagogischen Lebensfeldanalyse; dieses vornehmlich aus der Hermeneutik Diltheys entwickelte Konzept war zweifelsohne befangen in spätbürgerlichen, politischen und wissenschaftlichen (empiriefeindlichen) Grenzen; es ist – wie das phänomenologisch-interaktionistische – auf eine politisch-wissenschaftliche Kritik und Weiterführung angewiesen, in der aber der Ansatz, die Frage nach der Unmittelbarkeit erfahrener pädagogischer Praxis, nicht zerstört werden darf.[5]

Auf die so ja nur angedeuteten gesellschaftstheoretischen und wissenschaftsgeschichtlichen Probleme kann ich hier nicht weiter eingehen; ich beschränke mich auf die Diskussion einiger Grundannahmen zum Alltagskonzept und die Erörterung einiger Hinweise zur gegenwärtigen pädagogischen Entwicklung – sozusagen auf – Überlegungen zum Gebrauch des pädagogischen Alltags.

4. Alltag als Dialektik des Konkreten

Ich möchte ausgehen von einigen Annahmen Kosiks, von Definitionen gleichsam, die dann im Lauf der folgenden Überlegungen konkretisiert werden. Kosik charakterisiert die Zweideutigkeit des Alltäglichen mit der Dialektik von Pseudokonkretheit (Erscheinung) und Wesen. Alltag ist die Welt der Pseudokonkretheit „Die Welt der Pseudokonkretheit ist ein Dämmerlicht von Wahrheit und Täuschung ... die Erscheinung zeigt das Wesen und verbirgt es zugleich. In der Erscheinung tritt das Wesen hervor, aber es erscheint in nicht-adäquater Form, nur teilweise oder nur mit einigen seiner Seiten oder Aspekte ...“ (Kosik, 9). Diese Dialektik von Wesen und Erscheinung präzisiert Kosik im Kontext des Praxisbegriffs, Praxis verstanden als Handeln, das sich selbst an seinem historischen und gesellschaftlichen Ort versteht, also in den hier angelegten Widersprüchen und den in diesen Widersprüchen liegenden Tendenzen zur weiteren Entwicklung, als Handeln also im Kontext gesellschaftlicher Totalität, wie sie durch Handeln, Phantasie, Theorie und Wissenschaft erschlossen werden kann.

Von einem so verstandenen Praxisbegriff her läßt sich die Bestimmung von Alltäglichkeit präzisieren; Alltag ist ein Ansatz für Praxis, weil er als Handeln Aktivität, „sinnlichmenschliche Tätigkeit“ ist; Alltag ist ein Moment von Praxis, wenn und insoweit diese Tätigkeit sich ihrer selbst bewußt, also gleichsam qualifiziertes Handeln ist. Alltag, als Erscheinung, enthält Momente von Praxis, verweist auf Praxis und muß doch zugleich immer auch als Ideologie – in ihren nicht selbstbestimmten, unverstandenen Momenten – durchschaut werden, als Form nichtqualifizierten Handelns. Dieses Durchschauen ist ein mühsames Geschäft des Lernens, Problematisierens, der Aufklärung, ja – wie Kosik formuliert – der Destruktion; damit solche Destruktion nicht zur Unterdrückung der konkreten Alltäglichkeit führt, darf sie nur als kommunikativer Prozeß praktiziert werden, als Prozeß also, der an gemeinsam begreiflichen und getragenen Zielen orientiert ist und zur Aufhebung von Ungleichheiten in der Kommunikation tendiert. Alltag – so war die Aussage – ist ein Moment von Praxis; Alltag ist – so läßt sich dieser Satz auch lesen – nur ein Moment von Praxis; gesellschaftliche Totalität meint immer auch die politischen, ökonomischen, institutionellen und wissenschaftlichen Strukturen, die nach anderen Gesetzen strukturiert sind als Alltag; dies festzuhalten scheint wichtig, damit der relative Ort einer Erörterung von Alltag bewußt bleibt.

Von solchen Definitionen her kann die gerade für das folgende formulierte Aufgabe, die in der Zweideutigkeit des Alltags angelegten restaurativen und progressiven Momente zu unterscheiden, neu formuliert werden. Es wird im folgenden darauf ankommen, die im Alltag ineinanderliegenden Momente von Pseudokonkretheit und Praxis, von Tätigkeit und qualifiziertem Handeln zu unterscheiden und zu prüfen, wie die Momente qualifizierten Handelns von Praxis, im Alltag freigesetzt werden können, indem seine Pseudokonkretheit kommunikativ transparent, aber nicht vernichtet wird. Diese Aussagen sind allgemein und leer; sie sollen im folgenden konkretisiert werden.[6] Alltag ist historisch-konkret zu bestimmen; die damit bezeichnete Komplexität des Alltags will ich unter verschiedenen Aspekten thematisieren; nacheinander sollen skizziert werden

- formale Strukturen von Alltäglichkeit (5),
- formale Faktoren, die qualifiziertes Handeln im Alltag verhindern (6),
- inhaltliche, in der gegenwärtigen gesellschaftlichen Konstellation begründete Faktoren, die Praxis im Alltag verstellen (7),
- Möglichkeiten der Vermittlung von Pseudokonkretheit und Praxis, Handeln und qualifiziertem Handeln im Alltag (8),
- Konsequenzen für das Arrangement pädagogischen Alltagshandelns (9).

5. STRUKTUREN VON ALLTÄGLICHKEIT

Alltäglichkeit ist überall, wo ich lebe, in der Familie, in der Arbeit, in der Öffentlichkeit; „... Alltäglichkeit ... ist nicht das private Leben im Gegensatz zum öffentlichen, auch nicht das sogenannte profane Leben im Gegensatz zur erhabenen offiziellen Welt: In der Alltäglichkeit lebt sowohl der Schreiber, wie der Kaiser" (Kosik, 71).

In dieser Alltäglichkeit „schafft sich das Individuum Beziehungen aufgrund seiner Erfahrungen, seiner Möglichkeiten, seiner Aktivität und sieht deshalb diese Wirklichkeit als seine eigene Welt an" (Kosik, 72). Alltag ist der Ort „der Schöpfung einer praktisch sinnlichen Welt"; „dort sind die elementaren Beziehungen zu den Dingen, zu den Bedürfnissen und zum Geld, wie zu den Händlern und der Ware erfahrbar" (Lefebvre, 55). Diese Alltäglichkeit ist – als Welt menschlicher Interpretation, menschlicher Sinndeutung – nur zu rekonstruieren im Medium von Ausdruck, Sprache, als symbolisierte; die Alltagswelt z.B. von Kindern und Heranwachsenden, von Arbeitern oder Studenten erschließt sich nur aus ihrer je spezifischen Sprache.[7]

Alltäglichkeit ist überschaubar; Alltäglichkeit ist der Raum, den ich kenne, sind die Menschen, die mir bekannt sind, mit denen ich zu tun habe, sind Erfahrungen, die ich selbst, oder die, die ich kenne, gemacht haben, ich verstehe mich innerhalb meiner Bezugsgruppe, innerhalb der Familie, der Arbeitskollegen, der Freunde. Von hier aus gliedert sich mir mein Wissen, strukturiert sich also, was für mich wichtig, weniger wichtig, peripher ist; von hier aus bilden sich – wie Schlitz formuliert – die Zonen unterschiedlicher Relevanz in dem, was mich berührt, kränkt, gleichgültig macht, was ich mich etwas kosten lasse, wofür ich mich engagiere, was ich nur zur Kenntnis nehme. Alltäglichkeit ist komplex: in ihr muß erledigt werden, was anfällt; es stellen sich also Aufgaben politischer, rechtlicher, ökonomischer Art ebenso wie solche des technischen Arrangements oder der Kommunikation.

Im Alltag dominieren jene Geschäfte, durch die, in immer sich wiederholendem Gleichmaß, die Reproduktion von Arbeitskraft und Lebenssinn sich garantiert; die Sorge also für elementare Voraussetzungen der Alltäglichkeit, für den Raum, in dem ich leben kann, für Essen und Trinken; in der Alltäglichkeit wichtig sind das Zusammensein, das Sich-Aushalten, das Sich-seiner-Selbst und der anderen im Handeln und Reden vergewissern, die Verarbeitung gemeinsamer Erlebnisse, Erfahrungen und Unternehmungen. „Die Alltäglichkeit ist vor allem die Gliederung des individuellen Lebens der Menschen im Rahmen jeden Tages: Die Wiederholbarkeit ihrer Verrichtungen ist in der Wiederholbarkeit eines jeden Tages, in der Zeiteinteilung eines jeden Tages fixiert" (Kosik, 71).

Alltäglichkeit ist bestimmt durch Handlungszwänge; Handeln, nicht sporadisches Treffen oder Unterhaltungen, gemeinsame Anstrengungen und Unternehmungen konstituieren den Alltag, bestimmen darüber, wer dazugehört. Alltäglichkeit drängt auf rasches Handeln; Probleme wollen erledigt werden, Handlungsstrategien und Erfahrungen taugen soweit, als sie dazu helfen; Alltagswissen „ist ein Wissen von vertrauenswerten Rezepten, um damit die soziale Welt auszulegen und um mit Dingen und Menschen umzugehen, damit die besten Resultate in jeder Situation mit einem Minimum von Anstrengungen und bei Vermeidung unerwünschter Konsequenzen erlangt werden können" (Schütz, II 58). Ein derart handlungsorientierter, pragmatischer Alltag ist großzügig; Schwierigkeiten, so denkt und benimmt man sich, werden sich schon wieder einrenken, Probleme werden sich geben; „kommt Zeit, kommt Rat". Normalisation hat Lemert diese Strategien des Abwartens, der partiellen Verdrängung, des Laufen-Lassens und Herunter-Spielens, des Sich-Anpassens und Sich-Arrangierens genannt. Bockigkeiten z.B. von Kindern, Zeiten, in denen Jugendliche sich in neuen Rollen und Anforderungen zu erproben haben, gehen – so scheint es – oft ebenso vorüber, wie Zeiten von Unsicherheit und Trostlosigkeit bei Erwachsenen.

In der Alltäglichkeit bilden sich – zur Entlastung – Routinen, Gewohnheiten; man braucht nicht immer neue Überlegungen und Begründungen,
Selbstverständlichkeiten müssen immer wieder neu entdeckt und artikuliert
werden; Alltäglichkeit ist die Welt, die mir vertraut ist, auf die ich mich
verlasse, in der ich mich nicht immer neu rechtfertigen muß, in der ich zu
Hause bin. In den Selbstverständlichkeiten meines komplexen, überschau-
baren und pragmatischen Alltags sind mein Lebenssinn und damit meine
Identität begründet.

Solche Alltäglichkeit – meine alltägliche Wirklichkeit – gliedert sich
in gleichsam verschiedene Zonen, in Alltagswelten, z.B. der Familie, der
Schule, der Öffentlichkeit, der Arbeit; die Vermittlung zwischen diesen
verschiedenen Alltagswelten ist mühsam. Strauß thematisiert die darin liegenden Schwierigkeiten im Begriff der Statuspassage; Schwierigkeiten, die
sich für Kinder beim Wechsel aus der Familie, im Kindergarten und Schule
ergeben, sind ebenso ein Beleg für die Dramatik solcher Übergänge, wie die
Unsicherheit z.B. von Ratsuchenden, vor allem aus der Unterschicht, wenn
sie mit den so anderen Umgangs- und Sprachgepflogenheiten eines Amtes
konfrontiert werden.

6. FAKTOREN, DIE QUALIFIZIERTES HANDELN IM ALLTAG VERHINDERN

Alltäglichkeit ergibt sich überall, wo ich lebe. In solcher Alltäglichkeit steht nicht
primär zur Diskussion, warum eine Situation ist, wie sie ist; hier interessiert,
daß sie so ist, wie sie ist, und daß sie bewältigt werden muß; Arbeitsstrukturen
also, die sich eingebürgert haben, Problemtabuisierungen am Arbeitsplatz gelten,
wie sie sind; unterdrückte Bedürfnisse oder verklemmte Zurückhaltung im
Umgang miteinander, Herrschaftsmuster und Unterdrückungsmechanismen
in Gruppen oder Familien sind, wie sie sind; die Frau spricht nicht viel vor
Dritten, wenn der Mann dabei ist; ein Kind ist – so scheint es – eben miß-
glückt, als Sündenbock erweist es sich – so könnte man zynisch pointieren
– als funktional im Alltag der Familie; „die Volksweisheit, daß der Mensch
sich auch an den Galgen gewöhne, bedeutet: Der Mensch schafft sich auch
in den ungewohntesten, unnatürlichsten und unmenschlichsten Milieus
einen Lebensrhythmus; selbst Konzentrationslager haben ihre Alltäglichkeit
... " (Kosik, 73).

Alltäglichkeit ist die je eigene Welt; indem ich mich auf das berufe, was
ich erfahre und brauche, ist Alltag immer auch beschränkt, eingeengt, isoliert

gegenüber anderen Erfahrungen; das eigene Tun okkupiert mich, ich bin verführt anzunehmen, in ihm allein müßten wichtige Fragen geklärt werden.

Alltäglichkeit ist komplex und pragmatisch orientiert; daß anfallende
Probleme rasch erledigt werden sollen, verführt zu einer Geschäftigkeit, in der
schwierige Probleme ebensowenig angegangen werden können wie weiterrei-
chende Neuerungen; sie werden abgewiesen mit den ja immer anstehenden
unmittelbaren Nötigungen des Augenblicks; es bleibt bei Erregungen, bei
Ansätzen, bei perpetuierter Schlamperei.[8]

Diese Form einer diffusen, weichen Alltäglichkeit kontrastiert (oder wird
ergänzt) durch eine verhärtete; Alltagshandeln stützt sich auf Routinen; in ihnen
können sich Lösungen unabhängig von gegebenen Problemen verfestigen;
es wird vergessen, zur Befriedigung welcher Bedürfnisse, Erfahrungen und
Hoffnungen sie dienen. Eine solche Routinisierung kann besonders gefährlich
werden angesichts der im Alltag so dominierenden elementaren Geschäfte;
Alltag erstickt dann gleichsam in seiner verfestigten Banalität.

Enge, Geschäftigkeit und Routine machen die Fragen nach Begründung,
Sinn und Konsistenz von Alltäglichkeit unmöglich, verhindern also das be-
unruhigende Interesse an Alternativen, an Theorie, die solche Alternativen
möglich machen könnte. Das für den Alltag relevante Wissen ist „inkohä-
rent, nur teilweise klar und nicht frei von Widersprüchen". Der Mensch
des Alltagslebens ist nur teilweise – und wir wagen zu sagen, ausnahmsweise
– an der Klarheit seines Wissens interessiert; d.h. an der vollen Einsicht in
die Verhältnisse zwischen den Elementen seiner Welt und den allgemeinen
Prinzipien, die diese Verhältnisse beherrschen „... er sucht überhaupt nicht
nach Wahrheit und fragt auch nicht nach Gewißheit" (Schütz, II 56 f). Ich
sehe, was ich brauche und darüber hinaus interessiert mich, gefangen in den
Zonen meiner Relevanzerfahrung, wenig; Handlungen sind durch Erfahrungen
bestätigt; zu Änderungen besteht kein Anlaß. Ob, was geschieht, wirklich
effektiv ist, ob die einzelnen Elemente des Handlungssystems zueinander
passen, ob ich in meiner Tätigkeit, meinen Erfahrungen, Wahrnehmungen
und Interessen mich verstehe und realisiere, erscheint überflüssig zu überlegen;
das ist – wie es dann leicht heißt – Theorie; wichtig ist das Arrangement der
Handlungsvollzüge, Wissenschaft und Kritik werden abgeblockt. Die in
der Praxis so häufig vorzufindende Arroganz der Theorieabstinenz hat hier
ihren Grund.

Dieses Ineinander von Enge, Geschäftigkeit, Routine, Banalität, Pragmatik

und Theorieunlust läßt sich mit Leithäuser bezeichnen als das „ontologische
Syndrom" des Alltags, „als das Unvermögen ... die Alltagswirklichkeit zu
transzendieren, sei es das Unvermögen der Flucht in Bezirke der Phantasien,
oder das der theoretischen oder praktischen Kritik" (Leithäuser, 39).

7. Gesellschaftsstrukturen, die qualifiziertes Handeln im Alltag blockieren

Alltagswelten sind geprägt durch die Produktions- und Herrschaftsstruktur
unserer Gesellschaft, also durch ihre Klassenlage, die darin bestimmten politischen, ökonomischen, institutionellen und definitionsbezogenen Ressourcen,
durch Armut, Kontrollmechanismen, Gesetze, Erwartungen und Vorurteile.
Unter gegebenen gesellschaftlichen Verhältnissen sind alltägliche Handlungsmöglichkeiten eingeschränkt; man weiß sich fremdbestimmt, ausgeschlossen
von den Gründen dieser Fremdbestimmung; man nimmt Verhältnisse hin,
die man nicht ändern zu können glaubt.

Negt z.B. hat gezeigt, wie in der Alltagswelt von Unterschicht und Rand-
gruppen unmittelbare Erfahrung in einer nur mittelbaren, resignierten gleichsam
steckenbleibt; die ökonomischen Zwänge, die Abhängigkeit, Isolation und
Monotonie am Arbeitsplatz, die Konflikte am Arbeitsplatz und zu Hause bilden
einen „Blockierungszusammenhang", einen gegen das Interesse an Erfahrung
überhaupt gerichteten Block; der Mut zur eigenen Unmittelbarkeit wird
verstümmelt. Schwierigkeiten innerhalb der Arbeiterbildung lassen sich von
hier aus ebenso analysieren, wie pädagogische Probleme in der Hauptschule
oder in Jugendhäusern; Arbeitslosigkeit – als Erfahrung von Überflüssigkeit
und Sinnlosigkeit der eigenen Arbeitskraft – verhärtet diese Verzweiflung und
führt zu Ausbrüchen in Ausweich- und Abwehrreaktionen.

Innerhalb der durch die verschiedenen gesellschaftlichen Ressourcen (Klassenlage) bedingten Unterschiede von Alltäglichkeit müssen die verschiedenen
Alltagswelten
– also z.B. die der Fabrik, die des Stadtteils, der Familie, des Erziehungs-
  heims
– unterschieden werden nach ihrer gesellschaftlichen Funktion, so wie diese
  sich im Lauf der neuzeitlichen Entwicklung zur zunehmenden Arbeitstei-
  lung herausgebildet hat; Ottomeyer z.B. entwickelt für die Bereiche der
  Produktion, Distribution und Konsumption solche – nach den Formen
  von Erfahrung und Handlungsmöglichkeit

– unterschiedene Profile von Alltagswelten. Ich beschränke mich hier auf zwei Hinweise.

Die Unterschiedlichkeit von Alltagswelten kann weithin nicht in gleichsam gekonnten „Statuspassagen" in das Alltagsbewußtsein (die Identität) von Gruppen oder einzelnen integriert oder doch zumindest vermittelt werden; sie nötigt zur Ausblendung oder Oberflächlichkeit, unter der konkrete Erfahrungen der Alltäglichkeit verdeckt bleiben. Die Unterschiedlichkeit der Alltagswelten führt zu verschiedenen Konstellationen von Handeln und qualifiziertem Handeln, die unterschiedliche Momente qualifizierten Handelns möglich machen; ich beschränke mich hier – als Beispiel – auf Bemerkungen zum privaten Alltag. Seine Funktion kann nur verstanden werden innerhalb des Gefüges der anderen Gesellschaftsbereiche, also von Produktion und Öffentlichkeit, diese sind Entwicklungsgesetzen, rationaler Konzentration, Technik und Bürokratie unterworfen; hier ist Alltäglichkeit – eigene, komplexe Erfahrung, in der sozialen Gruppe begründete Handlungs- und Sinnmuster mit ihren charakteristischen Chancen der Solidarität – den die Arbeitsaufgaben bestimmenden Sachzwängen gegenüber tendenziell eher marginal; diese Form von Fremdbestimmung zu kompensieren ist eine der Funktionen der privaten Alltagswelt – so wie sie Horkheimer für die Geschichte der neuzeitlichen Familie beschrieben hat. Indem das Private, an den Entwicklungsgesetzen von Produktion und Markt gemessen, rückständig bleibt, bietet es eher komplexe Erfahrungen, eigene Erfahrungen, bleiben in ihm persönliche Bezüge und darin ausgehandelte Handlungs- und Sinntraditionen wichtig. So evident diese Unterschiede zwischen Alltagswelten in Produktion und Privatheit sind (und in ihren relativen Chancen genützt werden können), so erweist sich doch gerade das Private – wenn auch in einer anderen Form von Vermittlung – bestimmt durch die die Produktion und Öffentlichkeit prägenden gesellschaftlichen Strukturen. Die aus der Herrschaftsstruktur unserer Gesellschaft folgenden Konsequenzen, ebenso aber die Prinzipien von Rationalisierung, Planung, Leistungserwartung und Konsum bestimmen die Freizeit ebenso wie das Familienleben; familiale Rollenmuster – die klassisch autoritären und die modern offeneren – sind Möglichkeiten der kompensierenden Verarbeitung gesellschaftlicher Erfahrung; Familienleben ist – weiter – beeinträchtigt durch die Art z. B. des Wohnungsbaus, die Lage der Wohnung also innerhalb der Verkehrszonen, die Abgegrenztheit oder Nichtabgegrenztheit gegenüber anderen Wohnungen; familiale Hausarbeit ist – zunehmend – auch geprägt durch Möglichkeiten und

Zwänge technischer Einrichtungen und rationell sparenden Einkaufs; die den Marktgesetzen folgenden gesteigerten Lebensansprüche nötigen zu Doppelverdienst. Alltagskommunikation in Freizeit und Familie wird bestimmt durch das Angebot von Massenmedien; Möglichkeiten zu individuellerer Beschäftigung ebenso wie zu individuell gestalteter Geselligkeit schrumpfen.

Daß die Alltagswelten von Produktion, Öffentlichkeit und Privatheit getrennt sind, bedeutet für die private Alltäglichkeit die Verkürzung um Aufgaben der Produktion und Politik. – Die Trennung der Lebensfelder geht – zunächst – einher mit einem Bewußtsein, daß die private Alltäglichkeit, die Welt also von Freizeit und Familie, die für die Selbstdarstellung des Menschen entscheidende sei; so verkürzt sich das Bewußtsein von Alltäglichkeit, nichtprivate Alltäglichkeit scheint marginal; Fragen des Umgangs, der Kommunikation, der Erziehung erhalten neues Gewicht, werden – gleichsam in Ermangelung anderer Aufgaben –problematisiert und dramatisiert; eine derart reduzierte Definition von Alltäglichkeit bestimmt auch weithin z.B. therapeutisch orientierte Diagnosen und Verhaltensvorschläge. – Die Probleme solcher Reduktion werden besonders deutlich innerhalb von Familie; die Ausgliederung des Arbeitsplatzes aus der Familie, das Verschwinden eigener handwerklich-landwirtschaftlich-hauswirtschaftlicher Tätigkeit in der Familie führt zu einem Syndrom von Realitätsverlust und dramatisiert diese Beziehungen, – wie es besonders in Mittelschichtfamilien für qualifiziert ausgebildete, aber nicht hinreichend beschäftigte Frauen sehr belastend ist. Hier liegen auch gravierende Probleme für sozialpädagogisch arrangierte familienähnliche Lebensformen: Gruppen in Erziehungsheimen sind oft, indem sie zentral versorgt sind, überversorgt und unterbeschäftigt und plagen sich mit Langeweile und Beziehungsschwierigkeiten. Die Trennung zwischen Öffentlichkeit und Privatheit führt zur Individualisierung des privaten Alltags; die in Alltäglichkeit überhaupt angelegte Beschränkung auf die eigene Welt verstärkt sich, man lebt für sich; technische Entwicklungen unterstützen diese Privatisierung; das Fernsehen unterhält mich in meinen vier Wänden, im Auto reise ich für mich nach eigenen, individuellen Planungen; „die Sinnlichkeit ist eingeschnürt in die individuelle Lebensgeschichte, festgehalten durch den Umkreis des konkreten Berufs, die konkrete Familieninsel oder sonstige Zweier- oder Gruppenbeziehungen, ... – Das haust in Höhlen, wovon ein großer Teil nur eine Öffnung, der andere nur zwei, der bevorzugteste nur drei Öffnungen hat ..." (Kluge, Reitz, 70). Die Einschränkung der privaten

Lebens- und Handlungsmöglichkeiten werden verstärkt durch eine mit ihr einhergehende gegenläufige Entwicklung, die Überflutung mit vielfältigen Informationen, wie sie die modernen Massenmedien anbieten, und die darin liegende dauernde Demotivierung eigenen Handelns: Ich sehe, was sich in der Welt zuträgt; ob ich es sehe oder nicht sehe, ändert nichts am Lauf der Dinge: „Der Rückzug des privaten Bewußtseins und Lebens geht Hand in Hand mit der ‚Mondialisation' des Lebens und des Bewußtseins", „zurückgelehnt in seinen Sessel betrachtet der Privatmann ... das universelle Geschehen, ohne es im Griff zu haben oder sich auch nur darum zu bemühen. Er betrachtet die Welt" (Lefebvre, II, 100).

Diese neuzeitlich-spätkapitalistischen Alltagswelten sind in ihrer Resignation, Vereinzelung, Verkürzung eine entfremdete Wirklichkeit, eine – wie Kosik für die spezifisch-gegenwärtigen Bedingungen konkretisiert – Wirklichkeit der Sorge. „Die Sorge ist Praxis in einer erscheinungsmäßig entfremdeten Gestalt ..., ist die Praxis der alltäglichen Manipulation, in der der Mensch innerhalb eines Systems fertiger Dinge, d.h. Einrichtungen beschäftigt ist. In diesem System der Einrichtungen wird der Mensch selbst Gegenstand der Manipulation. Die Manipulationspraxis (die Sorge) verwandelt die Menschen in Manipulatoren und Objekte der Manipulation" (Kosik, 65). Fromm charakterisiert die moderne Alltäglichkeit – im Zusammenhang sehr anderer Überlegungen – als Welt der bloßen Tätigkeiten im Gegensatz zu einer des wirklichen (qualifizierten) Handelns.

8. Alltag und Praxis

Diese inhaltliche Charakteristik von Alltagswelten fügt sich zu der oben skizzierten formalen von Alltäglichkeit; inhaltliche und formale Strukturen verstärken sich gegenseitig. Alltäglichkeit in den Alltagswelten der Sorge verfestigt sich in Enge, Geschäftigkeit, Routine, Leerlauf, begnügt sich im Zeichen pragmatischen Interesses mit der Erledigung anfallender Aufgaben. So wird Alltäglichkeit zur Welt eines unaufgeklärten, blinden Bewußtseins, das die Gründe seiner Blindheit, der Verarmung seiner Wirklichkeit, nicht durchschauen kann.

Wohin aber führen solche Analysen? Im ersten Absatz hatte ich die Frage gestellt, inwieweit die Zweideutigkeit im Reden von Alltag einer Zweideutigkeit im Alltag selbst entspricht, muß die Antwort – von hier aus – nicht eindeutig und bitter eindeutig sein: Restaurative Interessen berufen sich auf restaurative

Momente des Alltags; Alltag als Ausdruck eines unaufgeklärt blinden Bewußtseins stabilisiert den Status quo und stützt damit restaurative Interessen.

Ausgegangen war ich oben von der These, daß Alltäglichkeit ein Moment progressiver sozialpädagogischer Praxis sei; ist diese These nun nicht widerlegt? Ist die Thematisierung und Aktivierung von Alltagsleben nicht – wie schlechte Romantik – nur der Versuch, eine sich selbst nicht durchsichtige Lebensform zu beschwören um so – im Abseits wie in einer Art Vogel-Strauß-Politik – in schlechten Verhältnissen sich idyllisch einzurichten?

Eine solche gesellschaftskritisch zugespitzte Behauptung ist in ihrer Radikalität eindeutig und kann dazu verführen, anzunehmen, es gebe eine Alternative zur Alltäglichkeit, in der der Mensch immer schon lebt; dies aber wäre eine irreführende Annahme. Denn „bei näherer Betrachtung besteht die Welt überhaupt nur aus solchen Massen von Alltagsmilieus. Sobald man sich darüber erhebt, z.B. auf einen komfortablen Bewußtseinsstandpunkt, ist nichts mehr davon wahr ... Man muß sich auf den Rohstoff Wirklichkeit einlassen" (Kluge, Reitz, 72, 42). Das Problem kann also nicht sein, daß wir in Alltäglichkeit leben, sondern nur, wie es gelingt, in ihr Momente von Praxis freizusetzen. Wenn ich damit auf der These Kosiks beharre, wäre dies bloß trotzige Behauptung, wenn es nicht gelänge, die restaurativen Momente – die Enge, Geschäftigkeit, Routine, die Verkürzung des Alltagshandelns zum Besorgen – gegen Momente von Praxis auszuweisen. Zunächst: Alltag bleibt – wie verkürzt auch die Formen und Inhalte seiner Erfahrung sind – der Ort unmittelbarer Auseinandersetzung von und Aneignung mit Erfahrung; die eigene Aktivität bleibt notwendige, wenn sicher auch nicht hinreichende Voraussetzung von Praxis. Die darin liegenden Möglichkeiten, Verengung und Entfremdung von Alltag aufzubrechen, wird gestützt durch die Handlungsstrukturen, wie sie im Alltag gegeben sind, durch Offenheit, Verschiedenheit und Widersprüchlichkeit in den Alltagswelten. Die Erfahrung sozialer Bezüge, der Welt, in der ich zu Hause bin, bietet eine Chance zur Solidarität. Die offene, komplexe Fülle des Lebens sperrt sich immer auch gegen Routinen und pragmatische Verkürzung: Routine verschüttet nicht jede Erfahrung; es bleibt ein Rest. Die Erfahrung von Versagungen in Erleben und Handlungsmöglichkeit setzt neue Problemlösungen, Erwartungen und Hoffnungen frei; die Vielfältigkeit und Ungleichzeitigkeit in verschiedenen Alltagswelten – also in Familie, Freundschaft, Arbeit – bieten unterschiedliche Möglichkeiten der Erfahrung und des Handelns, die gegeneinander auszuspielen sind; die eher gesellschaftliche Erfahrung in der Arbeit gegen die Enge des Privaten, die offenen, komplexen Möglichkeiten des Privaten gegen die rigiden Zwänge in Arbeit und Öffentlichkeit. Die Verschiedenheit von Erfahrung nötigt zu Vergleichen und macht so Diskrepanzen und darin wiederum Ansprüche und Hoffnungen deutlich. „Es geht ... um die Bruchstellen" (Kluge, Reitz, 71). Der Widerspruch zwischen der Enge des privaten Lebens und der Weite bloßer Information schließlich kann – so Lefebvre in gleichsam kontrafaktischer Interpretation – ein weiteres Interesse, ein Interesse, das nicht schon gefesselt ist durch eigene enge Handlungsmöglichkeiten, Rücksichten und Korruptionen freisetzen, das sich dann in den den eigenen Alltag übergreifenden, ihn herausfordernden Problemen engagiert. In solchem Ineinander von Unmittelbarkeit, Versagung und Widerspruch bildet sich Phantasie, Phantasie als – wie Negt formuliert – Restpotential unentfalteter Wünsche; Blochs Prinzip Hoffnung ist – auch – zu lesen als Phänomenologie solcher Alltagswünsche; im Dunkel des gelegten Augenblicks des Alltags und in den hier sich bildenden Tagträumen artikulieren sich Hoffnungen, in denen, gleichsam als Vorschein, Richtung und Kraft zur Herstellung besserer Lebensverhältnisse offenkundig werden.

9. Sozialpädagogische Ansätze

Diese im Alltag gegebenen Ansätze, Widersprüche, Tendenzen und Wünsche zu nutzen, um im pädagogischen Alltag zwischen Aktivität und aufgeklärtem, qualifiziertem Handeln, also Praxis zu vermitteln und Möglichkeiten von Praxis, Möglichkeiten gleichsam eines gelungenen Alltags zu schaffen, ist Ziel sehr verschiedener Vorhaben innerhalb der Sozialpädagogik; man versucht
– bewußt in der Alltäglichkeit anzusetzen,
– die darin gegebenen Chancen einer komplexen, betroffenen Handlungsorientierung zu nutzen und Räume zu schaffen, in denen qualifiziertes Handeln sich entfalten kann,
– man versucht – weiter – den alltagsimmanenten Gefahren der Verengung und Entfremdung dadurch zu entgehen, daß Alltagswelten aufgehoben sind in neuen Formen einer Öffentlichkeit, die alltagsnah strukturiert ist
– und sich der speziellen Grenzen solcher Alltäglichkeit bewußt zu sein.
Ich belege diese Maximen, die – wie mir scheint – in vielen Bereichen der Sozialarbeit strukturierend sein sollten, mit einigen Hinweisen.
Alltag verfügt über spezifische Ressourcen, sich zu arrangieren, sich zu ak-

zeptieren, sich zu helfen, ohne daß es notwendig ist, gleich mit lehrenden, verbessernden oder disziplinierenden Absichten sich einzumischen und dadurch eigene Lern- und Handlungsmöglichkeiten zu entmutigen oder zu verdecken; Sozialpädagogen also beteiligen sich an verschiedensten Selbsthilfeaktivitäten – z.B. in Bürgerinitiativen, Gruppen alleinstehender Mütter oder Väter, Gruppen arbeitsloser Jugendlicher –, in denen sie sich als Mitglied wie alle anderen mit ihren spezifischen Kenntnissen und Erfahrungen beteiligen, indem sie Räume organisieren, sich, wo es gewünscht wird, mit ihrem Rat zur Verfügung halten.

Sozialpädagogische Beratungsansätze – Unterschichtsberatung, Jugendberatung, Beratung innerhalb von Gemeinwesenprojekten usw. – muß auf Alltagsprobleme bezogen sein, also angesiedelt sein innerhalb der Alltagswelt ihrer „Adressaten", eingefügt in die räumliche und zeitliche Ordnung des Alltags, als Institution transparent, im methodischen Ansatz offen – offen also für die komplexe Vielfältigkeit von Alltagsproblemen, vornehmlich darauf zielend, die Selbsthilfemöglichkeiten und Ressourcen der Bezugsgruppe (Stadtteil, Familie, Altersgenossen) zu aktivieren. Solche Beratung muß sich ablösen von verwaltungsbestimmten, kontrollierenden Handlungsaufträgen (sie braucht einen nur von ihr selbst zu verantwortenden Freiraum), sie darf dies aber nicht so tun, daß sie sich, landläufigem Beratungsselbstverständnis folgend, auf methodisch gesicherte Verhaltens- und Kommunikationsstrategien festlegt. Die Spaltung von Produktion, Öffentlichkeit und Privatheit und die daraus resultierende Abtrennung von Kommunikationsproblemen erwies sich oben als eine der gravierenden Verkürzungen heutiger privater Alltagswelt; sie durch die Bearbeitung, also die isolierte Beachtung und Dramatisierung von Verhaltens- und Kommunikationsproblemen fortzusetzen, scheint mir die derzeitige politische Gefahr von Beratung; damit sollen – natürlich – spezifische Zugänge zu besonderen Nöten und Aporien von Ratsuchenden nicht abgewiesen werden, solange diese im Kontext eines Alltagsarrangements – indem sie sich allein bewähren müssen und können – zurückgebunden bleiben.[9]

In der neueren Diskussion wird der Beratungsbegriff zunehmend undeutlicher; Beratung ist alltagsorientiert, darin offen, darin zugleich auch zunehmend eingebunden in andere Aktivitäten, auf das Gemeinwesen oder den Stadtteil bezogen. Gemeinwesenorientiert sind auch zunehmend Ansätze der offenen Jugendarbeit, z.B. das Konzept mobiler Jugendarbeit (Specht). Hier bedeutet vom Alltag der Heranwachsenden auszugehen, mit der Gruppe im Lebensfeld

Stadtteil zu arbeiten. – Für offene Jugendarbeit werden zunehmend zum Problem jene Gruppen von – im allgemeinen – Unterschichtjugendlichen, die, von traditioneller Sozialarbeit enttäuscht, deren Angebote (individuelle Bildungsangebote, Jugendhäuser, Jugendberatung usw.) nicht nur nicht wahrnehmen, sondern in ihnen provozierend, störend, zerstörend auftreten. Demgegenüber versucht mobile Jugendarbeit, Gruppen als Gruppen anzusprechen, sich ihnen durch Hilfe in den Schwierigkeiten, die sich ihnen im Alltag stellen, zu empfehlen (im Alltag sozusagen Alltagsvertrauen durch gemeinsame Aktivitäten zu gewinnen) – also in den Familien, in der Schule, bei der Arbeitsvermittlung, vor Gericht. Sozialarbeiter versuchen, gegebene Initiativen und Planungen, aber auch Langeweile und Aggressionen aufzunehmen und – zugleich – so aufzufangen, daß sie, immer im Horizont der Gruppeninteressen bleibend, in einer Weise ausagiert werden können, daß für die Jugendlichen keine nachteiligen Folgen entstehen; ein geplanter nächtlicher Überfall z.B. mündet in eine vom Sozialarbeiter spontan gleichsam unterschobene Tour in den öffentlichen Verkehrsmitteln einer Großstadt die Nacht hindurch, der Überschuß an Abenteuerlust und Aggression trägt sich in riskanten Spielen aus. Wenn es so mit vielfältigen Vermittlungen gelingt, Auffälligkeiten und Aggressionen zu unterlaufen und – salopp geredet – Frieden zu stiften, ist das gewiß hilfreich: Für die Jugendlichen, die nicht in Stigmatisierung und Kriminalisierung, also in ungewollte Folgen ihrer Taten, hineingeraten und allmählich lernen, ihre Probleme selbst zu regeln, für die Gemeinde die – indiziert durch die sinkende Kriminalitätsrate – ihre Ordnung findet. Würde Jugendarbeit aber sich damit begnügen, blieben die Bedingtheiten dieser Verhältnisse und die in ihnen angelegten Chancen zur Praxis ungenützt. Sie werden – scheint mir – z.B. transparenter, wenn Jugendliche ihre Situation nicht mehr nur hinnehmen, um sich in ihr arrangieren zu lernen, sondern sich aus der Bandenzusammengehörigkeit mit der zunächst angstbesetzt strengen Hierarchie allmählich Gruppensolidarität bildet, in der man sich untereinander in Freundschaftskonflikten und Arbeitslosigkeit hilft, oder wenn die Älteren sich organisieren, um ein Jugendhaus zu gründen, damit in ihm die Jüngeren vor jenen Schwierigkeiten bewahrt werden, in denen sie, die Älteren, fast ruiniert worden wären, oder wenn einzelne politische Konsequenzen aus ihren Erfahrungen ziehen lernen. Die Vorläufigkeit eines auch befriedeten Gemeindealltags wird aufgebrochen und transparent, wenn solche Jugendarbeit sich so gemeinwesenorientiert versteht, daß die in der Jugendgruppe aufbrechenden Probleme zu Problemen des Stadtteils werden, der Stadtteil also mit diesen Problemen behelligt wird. Öffentlichkeitsarbeit wird betrieben, indem Jugendliche dazu ermuntert und stabilisiert werden, sich in ihren Problemen und den Hintergründen ihrer Probleme darzustellen, Vorurteile also bei Eltern, Lehrern, Lehrherren, bei Polizei und Gericht abzubauen. So bildet sich – vielleicht, allmählich – ein neues Selbstverständnis in einem so ein wenig humanisierten Stadtteil.

Gegenüber traditioneller Anstalts- und Heimerziehung werden zunehmend Familien und familienähnliche Lebensformen aktiviert; das entspricht dem Interesse der Kinder nach einer verläßlichen Alltagswelt ebenso wie dem Interesse sozialpädagogischer Mitarbeiter, die hoffen in ihrer erweiterten Familie, einer eigenen Heimgruppe, einem „Nest" oder einer Wohngemeinschaft einen Raum für eigene Beziehungen, Aktivitäten und Zuständigkeiten zu finden (Meyer-Dettum). Wie schwierig die Realisierung von Alltäglichkeit – die Herstellung von Verläßlichkeit in den persönlichen Bezügen und sachlichem Interessen – ist, belegen Probleme der Arbeitszeitregelung in der Heimerziehung oder Wohnprobleme. – Familienähnliche Lebensformen stehen in Gefahr, sich in ihrer Eigenwelt abzukapseln; es ist z.Z. nur allzu deutlich, daß Sozial- und Jugendpolitik (alter Tradition der Familienideologie folgend) auch deshalb Adoptionsfamilien, Pflegefamilien, Wohnnester, Wohngruppen so favorisieren, weil dadurch Energien, gleichsam im Privaten absorbiert, politisch ineffektiv bleiben (Bonhoeffer/Widemann).

Solche Gefährdungen suchen Alternativen oder Modifikationen zu traditionellen Familienformen zu unterlaufen, also Wohngruppen, Familienverbände, Tagesmütter; hier geht es immer darum, der Verengung auf wenige Personen, der Überlastung mit wechselseitigen personellen Ansprüchen, der traditionell (frauen- und kinderfeindlichen Rollenverteilung, der Isolierung gegenüber der Außenwelt entgegenzuwirken und durch neue Wohnkonzepte, gegenseitige Öffnung, wechselseitige Diskussion und schließlich Beratungen, darauf hinzuwirken, daß die in der engen Welt weniger, aufeinander verwiesener Menschen liegenden Chancen eines komplexen, handlungskompetenten Miteinanderlebens auch realisiert werden; daß die Grenzen solchen Lebens bewußt bleiben und sich so von hier aus eine neue Bereitschaft für öffentlich gesellschaftliches Engagement – z. B. in Nachbarschaftshilfe, Bürgerinitiativen, gewerkschaftlicher Arbeit usw. – aktiviert.

10. Schwierigkeiten der Vermittlungsprozesse im Alltag

Solche Hinweise auf die Möglichkeit, Alltag und Praxis ineinander zu vermitteln, könnten – so andeutend, verkürzt und glättend skizziert – dazu verführen, die hier liegenden Schwierigkeiten und Unzulänglichkeiten zu überspringen oder doch zu unterschätzen; dazu noch vier Bemerkungen, die Hinweise aus dem Bisherigen aufnehmen und weiterführen.

Wenn im Alltag Praxis freigesetzt, gelungener Alltag möglich werden soll, so könnte eine solche Formulierung suggerieren, als könnten Schwierigkeiten im Alltag, Schwierigkeiten, wie sie in seiner Struktur angelegt sind ebenso wie die in ihm sich repräsentierenden gesellschaftlichen des Besorgens, der Entfremdung, aufgehoben werden. Gelungener Alltag aber ist immer nur – so wurde es ja an den Projekten deutlich – als Tendenz, als Richtung eines Prozesses möglich, als Ineinander also von Momenten gelungener, freier und komplexer Handlungserfahrung und Wissen um die Grenzen dieser Erfahrung – als eigene Welt, die sich selbst in den sie bedingenden Entfremdungen transparent ist – als Zwischenwelt also, die immer auch über sich hinausweist, wie es bei Ernst Bloch als Dialektik der konkreten Utopie gefaßt ist.

Im Alltag kann Praxis nur freigesetzt werden durch Erkenntnis, Kritik, durch Phantasie, Theorie und Wissenschaft; ohne die damit angeschnittenen Fragen nach Art und Struktur einer Wissenschaft, die solche Aufklärung leisten könnte, hier auch nur andeuten zu können, scheint es doch in diesem Zusammenhang wichtig, daran zu erinnern, daß Phantasie, Theorie und Wissenschaft – sehr weit gefaßt – auf Ausbruch aus dem Gewohnten, Vertrauten, auf Vergleich, Distanz, Folgerichtigkeit und Überprüfung zielen; was Dilthey für das Verhältnis von Leben und Geisteswissenschaft formuliert hat, daß nämlich „dieses unmittelbare Verhältnis, in dem das Leben und die Geisteswissenschaften zueinander stehen, in den Geisteswissenschaften zu einem Widerstreit führt zwischen den Tendenzen des Lebens und ihrem wissenschaftlichen Ziel" (VII, 137), gilt – so scheint mir – allgemein; daraus aber folgert, daß Alltag immer auch mit Wissens- und Handlungsmustern vermittelt werden muß, die anders akzentuiert und strukturiert sind.[10]

Wenn im Alltag Praxis immer nur in der Vermittlung möglich ist und lernend freigesetzt werden muß, bleibt dies – davon war in den Eingangsüberlegungen ja ausdrücklich die Rede – immer auch ein moralisch riskanter Balanceakt; Alltag ist gefährdet durch die Einseitigkeit einer weichen, überidentifizierten Alltäglichkeit ebenso wie durch die Verfremdung der abstrakten Ansprüche und Theorien; daraus resultieren Loyalitätskonflikte, Unsicherheiten, Zweifel, Verzweiflung in der Identität, im Selbstverständnis des Pädagogen; sie scheinen mir für die derzeitige Sozialpädagogik ebenso unvermeidlich wie belastend. Solche Konflikte sind um so komplizierter, weil Alltagshandeln nicht nur in sich selbst zweideutig und gefährdet ist, sondern weil der Ort des Alltags innerhalb unserer gesellschaftlichen Totalität schwer auszumachen ist; daß Alltag ein Moment von Praxis, nur ein Moment innerhalb gesellschaftlicher Totalität ist, habe ich oben gesagt; Alltag muß also immer vermittelt werden auch zu den anderen, diese Totalität ausmachenden Lebensbereichen und zu den in ihnen geltenden spezifischen Strukturgesetzen z.B. der Rationalität, Effektivität, Organisation[11]; daß dieses Verhältnis von Alltagswelt und Nicht-Alltagswelt nicht statisch gesehen werden darf, Vermittlung also nicht einfach als Einpassung der Alltagswelten in dominante Gesellschaftsstrukturen verstanden werden kann, ist auch angesichts der beschriebenen Tendenzen zur Ausweitung von Alltagswelten und dem hier derzeitig so mächtigen Engagement evident; hier aber eine zunächst nicht auflösbare Gegensätzlichkeit zu leugnen, wäre angesichts unserer arbeitsteilig entfalteten Gesellschaftsstruktur naiv.

Alltag – so ließen sich solche Hinweise auf die hier zu bewältigenden Aufgaben zusammenfassen – kann nur gelingen, wenn er auch offen ist für Erfahrung, Handlungs- und Denkzugänge, die seiner Struktur zuwiderlaufen. Der Erfahrung der Verläßlichkeit entspricht Offenheit, Unruhe; der Verbindlichkeit eigenen Erlebens und Handelns die Notwendigkeit von Abstraktion und Distanz, dem Wissen um die eigenen Handlungsmöglichkeiten die Einsicht in deren Grenzen in weiteren, anders strukturierten Wirklichkeitsbereichen. Alltag gelingt, insoweit solche Gegensätzlichkeiten als Gegensätzlichkeiten – also dialektisch – praktiziert werden können.

11. Die Ambivalenz der Professionalisierung

Ein Versuch, in diesen Schwierigkeiten zumindest zu einer Klärung der Positionen zu kommen, scheint mir die derzeitige Professionalisierungsdebatte. Über die notwendige und hilfreiche Angst vor landläufigen Professionalisierungskonzepten – mit ihrer Betonung der eigenen Welt der Professionellen, der sprachlichen und umgangsbestimmenden Distanz zu den Adressaten – muß nicht weiter gehandelt werden; wie suggestiv gerade sie allerdings z.Z. innerhalb der Pädagogik sind, macht der Drang zu Zusatzstudien, vor allem zu psychologisch-therapeutischen Zusatzqualifikationen – die erlauben, der pädagogischen Alltäglichkeit zu entkommen – nur allzu deutlich. Einem allzu „flotten" Jargon der Entprofessionalisierung allerdings gegenüber kommt es darauf an, den Anspruch der Vermittlung nicht zu unterschlagen, die, wenn Praxis im Alltag freigesetzt werden soll, nur unter Phantasie, Theorie, Wissenschaft, aber auch durch Training, Kooperation und Organisation stabilisiert werden kann; den im Alltag freizusetzenden gelungenen Alltag, der Praxis, entspricht, so könnte man sagen, nicht der Verzicht auf Professionalisierung, sondern ein neues Konzept alltagsorientierten, solidarischen, aufgeklärten Handelns. (Siehe Otto: „Neue Fachlichkeit.")

Wenn so aber Pädagogik sich als Handeln im Alltag verstehen muß, ist es notwendig, sich zu dieser Aufgabe zu bekennen. Es ist fatal, wenn z.Z. sozialpädagogische Beratung nur gleichsam im traurigen Defizit-Bewußtsein als Fehlen ausgewiesener Methoden verstanden wurde; es ist ebenso fatal, wenn z.B. innerhalb der Heimerziehung vornehmlich auf die Notwendigkeit therapeutisch-kommunikativer Zusatzangebote verwiesen wird, und dabei unterschlagen bleibt, daß es für Kinder primär wichtig ist, daß sie Verläßlichkeit im Alltag erfahren, eine vertraute Welt, Konsensus, belastbare Beziehungen und einen Horizont von Perspektiven, auf die sich zu verlassen und in denen sich anzustrengen lohnt.[12]

Schwierig ist – jedenfalls z.Z. – schließlich auch die Vermittlung einer alltagsbezogenen, praxisrelevanter Theorie; Schülein hat die Stadien dieses mühsamen Prozesses analysiert, eines Prozesses, der durch Dogmatismus, Übererwartung und Resignation, durch Euphorie, Verzweiflung, Aggressivität in der Selbstbehauptung und gegen andere, durch Verzicht schließlich auf jede Theorie hindurchgehen muß, um schließlich zu seinem Ziel, dem Erwerb einer stabilen sozialwissenschaftlich gestützten Kompetenz für Alltagshandeln zu führen. Die Bedingungen nun, eine solche „Karriere" zu absolvieren, sind gerade in der derzeitigen Sozialpädagogik extrem ungünstig: Angesichts der Vielfältigkeit der in einem nach seinen disparaten Aufgaben so weit gefächerten Fach zu erledigenden Ausbildungs- und Lernaufgaben, angesichts der Kürze des Studiums (also des dominierenden Fachhochschulstudiums und der – z.Z. auf dem Erlaßwege praktizierten – Verhinderung von Aufbau- und Zweitstudien), angesichts schließlich der Angst um Berufschancen (also der zermürbenden Konkurrenz zwischen unterschiedlichen Berufsgruppen, der Angst vor Arbeitslosigkeit und Radikalenerlaß). Man wird – so scheint mir – sich damit abfinden müssen, – und dies zu konstatieren ist quälend – daß wir in der Sozialpädagogik mit der auch theoretischen Vermittlung von Handlungsstabilität noch lange mit Vor- und Mittelstadien beschäftigt sein werden, – eine Zumutung für die Ausbildung, die Praktiker und die von der Praxis Betroffenen in gleicher Weise. Ich darf hier vielleicht noch einmal an die in der Einleitung angesprochene Überlegung zurückerinnern, daß Pädagogik und Sozialpädagogik z.Z. zunächst einmal und vor allen inhaltlichen Auseinandersetzungen – Zeit zur Entwicklung ihrer Konzepte brauchen, Zeit zum Lernen. Der Hinweis darauf, daß eine solche Lernzeit einstweilen kaum konzediert wird, ist – angesichts der im Vorangegangenen deutlich gewordenen Schwierigkeiten – beunruhigend und für die Zukunft herausfordernd.

12. Schlussbemerkung

Ausgegangen bin ich vom Interesse einer progressiven, alltagsorientierten Sozialpädagogik; dies Interesse aber fand sich inmitten auch gegenläufiger Interessen an Alltagsorientierung. Diese Widersprüchlichkeiten verwiesen auf Widersprüchlichkeiten im Alltagshandeln selbst. Aufgabe ist es, die im Alltag angelegten progressiven Momente, Momente also einer selbstbestimmten, sich selbst transparenten Praxis zu sehen, zu nutzen und vor Perversionen zu sichern; dies kann nur in doppelter Richtung geschehen, zum einen gegenüber Tendenzen der neuzeitlich-spätkapitalistischen Durchsetzung einer arbeitsteiligen, technologischen, effektiven Rationalität und Institutionalisierung, zum andern aber gegenüber den im Alltag selbst angelegten Zweideutigkeiten. Alltagsorientierung kann nur zum qualifizierten Alltagshandeln, zum gelungenen Alltag, zur Praxis führen, wenn Alltag sich seiner Zweideutigkeit bewußt und immer auch durch Handeln, Phantasie, Theorie und Wissenschaft kritisch aufgehoben ist. In dieser „doppelten Front" zu leben, bestimmt den für Alltagshandeln charakteristischen, so schwierig zu balancierenden Prozeß zur Praxis.

Anmerkungen

1   Ausgearbeitete Fassung eines Referats, das ich bei der Jahrestagung 1977 der Sektion Sozialpädagogik der Deutschen Gesellschaft für Erziehungswissenschaft in Bremen und zum Tübinger Sozialpädagogentag 1977 gehalten habe.
2   In diesem Zusammenhang ist vielleicht eine Rückerinnerung an die pädagogische Tradition erlaubt; für sie stand der Begriff der pädagogischen Verantwortung im Mittelpunkt; daß er, als Maxime eines primär auf individuelle Probleme

bezogenen Handelns, das, zudem, nicht von außen, sondern nur in der Entscheidung des Handelnden selbst begründet lag, kritisiert werden mußte, ist evident; ebenso evident ist aber auch, daß mit der Kritik an diesem Begriff etwas verloren ging, was für pädagogisches Handeln konstitutiv ist, die in der Rolle des Pädagogen liegende notwendige Moralität und Zumutung für den Heranwachsenden.

3   Alltag wird auch unter tiefenpsychologischen Prämissen thematisiert. Diese Analysen aber müssen im folgenden unberücksichtigt bleiben.

4   Mit der Thematisierung von Alltag werden (ebenso wie- im Interaktionismus), nicht primär Verhaltensmöglichkeiten und -stärken, sondern Lebensfelder und soziale Bezüge, also die Strukturen und Ressourcen, in denen der einzelne sich realisieren kann, erörtert; der einzelne erscheint – interaktionistisch geredet – eingebunden in den Zusammenhang von Interaktion und Kommunikation, marxistisch geredet als „Ensemble der gesellschaftlichen Verhältnisse". – Daß beides – Lebensfeld und Verhalten nicht gegeneinander ausgespielt werden dürfen, keine strikten Gegensätze sind, sondern sich gegenseitig vermittelt werden müssen, ist evident. Mit dieser – harmonisierend einebnenden – Feststellung aber darf der Unterschied, der in den verschiedenen Zugängen zu diesem Problem liegt, nicht verwischt werden: der Alltagsansatz muß betont werden gegenüber – zum einen – den noch immer weiterhin dominierenden Trends, nach denen psychologisierend über das Verhalten des einzelnen geredet wird, losgelöst aus seinem Alltag, raumlos, gleichsam abstrakt – der einzelne bleibt damit in den Bedingungen seiner Existenz verkannt –, zum anderen aber wohl auch gegenüber einer Identitätsdiskussion, die zwar den einzelnen in seinem Feld sieht, dann aber doch primär jene Fähigkeiten der Vermittlung zwischen verschiedenen Erfahrungen, die den einzelnen befähigen, sich im Feld zu orientieren und zu realisieren, betont, und dadurch Gefahren einer quasi abstrakten Persönlichkeitstheorie nicht immer vermeidet. – Der Ansatz in der Alltagswelt entspricht auch – wenn ich recht sehe – dem derzeitigen Interesse innerhalb vielfältiger praktischer Initiativen, die sich selbst vornehmlich in der Herstellung von Lebensarrangements (also in der Beischaffung von Ressourcen in der Strukturierung von Lebensmöglichkeiten) engagieren und von hier aus interpretieren.

5   Zu dem hier angesprochenen Problem einer kritischen Wiederaufnahme pädagogischer Tradition siehe: Frommann, Schramm, Thiersch: Sozialpädagogische Beratung (Thiersch, 1977), wo wir versucht haben, das traditionelle sozialpädagogische Beratungskonzept (Beratung, z.B. als Familienfürsorge, angesiedelt im Alltag der Ratsuchenden und zugleich normativ und technisch orientiert) im Zusammenhang der interaktionistischen Handlungstheorie neu zu interpretieren; zu den hier liegenden wissenschaftstheoretischen Fragen – dem Verhältnis also von Pädagogik als praktischer Philosophie, als hermeneutisch-pragmatischer Disziplin und nun als Handlungskonzept, das am Alltag orientiert ist – siehe demnächst meine Arbeit: Zur Entstehung der Erziehungswissenschaft, 1978.

6   Im folgenden bleibt die historische Dimension der Veränderung von Alltag und der Genese heutigen Alltags unberücksichtigt; ich beschränke mich auf Bemerkungen zum gegenwärtigen Alltag.

7   In unserer an der Mittelschichtrhetorik orientierten Zeit scheint es notwendig, darauf hinzuweisen, daß hier Sprache im weiteren Sinn gemeint ist, also z.b. als Geste, Andeutung und ausformuliertes Symbol.

8   Diese „weiche" Form der Alltäglichkeit scheint mir für die gegenwärtige sozialpädagogische Diskussion besonders wichtig; sie löst – oft zweifelsohne im Zeichen der oben genannten Normenunsicherheit und antibürgerlich subkulturellen Intentionen – die traditionellen Formen streng routinisierten Alltags ab.

9   Zum Verhältnis von Therapie und Pädagogik siehe z.b. die Überlegungen im Bericht: „Heimerziehung und Alternativen" der Kommission Heimerziehung der obersten Landesjugendbehörden 1977.

10 Die Schwierigkeiten zur Vermittlung von Alltag und Wissenschaft werden in letzter Zeit intensiv unter dem Titel der Handlungsforschung erörtert (siehe z.B. Kersten/Wolffersdorff-Ehlert, Dießenbacher/Müller). Das Verhältnis von Alltag und Wissenschaft wird in der pädagogischen Tradition als Theorie-Praxis-Bezug thematisiert; indem hier vor allem der Zusammenhang und der Primat von Praxis betont wurde, wurde – scheint mir – die Problematik der mit Wissenschaft immer gegebenen Entfremdung nicht hinreichend gesehen und so eine vielleicht allzu einlinige Form der Kommunikation zwischen Praxis und Theorie suggeriert und gegebene Schwierigkeiten in Umgang und Vermittlung unterschätzt.

11 Die hier liegenden Probleme werden z.B. innerhalb der Planungsdiskussion erörtert, siehe dazu Ortmanns Diskussion eines technologischen und eines kommunikativen Planungskonzepts.

12 Mir scheint, – wenn ich das (als Mann) hier assoziieren darf – daß sich hier in der Pädagogik ein ähnliches Problem wie innerhalb der Frauenbewegung zeigt; auch dort geht es – jedenfalls in bestimmten Argumentationsfiguren (z.B. Miller) – darum, das, was z.Z. in Familien geschieht, also Erziehung, Geselligkeit, Hausarbeit, nicht mehr nur als Quantité néglegeable zu klassifizieren, sondern die darin liegenden Möglichkeiten eines erfüllteren Alltagslebens herauszustellen, sie gleichsam als Gegenwelt zu verstehen zur Welt des Mannes mit ihren Zeit- und Aufstiegszwängen, als – so z.B. Marcuse – Gegenwelt zu einer an Produktions- und Rationalisierungszwängen orientierten, die eher charakterisiert ist mit den Merkmalen einer (mutterrechtlich strukturierten) konkurrenzlosen Geschwistergesellschaft. Daß dies nur ein Aspekt in der derzeitigen Diskussion zur Frauenrolle ist, ist evident, ebenso, daß hier anzuschneidende weitere Probleme nicht erörtert werden können, also z.B. die der unterschiedlichen Lebensfunktionen und Aufgaben, wie sie historisch, aber nicht notwendig geschlechtsspezifisch fixiert sind, wie Probleme des Tauschs traditioneller Rollen, der Offenheit der Frauenrolle zur Arbeit, der Neubestimmung von Rollen.

LITERATUR

Bahr, Hans-Ekkehard, 1972 (Hrsg.): Politisierung des Alltags, Neuwied

Bahr, Hans-Ekkehard/Gronemeyer, Reiner, 1974: Konfliktorientierte Gemeinwesenarbeit, Neuwied

Berger, Peter L./Luckmann, Thomas, 1969: Die gesellschaftliche Konstruktion der Wirklichkeit, Frankfurt/M.

Bonhoeffer, Martin/Widemann, Peter, 1974: Kinder in Ersatzfamilien, Stuttgart

Dießenbacher, Hartmut/Müller, Albrecht, 1977: Aktionsforschung?, Stuttgart

Dießenbacher, Hartmut, 1977: Zur Berufsmotivation des Sozialpädagogen, Neue Praxis, Sonderheft

Dilthey, Wilhelm, 1954: Gesammelte Schriften, VII, Stuttgart/Göttingen

Fromm, Erich, 1977: Sein und Haben, Stuttgart

Habermas, Jürgen, 1968: Technik und Wissenschaft als Ideologie, Frankfurt/M.

Hentig, Hartmut von, 1971: Cuernavaca, Stuttgart

Hentig, Hartmut von, 1973: Die Wiederherstellung der Wissenschaften, Stuttgart

Husserl, Edmund, 1972: Die Krisis der europäischen Wissenschaften, Den Haag

Illich, Ivan, 1975: Selbstbegrenzung, Hamburg

Jungk, Robert, 1976: Der Jahrtausend-Mensch, Hamburg

Keupp, Heinrich, 1976: Abweichung und Alltagsroutine, Hamburg

Kosik, Karel, 1967: Die Dialektik des Konkreten, Frankfurt/M.

Kersten, Joachim/Wolffersdorff-Ehlert, Christian, 1977: Man redet und redet ... neue praxis 2

Kluge, Alexander/Reitz, Edgar, 1975: In Gefahr und größter Not, in: Kursbuch 41.

Krovoca, Alfred, 1976: Produktion und Sozialisation, Köln

Laucken, Uwe, 1974: Naive Verhaltenstheorie, Stuttgart

Lefèbvre, Henri, 1972: Das Alltagsleben in der modernen Welt, Frankfurt/M.

Lefèbvre, Henri, 1975: Kritik des Alltagslebens II, München

Leithäuser, Thomas, 1972: Formen des Alltagsbewußtseins, Frankfurt/M.

Leithäuser, Thomas, 1976: Die Verelendung des Alltags, in: Produktion, Arbeit, Sozialisation, Frankfurt/M.

Lemert, E. M., Human Deviance, 1967: Social Problems and Social Control

Leube, Margret, 1977: Henri Lefèbvres Kritik des Alltagslebens, MS, Tübingen

Lindesmith, Alfred, R./Strauß, Anselm L., 1974, 1976: Symbolische Bedingungen der Interaktion, I+II

Marx, Karl, 1953; Die Frühschriften, Stuttgart

Meyer-Dettum, Klaus/Bauer, Rudolph, 1977: Musterstücke und Widersprüche, Neue Praxis 3

Miller, Jean Baker, 1977: Die Stärke weiblicher Schwäche, Frankfurt/M.

Mollenhaurer, Klaus/Brumlik, Micha/Wuttke, Hubert, 1975: Die Familienerziehung, München

Münchmeier, Richard/Thiersch, Hans, 1977: Die verhinderte Konsolidierung, in: Jahrbuch der Erziehungswissenschaft I, Stuttgart

Negt, Oskar/Kluge, Alexander, 1973: Öffentlichkeit, Frankfurt/M.

Ortmann, Friedrich, 1976: Sozialplanung für wen?, Neuwied

Otto, Hans-Uwe, 1976: Diplompädagogen in der Krise? Neue Praxis 3

Ottomeyer, Klaus, 1977: Ökonomische Zwänge und menschliche Beziehungen. Hamburg

Richter, Horst E., 1976: Flüchten oder Standhalten, Hamburg

Roszak, Theodore, 1973: Gegenkultur, München

Schelsky, Helmut, 1975: Die Arbeit tun die anderen, Opladen

Schreiber, Werner, 1977: Interaktionistische Ansätze zur Handlungstheorie, Weinheim

Schülein, Johann August, 1977: Subjektive Krisen, in: Neue Praxis 4

Schütz, Alfred, 1971 f: Gesammelte Aufsätze 1-3, Den Haag

Specht, Walter, 1975: Jugendkriminalität und Street-work. Ein gemeinwesenorientiertes Konzept mobiler Jugendarbeit, MS, Tübingen

Treptow, Rainer, 1977: Arbeiterbildung und Theorien der Alltagserfahrung, MS, Tübingen

Thiersch, Hans, 1977: Kritik und Handeln, Neuwied

Weingart, Peter, 1976: Wissenschaftsproduktion und soziale Struktur

Wellmer, Albrecht, 1970: Kritische Gesellschaftstheorie und Positivismus, Frankfurt/M.

Quelle: Thiersch, Hans 1978: Alltagshandeln und Sozialpädagogik. In: neue praxis, 3/95, S. 215-234.

Anmerkungen zu den Autoren

Thomas von Aquin (1225-1274) gehörte dem Dominikanerorden an und war ein Hauptvertreter der Scholastik, einer wissenschaftlichen Richtung des Mittelalters, die an die dialektische Methode und die Logik der griechischen Antike anknüpfte. Aquin studierte in Köln und lehrte als Professor der Theologie unter anderem in Paris und Rom. In seinem Werk bemühte er sich darum, die Philosophie des Aristoteles mit dem christlichen Weltbild zu vereinen.

Juan Luis Vives (1492 - 1540) war Humanist und spanisch-jüdischer Herkunft. Er studierte in Valencia und Paris und arbeitete als Privatlehrer in Brügge, als Professor in Oxford und als Hoflehrer in London. Er war befreundet mit Erasmus von Rotterdam und gilt in Europa als ein wesentlicher Begründer der Sozialpolitik

Thomas R. Malthus (1766-1834) wurde in der Nähe von London geboren, war Geistlicher der anglikanischen Kirche und später Professor für Geschichte und politische Ökonomie. Seine „Bevölkerungstheorie" beeinflusste die sozialpolitischen Vorstellungen besonders der konservativen politischen Richtungen.

Karl Marx (1818-1883) begründete die philosophische Richtung des dialektischen Materialismus, der die Geschichte der Menschheit nicht als Reaktion auf ihre geistige, sondern auf ihre ökonomische Entwicklung (Produktionsmittel und -verhältnisse) deutete. Gemeinsam mit Friedrich Engels schuf er die theoretische Grundlage der kommunistischen Bewegung, die im 19. und 20. Jahrhundert weltweit zu vielen Revolutionen und sozialistischen Staatssystemen führte. Die sozialistische Bewegung lehnte bürgerliche Wohlfahrtspflege ab, weil sie den Klassenkampf behindert und hält sie zudem in einem kommunistischen Staat für überflüssig.

Johann Hinrich Wichern (1808-1881) war evangelischer Pfarrer in Hamburg und gründete dort u.a. das „Rauhe Haus", eines der ersten Heime für „verwahrloste" Kinder. Er rief 1849 zur Gründung der „Inneren Mission" auf, als deren geistiger Vater er gilt. In der „Inneren Mission" waren evangelisch-christliche Vereine zusammengefasst, die über ihr Engagement in der Gemeinde hinaus gezielt Hilfen für bestimmte Gruppen (Wöchnerinnenfürsorge, Gefangenenfürsorge, Jugendfürsorge etc.) leisteten und damit zugleich der wachsenden Entfernung weiter Bevölkerungskreise von der Religion entgegenwirken wollten.

Henriette Schrader-Breymann (1827-1899) gehörte zu den Begründerinnen der sogenannten „Kindergartenbewegung", welche mit der Ausbreitung von Kindergärten und Fröbelpädagogik für alle Kinder eine möglichst frühe Bildungsmöglichkeit in einer familienähnlichen Atmosphäre schaffen wollte. Sie war eine der ersten, die Kindergärtnerinnen ausbildete und gründete 1874 das Pestalozzi-Fröbelhaus in Berlin.

Herman Nohl (1879-1960) war Professor für Philosophie und Pädagogik in Göttingen und der wesentliche Vertreter der „sozialpädagogischen Bewegung", die versuchte, insbesondere in der Jugendfürsorge eine „kameradschaftliche" Beziehung zwischen Zögling und Erzieher zu propagieren. Erziehungsziel auch für andere Hilfebedürftige sollte die „Selbstdisziplin" und nicht die moralische – auch nicht die kirchliche – Disziplinierung von außen sein.

Alice Salomon (1872-1948) war Sozialarbeiterin und eine der ersten Nationalökonominnen Deutschlands. Sie gründet 1908 die erste Schule für soziale Frauenarbeit und stand jahrzehntelang nicht nur dieser Schule, sondern auch den nationalen und internationalen Dachverbänden der sich ausbreitenden Wohlfahrtsschulen vor. Daneben verfasste sie zahlreiche Lehrbücher zur Sozialen Arbeit.

Hermann Althaus (Jg. 1899) leitete das Amt für Wohlfahrtspflege und Jugendhilfe im Hauptamt für Volkswohlfahrt der Reichsleitung der Nationalsozialistischen Arbeiterpartei Deutschland in Berlin. In dieser Funktion gab er die Deutsche Zeitschrift für Wohlfahrtspflege heraus. Ab 1936 war er Vorsitzender des deutschen Vereins für öffentliche und private Fürsorge

Gordon Hamilton (1892-1967) war Professor an der New York School of Social Work und einer der Vertreter einzelfallorientierter Hilfen. Er zog die psychoanalytische Theorie zur Erklärung der Dynamik von Hilfebeziehungen heran und öffnete dem sozialen Beruf damit ein neues Instrument der Selbstreflexivität. Nach 1945 wurde die angloamerikanische Theorie des „casework" im Zuge der „reeducation" von Sozialarbeiterinnen durch die Besatzungsmächte stark in Deutschland verbreitet.

Klaus Mollenhauer (1928-1998) war Professor für Pädagogik an der Universität Göttingen und einer der Vertreter der kritischen Richtung in der Erziehungswissenschaft, die auf sozialwissenschaftlichen Theorien als Grundlage zum Verstehen pädagogischer Prozesse aufbaute. Er befasste sich mit sozialpädagogischer Theorie als einer Theorie der Jugendhilfe.

Walter Hollstein (Jg. 1940) war ab 1971 Professor für politische Soziologie an der Evangelischen Fachhochschule Berlin und engagierte sich in verschiedenen alternativen Projekten u.a. mit (obdachlosen) Jugendlichen. Später verließ er die Berliner Hochschule, beschäftigte sich vorrangig mit Männerforschung (nicht bezogen auf Soziale Arbeit) und lehrte am Institut für Geschlechterforschung der Universität Bremen.

Marianne Meinhold (Jg. 1941) war Professorin für psychologische und pädagogische Grundlagen der Sozialarbeit/Sozialpädagogik an der Evangelischen Fachhochschule in Berlin und beschäftigt sich bis heute mit methodischen Fragen in der Sozialen Arbeit, u.a. mit Organisationsberatung und Qualitätssicherung.

Hans Thiersch (Jg. 1935) war von 1970 an Professor für Erziehungswissenschaft und Sozialpädagogik an der Universität Tübingen. Er plädierte für eine am Alltag und an der Lebenswelt der „Adressaten" orientierte Soziale Arbeit, die Ressourcen erschließen und zu einem „gelingenderen Leben" verhelfen soll.